《朱光潜全集》(新编增订本)顾问、编委

(标＊号者为新增顾问、编委，按姓氏笔画排序)

克罗齐哲学述评
欣慨室逻辑学哲学散论

中华书局

图书在版编目（CIP）数据

克罗齐哲学述评　欣慨室逻辑学哲学散论/朱光潜
著 . —增订本 . —北京：中华书局，2012.9（2013.6 重印）
（朱光潜全集新编增订本）
ISBN 978 – 7 – 101 – 08759 – 8

Ⅰ . 克…　　Ⅱ . 朱…　　Ⅲ . ①克罗齐，B（1866～1952）– 哲
学思想 – 思想评论②逻辑哲学　　Ⅳ . ①B546②B81 – 05

中国版本图书馆 CIP 数据核字（2012）第 138929 号

书　　名	克罗齐哲学述评　欣慨室逻辑学哲学散论
著　　者	朱光潜
丛 书 名	朱光潜全集（新编增订本）
责任编辑	何　龙
出版发行	中华书局
	（北京市丰台区太平桥西里 38 号　100073）
	http://www.zhbc.com.cn
	E-mail：zhbc@ zhbc.com.cn
印　　刷	北京市白帆印务有限公司
版　　次	2012 年 9 月北京第 1 版
	2013 年 6 月北京第 2 次印刷
规　　格	开本/880×1230 毫米　1/32
	印张 8⅝　插页 3　字数 170 千字
印　　数	3001 – 5000 册
国际书号	ISBN 978 – 7 – 101 – 08759 – 8
定　　价	30.00 元

抗战前在北平故宫留影

抗战时期留影

《朱光潜全集》(新编增订本)出版说明

朱光潜(1897－1986)，安徽桐城人，著名的美学家、文艺理论家、教育家、翻译家，中国现代美学的奠基人和开拓者之一。

朱光潜先生幼年饱读诗书，青年时期在桐城中学、武昌高等师范学校学习；1922年香港大学文学院肄业后，任教于上海吴淞中国公学中学部、浙江上虞白马湖春晖中学。曾与叶圣陶、胡愈之、夏衍、夏丏尊、丰子恺等成立立达学会，创办立达学园，进行新型教育的改革试验。1925年考取官费留学，先后肄业于英国爱丁堡大学、伦敦大学，法国巴黎大学、斯特拉斯堡大学，获文学硕士、博士学位。1933年回国，先后在北京大学、四川大学、武汉大学、安徽大学任教。解放后历任全国政协委员、常委，民盟中央委员，中国美学学会会长、名誉会长，中国作协顾问，中国社科院学部委员等。

朱光潜先生学贯中西，博通古今，对中西方文化都有很高的造诣，在文学、哲学、心理学、美学诸领域，取得了卓越的成就，是我国现当代最负盛名并赢得崇高国际声誉的美学大师。

朱光潜先生将自己的美学思想分为解放前和解放后两个阶段。他的很多著作是在解放前完成并出版的，如《给青年的十二封信》(1929)、《变态心理学派别》(1930)、《谈美》(1932)、《变态心理学》(1933)、《悲剧心理学》(1933)、《文艺心理学》(1936)、《诗论》(1943)、《谈修养》(1943)、《谈文学》(1946)、《克罗齐哲学述评》(1948)，同时翻译出版了[法]柏地耶《愁思丹和绮瑟》(1930)、[意]克罗齐《美学原理》(1947)等。解放后，朱光潜先生开始钻研马列主义，试图以历史唯物主义和辩证唯物主义来探讨一些关键性的美学问题,出版的著作有《西方美学史》上卷(1963)、《西方美学史》下卷(1964)、《谈美书简》(1980)等,并将大量精力放在翻译西方美学论著上,先后将［美］哈拉普《艺术的社会根源》(1951)、［希腊］柏拉图《文艺对话集》(1954)、［英］萧伯纳《英国佬的另一个岛》(1956)、［德］黑格尔《美学》第一卷(1958)第二卷(1979)第三卷(1981)、［德］爱克曼(辑录)《歌德谈话录》(1978)、［德］莱辛《拉奥孔》(1979)、［意］维柯《新科学》(1986)等著作介绍到中国,为推动我国美学事业的发展做出了重要的贡献。

朱光潜先生一生著述和译著丰赡。先生去世后,安徽教育出版社自1987年至1993年陆续出齐了《朱光潜全集》(二十卷)。由于种种原因,有些材料当时未能收入,加之近二十年来,又陆续发现了相当数量的文章,所以,出版《朱光潜全集》增订本已是学术界、读书界的一致希望。为此,中华书局聘请专家组成了新的编委会,在保留原来编委的基础上,根据需要新增了编委,召开了编委会,充分听取编委的意见和建议。此次出版,除了对《全集》内容的增补和修订,重新编排是另一项重要工作,目的是更加清晰地体现朱光潜先生各类著述的情况。兹将新编增订的情况介绍如下:

一、新编。《全集》编为三十册,将朱光潜先生的全部著作按专题重新分卷,各卷均按内容进行归类。每卷内大致按照创作时间的先后为序,个别篇章兼顾相关篇目的内容,前后略有参差。

二、增补。新增文章近百篇,有些是原版《全集》失收的,有些则是从未公开发表过的。新增文章均依内容归入相关各卷。

三、新拟集名。将单篇文章按内容分类,分别编为《欣慨室逻辑学哲学散论》、《欣慨室中国文学论集》、《欣慨室西方文艺论集》、《欣慨室美学散论》、《欣慨室随笔集》、《维柯研究》、《欣慨室教育散论》、《欣慨室杂著》、《欣慨室短篇译文集》等。

四、编制索引。各卷均编制人名及书篇名索引。第三十册为总索引,囊括了各卷的人名和书篇名索引。

五、尊重原貌。为保持著作的历史原貌,对文字内容尽量不作改动。原书的译名不做统一处理,将在总索引中对不同译法的译名进行归并,以便查阅。

《朱光潜全集》(新编增订本)的收集、整理、出版工作,得到了学术界、读书界、出版界的支持与关注,在此,谨表示衷心的感谢!由于《全集》卷帙浩繁,内容广泛,写作时间前后跨度逾六十年,且很多著作都有若干版本,所以底本的选择、整理的方式不求统一,可参看各书卷末的《编校后记》。书中编校错误或在所难免,敬请读者批评指正。

中华书局编辑部

2012 年 8 月

目　录

克罗齐哲学述评

欣慨室逻辑学哲学散论

克罗齐哲学述评

序

　　我译完了克罗齐的《美学原理》，想写一篇长文介绍他的全部哲学当作叙论，使读者由明白他的哲学而更能明白他的美学。我原只打算写一两万字，但是一动手写，问题逐渐多，思想逐渐生展，觉得要把话说明白，就非一两万字所能了事，于是一写就写成六万多字，竟成了"喧宾夺主"，只好把它另成一个单行的册子。

　　我因为要研究克罗齐的美学，于是被牵引到他的全部哲学；又因为要研究他的全部哲学，于是不得不对康德以来的唯心主义作一个总检讨。我穷溯克罗齐哲学是怎样起来的，他对于前人采取了些什么，除去了些什么，他要解决的是哪些问题。接着我把克罗齐的四大部《心灵的哲学》分篇提要叙述。最后一章我提出对于克罗齐哲学的十大疑难。这一章也可说是对于整个唯心派哲学的批评。

这虽是一个小册子，它的关系却并不很小。现代哲学的主潮不外两个：新唯心主义与新唯实主义。克罗齐是新唯心派的代表。就欧洲近代哲学说，主要的成就是康德、黑格尔那一线相承的唯心派哲学。克罗齐是这一派的集大成者。所以区区一家哲学的了解要牵涉到整部近代哲学的发展。如果这部小册子能引起读者对于近代哲学的兴趣，作者就认为那是功德圆满了。

作者自己一向醉心于唯心派哲学，经过这一番检讨，发现唯心主义打破心物二元论的英雄的企图是一个惨败，而康德以来许多哲学家都在一个迷径里使力绕圈子，心里深深感觉到惋惜与怅惘，犹如发现一位多年的好友终于不可靠一样。因此，我回到十余年前所存的一个信念，就是：哲学以及其他学术的趣味不在结论而在问题。结论是"问舍求田"的打算，问题指着我们看见这世界是一个丰富的世界，可探险的地方正多。就这个意义说，唯心派哲学仍是最能引人入胜的，因为它指出或是生出许多有趣的问题。

介绍克罗齐哲学的书籍在英文中最为人所知道的是卡尔教授的那一本（H. Wildon Carr：*The Philosophy of Croce*），这部书反复重复，要点往往被遗漏，而且缺乏批判的精神，似无甚可取。意大利学者席勒斯比（Angelo Crespi）用英文写的《意大利现代思潮》（*Contemporary Thought of Italy*）大部分讲克罗齐，颇中要害，我有些地方得了他的启示。这本小册子写在上述两书之后，也许偶有两书所不及的地方。但是它只是一种导游书，最重要的事还是读克罗齐自己的著作。我很希望它们将来有中文译本。

我感谢张真如、贺自昭、郑秉璧诸先生替我审阅原稿。

民国三十六年春北平

第一章　新唯心主义的渊源

　　克罗齐是康德与黑格尔以后唯心派的大师。他的哲学是继承康德与黑格尔而加以修正的新唯心主义。现在先述新唯心主义的渊源。

　　大概说来，西方哲学的本旨在探求真实界的本性，在万事万物中辨别出某者是本源的，恒住不变的，整一的，真实的，某者是"依他起的"，变动不居的，杂多的，虚幻的。这就是所谓本体与现象的分别。古希腊哲人如柏拉图与亚理斯多德诸人所得到的大致相同的结论是：现象之后有一个本体，现象可徒凭感官接受，本体则须凭理智领悟。这种现象与本体、感官与理智的区分，成为后来许多哲学问题的起点。侧重本体与理智方面的后来演成理性主义，侧重现象与感官方面的后来演成经验主义。近代西方哲学可以说就是理性主义与经验主义的冲突与调和。这中间有一个主要的问题就是：心与物的关系如何？心如何知物？无论是感官或是理解，都是我们的知识工具；我们对于宇宙的一切探讨都要根据我们的知识。知识是测度的标准，要使测度精确，我们必须审查测度所用的标准。因此，近代西方哲学把侧重点由本体的探讨移到知识本身的分析，知识论于是成为哲学的主要部门。一切事物都必为知识与思想的对象，我们才能断定它是真是假；我们不能知识所不可知识，思想所不可思想的事物，不可知识、不可思想的事物对于我们就不存在。哲学上这种观点的转变就演成近代哲学思想的主潮——唯心主义。

唯心主义可以说是理性主义与经验主义冲突的调和。在讲调和之前姑先讲冲突。这冲突由来已久。近代哲学的开山祖无疑地是笛卡儿，笛卡儿以及稍后期的斯宾诺莎与莱布尼兹都属于理性派。这几位都是数理学家，他们所专精的学问无形中养成他们治哲学的方法，就是从一些公理与定义演绎出一切个别的事例，它的程序是由理推事，由普遍性推个别相。同时，他们虽反抗中世纪经院派所继承的古典哲学，其实都受了很深的经院派哲学的影响。关于本体与现象以及感官与理智的问题，经院派哲学留下两个很重要的观念。第一个是主体（substratum）的观念。每一物有若干属性（attributes，qualities），例如金子是黄的、硬的、重的、方块形的等等。物是这些属性的总和呢，还是有一个像挂衣架的东西把这些属性挂在一起呢？经院派以为有这么一个挂属性的东西，那就是"主体"。如果把物所有的属性一一剥开，都剥完了之后，还有一个最基层的本体。属性就是本体的现象。其次是先验真理（a priori truths）或俱生观念（innate ideas）的说法。一切知识是否尽起于经验，都是后天习得的呢？经院派哲学家以为在经验之先，理已存在，例如数学上一些自明公理（A 即为 A，A 不为非 A，全体大于部分之类)以及逻辑思想所必假定的本性、属性、因果关系等等观念或范畴。我们先有这些公理与范畴,思想经验才有可能,所以它们是思想经验的依据。它们既非得自经验,所以是自然本有,与生俱来。经院派哲学的这两个观念——本体与先验真理——理性派哲学家都接受过来了。因为接受了本体的观念,他们承认现象世界后面另有一个真实世界,这真实世界究竟如何,却有种种揣测。因为接受了先验真理的观念,他们承认理先于事,想应用数学的方法来研究哲学,想从这些先验真理中推演出一切经验的知识。

英国哲学家洛克继承培根的传统,站在经验主义的立场,对当时盛行的理性主义痛加驳斥。如果真理是先验本有,我们就无劳借观察与实验去寻求,只要"闭起眼睛,塞起耳朵",凭先验的推理,就可把一切知识从本心中默索出来,如同蜘蛛从自己的腹内吐丝来结成网一样。事实上这绝对不可能。洛克因此否认人心本有先验真理。在他看,人心好比一张白纸,所有的观念都是由感官来的,如同在白纸上所画的图。思想必根据感官所供给的材料,没有先已存于感官的东西就不能存于理解。理解是人心对于外物印象的回光返照。在心里的是观念(idea),在物上面的是性质(quality),每一个性质由感官印到心里成一个观念。物的性质有"首要"与"次要"的分别。所谓"首要性质"(primary qualities),是物体在任何变化之中所不能离的,即体积、形状、运动之类,这些首要性质须由触觉与视觉同时察知,所得的知识有客观的真实性,要解释外物的存在,它们是绝对必要的。所谓"次要性质"(secondary qualities),是物体可有可无的,如色、声、嗅、味、冷热之类,都非物体所必有。这些次要性质只须用某一种感官就可以察知。它们只是物体对于感官所生的影响,在心而不在物,没有客观的真实性,要解释外物的存在,它们并不必要,而它们自身却可以用物质的运动与布置去解释。这两种性质的总和就组成物的主体,我们的经验止于此,知识也就止于此。洛克的这个看法还承认物的首要性质外在,作我们的观念的根据。后来贝克莱进一步证明洛克的分别并不精确,所谓首要性质如体积、形状、运动之类,还是由几种感官知觉复合成的,并不比次要性质较富于客观的真实性。后来休谟再进了一步,证明经院派哲学所认为思想知识所必依据的先验范畴和真理,如主体、因果、空间之类都只是观念联想的结果,这就是说,都是起于经验的。因此,我们的知识全凭后天经验,用不着什么先验的根据如范畴之类。

无论是理性派或是经验派,都没有逃开笛卡儿所建立的心物二元论(dualism),都明白地或隐含地承认人心与外物是两件对立的东西,心所知的世界后面还另有一个真实的物的世界,为知识之源。他们甚至于都主张心与物之上还有一个主宰,叫做"上帝"(God),把世界安排像我们所知道的那个样子,虽然他们对于"上帝"的看法彼此不一致。所以这两派哲学不但都是二元的,而且都是"外越的"(transcendent),不是"内在的"(immanent),这就是说,世界的理性不能在世界本身中去找,而要超越本身以外去找。

但是休谟对于理性主义的怀疑与批判,充类至尽,势必走到"主观的唯心主义"(subjective idealism)。既然知识全凭后天经验,而后天经验所得的知识又全是物的世界在心中所现的"形影"(representations),我们凭什么能断定这些"形影"不全是人心的幻想而有客观的真实性呢?而且每个人都只有他自己一人的知识经验可凭,我们凭什么能断定每个人所见到的世界不全是他一人的心的幻想呢?凭什么能断定我以外的一切人与一切物有客观的真实性呢?应有的答案是:大地山河,形形色色,不仅是人心所造,而且是每个人的吾心所造。贝克莱就多少走到这种主观的唯心主义。

唯心派的大师康德早年的师承是偏向理性派的,后来休谟的怀疑主义"唤醒了他的哲学的迷梦"。他的治学的精神是以批判

(criticism)代替武断，超然于理性派与经验派之上而省视其是非得失，所以他自称他的哲学立场是"超越的"(transcendental)。他的系统大体可以说是糅合理性派与经验派两个相反的思潮。和经验派一致，他承认知识须凭经验，感官知觉供给一切知识的内容；和理性派一致，他以为经验不能得到有普遍性和必然性的真理，从经验来的感官知觉内容必须经我们的心去想，去运用先验的范畴，依照心知物所必由的理性去加以安排，才有呈现于知识的那种形式。换句话说，他把每一个观念（知识的成分）分析为内容和形式两个要素，内容是由感官来的，后验的；形式是由理性来的，先验的。总之，经验派所倚重的感官经验与理性派所倚重的先验的范畴须合而为一，才能有知觉与判断，也就才能有知识。一个天生的盲人不能凭他的理性见到颜色，可以证明经验的必要；一个白痴不能运用他的感官（尽管如何锐敏）材料作合理的思想，可以证明理性的必要。经验与理性的糅合就演成康德的最大的发现——哲学史家说它是"哲学上的哥白尼式的发现"——这就是所谓"先验综合判断"(a priori synthetic judgment)。现在就此略加解释。

知识都取判断的形式。判断以宾词(predicate)说主词(subject)。宾词有两种：一种是它的意义已包含在主词里；一种是它的意义不在主词里而新添到主词上去的。宾词的意义已包含在主词里的——例如"物体是有体积的"，"人是有人性的"——叫做"分析判断"，即宾词的意义由分析主词得来。这种判断不能使我们对主词新添若何知识，好比在茧子中抽出一条丝来，丝是茧子所已有的。宾词的意义是主词本来未有而新添上去的——例如"物体是有重量的"，"地球是一个行星"——叫做"综合判断"，即综合主词的意义与新发现的宾词的意义成为一种新知识。依传统哲学的看法，只有分析判断才能是先验的，即可不凭经验而纯从理性推演出来，数理科学上的判断都是如此；至于综合判断则必为后验的，即必凭经验而不能纯从理性推演出来,自然科学的判断大半如此(所以有"经验的科学"的称呼)。休谟已经证明过:经验不能产生有普遍性与必然性的知识。照这样看,分析判断既不能使我们有新发现的知识,而综合判断又不能使我们有普遍的必然的知识,然则我们的知识不就是非陈腐即渺茫么?

康德所要证明的就是这种传统看法不确。由理性推演出来的知识,如数理科学的判断,仍必可应用于经验,自可为新发现的真理,所以仍必同时是综合的。由经验得来的知识,如自然科学的判断,仍必有普遍性与必然性,仍必有理性,即不起于经验而起于人心统驭经验所必有的范畴,所以仍必同时是先验的。总之,知识不是真理则已,是真理就必糅合经验与理性,感官知觉与心灵理解;先验综合判断不但是可能的,而且是必有的。举例来说明:先说最简单的知觉,比如见到一朵花,花由感官印到脑筋,于是心中有对于花的知觉,这好像是完全被动地接受过来的,其实接受过来的只是浑茫的内容或材料,而花的形式却仍必由心灵赋予它,心不知花则已,知花就要把它纳到空间和时间那个模子里去知它,它不能游离无定所,它必在空间和时间中占一个位置,在外或在旁,在先或在后。这空间和时间不是经验得来的,而是先验的,因为我们可以假想没有事物占住的空洞的空间和时间,不能假想不占空间和时间的事物。由此可知一个极简单的感官知觉就已是先验的综合。知觉成观念,判断表明两观念的关系,到判断才有思想推理。比如说"这花是红的",这判断像只是经验的结果,其实要使这判断可能,也必须有逻辑上的关于量、质、关系、形态等的先验的范畴。它是一个单称肯定判断,而单称与肯定就必假定量与质的概念;没有这些概念任何判断都不可能,所以这些概念是一切判断的依据或范畴,是先验的。由此可知判断是先验的综合。

康德的这种知识论有两个重要的涵义:

第一，由于人心运用理性的先验的范畴，知识与思想才有可能，我们可以说人心凭它的理解创造成他所知所想的对象。这是康德学说中一个基本原理，也可以说是唯心主义的奠基石。在希腊哲学中甚至在近代哲学中，事物（即知识思想的对象）都被认成天生自在的，可以离知识思想而独立，纵然没有人知识它或思想它们，它们仍旧像知识思想所见到的那个样子外存于自然；至于知识思想却不能离事物而独立，最多只以模仿抄袭的方式，使事物在心中再现形影，因此人心如照相底片一样，必须随着事物走。总之，"自然替我们的理解定规律"。康德把这种看法翻转过来，以为知识思想的对象（事物）就是知识思想的创造品，心在知事物时就同时创造了事物，事物由于先验的范畴才得到它们的形式，所以"我们的理解替自然定规律"。先验的范畴是理性之必然与人心之同然，所以知识思想虽创造它的对象，那对象仍有客观的真实性，不仅是某一人心的幻想。

　　其次，由于知识不能不根据经验，经验所及的只是感官所能知觉的现象。康德没有摆脱经院派的"主体"的观念，仍承认现象后面另有一个本体，我们在上文所比的挂衣架，康德把它叫做"事物本身"(the thing in itself)。事物本身不能成为知识的对象，因为一成为知识的对象，它就不复是本体而是现象。事物本身虽不可知，康德却以为仍是可思，它可思为知识的一个限度，到了这个限度，知识就不能施其功用。我们不能否定它的存在，如果否定它的存在，"一切就立刻化成现象"，而人类所能见到的世界以外就没有什么是真实的。在康德看，这未免是一种大胆的武断，并没有什么凭证。

　　由前一说（康德哲学受理性主义影响的一部分），康德应该建立成一种彻底的唯心主义；由后一说（康德哲学受经验主义影响的一部分），康德还没有打破心与物、本体与现象的二元观，没有指出本体与现象的理性的关联，还留着"事物本身"那个大疑团。继承康德的德国唯心派哲学家，如费希特、谢林、黑格尔诸人，就想努力打破这个"事物本身"，打破与唯心主义不能并立的二元论。

我们在这里姑且专讲这一派的首领黑格尔，因为他对克罗齐的影响最大。黑格尔不承认心所知的世界之外另有一个本体或"事物本身"。心并不自外接受任何事物，一切事物都是心所创造出来的。康德所谓现象世界就是真实世界本身，并不是心与真实世界中的一种屏障。不过这种真实世界——黑格尔的无所不包的"绝对"——是循着逻辑或理性在不断地生展演变。哲学的任务就在推演思想的生展演变的逻辑或理性，这其实就是推演真实世界的生展演变的逻辑或理性。从前哲学家把心与物、思想与它的对象分为两件事，所以有一套学问专讲心与思想，即逻辑学，另有一套学问专讲物的现象与本体，即自然科学、历史与形而上学等等。这两套学问如何联贯始终是问题。黑格尔既然打破了心物二元论，成立了思想即实在界的学说，所以把这两套学问看成根本只是一套学问，思想进行的规律就是宇宙演变的规律；说明了思想的系统构造，来因去向，它的逻辑或理性，同时也就说明了真实宇宙的系统构造，来因去向，它的逻辑或理性。哲学就是真实世界，真实世界也就是一部哲学，都依同一个理在那里生展演变。黑格尔有一句名言总括了他的要旨："理性的即真实的，真实的即理性的。"（The rational is the real, the real is the rational）在表面看，他的哲学是极端的理性派的，他的方法完全是先验的演绎；在实际上，理性的和经验的分别在他的哲学中根本不能存在，理性的不能不同时是经验的，经验的也不能不同时是理性的。（《华严经》疏家所说的"事理双融"与黑格尔的学说完全一致，"理"就是理性或逻辑，"事"就是真实界事事物物。理性派侧重理，经验派侧重事，其实即事即理不可分开。）

黑格尔所发现的理与事的生展演变所必依的程序就是他的著名的辩证法。(dialectic 这名词沿用一个逻辑学的术语，颇易引起"只是一种推理方法"的误会，如果译为"演变程序"，或许还较恰当，因为已成的语文习惯不宜轻改，姑从旧译。)思想依辩证法进行，宇宙也依辩证法演变，这是一体的两面，根本只是一个程序。辩证法的基本原则在把思想(即真实界)生展演变的理看成生动的(dynamic)，完整的(concrete)，普遍的(universal)。就在这一点上辩证法与一般形式逻辑不同：形式逻辑是静止的，把思想当作尸骸解剖，好比摄影只摄某一静止状态的物影；辩证法是生动的，把思想的完整的生命，随其生展演变，作一个通盘的研究，好比电影显示人物动作的真相。也就在这一点上辩证法的哲学与诸科学不同：诸科学各踞一隅，闭关自守，所据的原则，所研究的对象，所用的方法，所得的结论也都局于一隅，所以是抽象的(abstract 从旧译，在唯心派哲学的意义实为"不完整的"，"片段的"；犹如 concrete 旧译为"具体的"，意实指"完整的"，"普涵的")，没有普遍性；辩证法的哲学则以全体真实界为对象，它所据的原则必有放皆准，不能有任何假定，所以它的结论——"哲学的概念"——必定是完整的，普遍的，所谓"完整的普遍性"(the concrete universal 译为"具体的共相"亦可)是事理双融，灵肉一体，即体即相，兼包阴阳的太极。

　　要说明具体的共相和辩证法，我们最好用黑格尔自己的实例，即《逻辑学》中第一个辩证式：有无变。万事万物都必具"有"(Being 取中文"万有"那个"有"字的意义，即"存在")的概念，其他方面尽管不同，而既同是存在，即同是"有"。绝对"有"，一微尘亦"有"。"有"是一个无所不包的概念，也是一个毫无定性的概念，它是一切"有"而非此"有"或彼"有"，绝对"有"或微尘"有"。它否定一切个别性，所以它本身就已包含它的相反者："无。"如果它只是"有"，它就不但是空洞的，而且是不能变动生展的。纯粹的"无"(nothing)

也是如此,也是无定性的渺茫空洞的一个概念,和纯粹的"有"没有分别。"有"与"无"相反而适相成,去"无"不能思"有",去"有"也不能思"无","有"以"无"得意义,"无"以"有"得意义。单说"有"或单说"无",都是抽象的,片面的,不真实的,互相冲突的。"有"必含它的相反者"无",所以有冲突,有冲突于是失去平衡静止的状态,于是有超越冲突而达到调和的需要与倾向,于是有生展。调和"有"与"无"的冲突者是"变"(becoming)。在"变"之中"有"与"无"两个相反的抽象的概念合成一体,相反者同一,冲突者调和,抽象者具体,不真实者真实。"变"才是一个具体的共相。用辩证法的术语来说,"有"是"正"(thesis),"无"是"反"(antithesis),"变"是"合"(synthesis)。由正反得合,是以较高一层的整一,克服在低一层对立相反的杂多,这个生展程序便是所谓辩证法。

辩证法的哲学的最大特点在把思想与真实界看成一体,把它看成一个生生不息的过程,在这过程中生展的主动力是每概念(即每事物)所含的内在的冲突。冲突是必要的,所以在我们看似是坏的势力(如丑、伪、恶等)在生展过程中可以(应该说"必定")发生好的效果。冲突本来就要两个相反的势力。有低一层的相反者(正反)的冲突,克服了它才有较高一层的调和(合);这较高一层的调和本为"合",但不是最后的"合",它还须生展,因为在这较高一层,它又含有内在的冲突,又有它的相反者,于是有再高一层的调和。如此循序渐进,真实界才生生不息,以至于最高最完整的境界。据黑格尔说,最高层的辩证式以艺术为正,宗教为反,哲学为合。哲学就是包含一切冲突而且也调和一切冲突的最高概念,就是所谓"绝对"(the absolute)。"绝对"是全体真实界,无所不包,所以再没有相反者和它对立。由有无变那个基层的"三一体"(triad)循序渐进以至于"绝对",这演变的过程便是历史。历史并不是只记载偶然的事变,而是从头到尾都有内在的逻辑的必然性,如辩证法所显示的,所以它就是哲学,就是辩证法所演出来的整个系统。总之,黑格尔所见到的真实界好比一座大宝塔,从基层到最高层都是用正反两脚规支撑起来,每一层两脚合成一脚,一脚不能独立,又生出相反者成另一脚和它对立,合成次上层的一脚,如此辗转上去,到了"绝对"就成一个巍然普盖的塔顶。思想如此生展,即宇宙如此演变。这生展演变是一部戏剧,一部历史,也就是一部哲学。

克罗齐的哲学系统大部分就是从发挥和纠正康德与黑格尔的学说得来。我们介绍康德与黑格尔的学说只限于它对克罗齐发生影响的那一部分。至于克罗齐如何发挥和纠正康德与黑格尔的学说,待下文详述。

第二章　克罗齐的破与立

　　黑格尔哲学的精华在辩证法和它所依据的"相反者的同一"（the identity of opposites）那个原则，已如上章所述，克罗齐对于黑格尔的最重要的批评在"相反者"与"相异者"（distincts）的混淆。他以为黑格尔的许多错误都是从这个混淆起来的。

　　什么叫做"相异者"或"相异概念"呢？在说明这个名词以前，我们且先来说克罗齐是从哪里得来这个概念。他自己不曾招认过，在我们看来，他无疑地是受了康德的影响。康德研究理性，把它分为三个阶层，知解的（theoretical）、实用的（practical）与审美的（aesthetical）。在知解的阶层，理性显为知的功能，目的在求真；在实用的阶层，它显为行的功能，目的在求善；在审美的阶层，它显为审美的意识与审目的（teleological）意识，目的在求美与适（fithness)。他的三大部杰作——《纯粹理性的批判》、《实用理性的批判》、《判断的批判》——就分别讨论这三种理性。克罗齐沿用这个区分而略加变化。他把"审美的"和"逻辑的"（logical）合为"知解的"（康德的"知解的"等于克罗齐的"逻辑的"，克罗齐的"知解的"包含"审美的"与"逻辑的"两种活动），把"实用的"分为"经济的"与"道德的"两种，在"审美的"之中剔去"审目的的"。因此，心灵活动粗分之为知（知解的）、行（实用的）二种，细分之则知分为直觉的知（审美的）与概念的知（逻辑的），行分为经济的行为与道德的行为。康德的三种理性平列，他没有指出彼此相生相依的道理。克罗齐把四种心灵活动看成一层高一层的逐渐生展的四个阶段。起点是直觉，直觉生概念，合为知的"两度"（two degrees）；知生行，行也有两度，经济的活动生道德的活动。这四阶段各有它的目的与价值，就是美、真、益、善。这四个概念彼此"相异"而非"相反"，例如"美"与"真"虽不同，却不相反，"美"与"丑"，"真"与"伪"才是相反者。如果细加比较，相异者与相反者有下列几种分别：

一、相反者如前所述，正反两项相冲突，在合中得到调和；在未合以前正与反都是抽象的，不真实的，在合中它们才变成具体的，真实的。相异者如直觉（美）与概念（真）、经济（益）与道德（善）虽有高低等差，却各是具体的，真实的。直觉生概念，就包含在概念里，也可以说是"合"，但直觉并不因此而失其具体性与真实性。经济与道德的关系也是如此。心灵是知解与实用的同一；这就是说心灵就是知解，就是实用，在基层为知解，在进一层为实用，是一个真实体现为高低两度。知解是低一层的真实，本身已是一个具体的共相，是实用所必依，却可离实用而独立。实用既包含知解，是高一层的真实，一个较深广的具体的共相。换句话说，知解与实用是同一整个心灵的低高两度，不是它的同时对立的两个部分，像正反则是同时对立。

二、相反者因含有冲突，须克服这冲突而达到调和才有合。相异者每概念并不自含冲突，如知解生实用，并不由于知解有正反的冲突，而是由于心灵活动不是静止的而是生展的，知解中已隐藏着实用的种子，到实用阶段便开花结果。

三、相异者由低升高，如直觉升为概念，低者虽失其独立性（直觉在概念中已非单纯的直觉），却仍保留在高者中成为高者的一个基本要素（直觉在概念中是一个基本要素）。相反者正反两项本来既不是具体的共相，对立而不能独立，就不能说是在合中保存着，做它的要素（纯"有"纯"无"在"变"中就已不存在，就已失其为纯"有"纯"无"）。

四、相反者的同一有正反合三项，是一个"三一体"（triad），相异者的同一只有低高两度（如直觉与概念），是一个"二一体"（dyad）。

五、最后一个分别是最重要的。每一个相异概念（例如美）既是一个具体的共相，它自身就是相反者的同一。例如美与丑虽相反，但是纯美（不含丑概念的美）、纯丑（不含美概念的丑）正如纯有、纯无一样，是抽象的，不真实的。相反适以相成，要思想"美"必须连着"丑"在一起思想，要思想"丑"也必须连着"美"在一起想，才有意义可言。所以具体的"美"的概念是抽象的"美"的概念（正）与抽象的"丑"的概念（反）的综合。此外，真与伪、益与害、善与恶的关系也都是如此。这就是说，每一个相异概念必成于相反者的同一。每一个相反概念却不是相反者的同一（纯有或纯无自身不含相反者）。

相反者与相异者的分别大要如上所述。在克罗齐看，黑格尔的根本错误就在没有认清这个分别，以只能处理相反者的辩证法来处理相异者，低高两度的关系于是误成正反合三项的关系。例如在他的辩证法的系统中，知解的心灵是正，实用的心灵是反，自由的心灵是合；直觉是正，知觉是反，思想是合；家庭是正，社会是反，国家是合；艺术是正，宗教是反，哲学是合。这些都是把相异者的低高两度的关系误认作相反者的正反合三项的关系。姑单举一例来说，谁有理由相信宗教是艺术的相反者，而宗教与艺术都是抽象的，不真实的，须合在哲学里才变成具体的，真实的呢？宗教本是艺术、哲学与伦理的混合，不能自成一个独立的具体的共相；至于艺术（直觉）与哲学（概念）则各为具体的共相，彼此以低高两度的关系存在，相异而不相反；艺术是基础，可以独立，哲学却必依据艺术，不能脱离艺术而独立（因为理必依象，诸事物关系的知识必依个别事物形象的知识，思想必依语言，而语言就是艺术，说详下文）。

相异者与相反者的混淆在黑格尔哲学中酿成两个坏结果，第一个是把从哲学观点看本是错误的概念（抽象的正或反）看成和相异概念一样真实，第二个是把真实的具体的共相（相异者）看成哲学的错误（相反者）。

先说第一个坏结果，误认错误的相反者为真实的相异者。黑格尔的《逻辑学》一书的结构就基于这种混淆。《逻辑学》的本意是在批评错误的概念，同时指出错误之中隐藏着真理的种子，相反者可以因克服而调和，即综合于较高概念，逐步综合，以至达于"绝对"。只有"绝对"才真正是真实的具体的共相。在未达"绝对"以前，站在"绝对"的观点看，在它下面的一切概念当然都还是抽象的，不真实的。所以《逻辑学》一书只是一大堆乱杂的错误概念的纠正，一部《思想的病理学》。这里就有两个问题。第一，错误的如何化成真实的？一大堆错误如何化成一个真实的"绝对"？辩证法肯定正与反的综合，但是它综合正与反，并非化反为正；综合"有"与"无"为"变"，并非化"无"为"有"；综合低一层的两伪为高一层的真并非化低一层的伪为真。换句话说，本来是错误的就仍旧是错误的。黑格尔却没有看清楚这一点,他把正反对立的错误的概念看成与相异概念(如直觉和概念,经济与道德),有同样的两度关系,同样的真实性。因此,错误的纠正(正反的合)俨然就是真理的生展。其次,许多杂陈并列的错误如何能排在由"有无变"到"绝对"那一条直线上,显得是层层相生、节节相衔、首尾一气、有逻辑性的生展次第呢?既是纠正错误,随意从哪一点起首都可以,何以一定要从"有无变"?这已经是勉强。由此到"绝对"之中许多辩证式(三一体)前后相承,何以定要取黑格尔所定的次序呢?这尤其没有逻辑性。在相异概念中,直觉生概念、生经济活动、生道德活动那条生展线索是有逻辑性的;因为每一阶段概念各是真实的具体的共相,逐渐推广,所以是顺理成章的。黑格尔仿佛以为由"有无变"到"绝对"那条线上各点的安排也是首尾衔接的生展,其实那条线上每一个概念(除"绝对"以外)都只是抽象的错误的,不能与"直觉"、"概念"那些相异概念相比。

第二个坏结果还更严重。黑格尔把相异者误认为相反者,他的艺术、历史、自然科学的看法因而都不正确。艺术本是直觉,于理应先于哲学(概念),而可离哲学独立。黑格尔却以为它与宗教正反对立,对于哲学而言,都是抽象的,要"合"为哲学才真实。因此,艺术没有独立性,只是一种不完全的哲学;有了完全的哲学,艺术便会消灭。其次,历史本是事实的记载。姑举"但丁著《神曲》"一个历史的判断为例,主词是个别的,成于直觉的因素,宾词是概念的,成于逻辑的因素。由此可知历史与艺术不同的在它须先有哲学的思想为条件,与艺术相同的在它必以直觉因素为材料。哲学思想的进展可以纳入历史的知识,例如我们如果了解诗与艺术比较清楚,对于"但丁著《神曲》"这个史实当然有更深的了解。但是历史决不是纯粹的哲学,我们不能把"但丁著《神曲》"这个经验的历史的判断化成一个抽象的哲学的判断。黑格尔却没有认清这个道理,以为历史家根据经验所写的历史之外还应有一种"历史的哲学",因为宇宙既全为理性支配,历史就应可以根据理性"先验"地推演出来,如同逻辑推演哲学概念一样,它不须根据史实而史实却必可印证它。这样一来,经验的史实便变成莫须有,而历史家的历史便为不完善不真实的。自然科学将全体真实界划成若干片段,分门研究,所得到的分类定义规律等等原是局于一隅的,抽象的,便于实用的,不像哲学统观真实界全体,纯用逻辑推演出具体的普遍概念。这分别黑格尔本也看得清楚。可是他没有看出每种科学对哲学而言虽为抽象的,便于实用的,就其自身范围而言却仍自成一系统,有它那一部分真理。正如他把历史家的历史看成不完善的历史,主张须另有一种"历史的哲学",他也把自然科学看成不完善的自然哲学,主张须另有一种"自然的哲学"。同时他忘记根据经验的自然科学方法和根据理性的哲学的辩证法根本不能相容,仍用辩证法去处理自然界个别的经验的事实,把自然演成一个死板的辩证式的系统,和心灵在性质上成为对立的。因此,黑格尔哲学在表面上虽是绝对唯心主义,而骨子里仍没有克服心物的二元。"自然"与"心灵"在他心眼中不是两相反概念而是两相异概念,不是两个抽象的对立的东西而是两种性质有别的真实体。为了要避免这显然的二元主义,他应用只能用于相反概念的辩证法来处理"自然"与"心灵"这两个相异概念,以为它们综合于"逻葛司"(logos 意谓"道"或"理")。他解释这概念说它是"在创造自然与有限心灵之前的上帝以他的无始无终的真如显现"。这还是旧玄学的老玩艺,和笛卡儿与斯宾诺莎想拿来沟通心物二元的那个"上帝"是一样渺茫无稽。

总之,在黑格尔的眼中,只有哲学才是最高的真实,艺术、历史和自然科学都是抽象的(合以前的正或反)不完全的哲学,所以要把它们都化成哲学(由正反而合)。他用辩证法从"有"、"无"、"变"

那个相反者的同一起，逐步推演，演到最高概念，即"绝对"，即哲学，亦即唯一的真实。由于他不分清相异者与相反者，他的系统有两大致命伤。第一，他把勉强的辩证法的推演的程序，当作真实界生展的程序，而且这个程序到了"绝对"便终止生展，艺术、历史和自然科学化为哲学之后便寿终正寝。其次，他虽想建立一种彻底的唯心主义的哲学，使一切都化成心灵的创造，但是因为他仍保守常识与经验科学的"自然"那个老概念，把它多少看成与"心灵"对立，以至仍与康德一样，没有完全跳开二元论的窠臼。

现在我们可以检查克罗齐从黑格尔哲学中取了什么，去了什么。第一，他采取了黑格尔的最大的发明，就是"具体的共相"即"相反者的同一"这个基本概念以及演生这个概念的辩证法。他应用这个辩证法说明他的系统中美、真、益、善四大相异概念，这四种正价值都内含它们的相反者丑、伪、害、恶。其次，他采取了真实界常在流动生展这个基本原理，既流动生展就有先后程序和高低程度，不只在一个平面上显现。他同时采取了康德的理性的区分而加以更正，把心灵分成直觉、概念、经济、道德四阶段，把生展的原理应用到这四阶段上。但是就在这一点上面，克罗齐与黑格尔有两个重要的分别：

第一，他除去了黑格尔的泛逻辑主义（panlogism）。黑格尔只承认最高概念（即绝对，亦即哲学）为唯一的真实，低于它的如艺术、历史、自然科学等等都是抽象的，对哲学而言都是错误的。克罗齐则承认由直觉、概念、经济到道德四个阶段虽一层高一层，高必依低，低者则可独立，这就是说每一个阶段都是具体的，真实的。

第二，黑格尔所看到的生展起于有无变，止于绝对，虽是一层高一层，却是直线的，起与承都很勉强，止更违反生展的道理。克罗齐所看到的生展是圆形的，循环无端，表面上虽似起于直觉，止于道德活动，而实际上知解活动（直觉与概念）作实用活动（经济与道德)的基础,实用活动又供给知解活动材料,知生行,行生知,如此循环推移,真实界内容乃愈演愈富,好比滚粉团,不断地滚下去,愈滚愈大。

克罗齐自己所认为最重要的,是他除去了心灵与自然对立的二元论。这可以分作两点来说:

第一,"自然"这个名词和概念起于经验的科学,即所谓"自然科学"。科学把真实界分为若干片段,各踞一隅,加以条分缕析,分门类,下定义,定规律,这些本都只可应用于一隅,我们却仿佛以为它们可应用于全体,以为它们所关涉的就是"自然",就是"外在的真实界"。其实这种看法并不正确。真实界是有机体,完整而有生命。惟其完整,我们必须把它当作完整体看,才能对它有真知识;科学既把它割碎,单看某一个碎片,所以只能得到片面的不真实的知识。惟其有生命,我们也就要看到它的生展,它的全体大用流行,才见到它的真相;既生展就变动不居,每一事物在每一顷刻都是一个新的局面,不能典型化或公式化,科学的工作就在对流动生展的事物加以典型化(分类)和公式化(规律),犹如解剖尸骸,生命早已脱手而逃。科学所以要这样办,目的全是实用的,要得到一些经验的知识,作实用活动的凭借。经验的知识像休谟所已说明的,决不能有普遍性与必然性。总之,自然与自然科学都是为实用目的所造成的一些"理智的虚构"(intellectual fictions),即佛家所谓"方便假立"。唯有哲学才把真实界当作完整而有生命的有机体去研究,不只结经验的总账,还推求理性的必然,不用经验的方法,而用穷理的(speculative)方法。从理性推演,真实界可以证明全是心灵活动的显现,"自然"这个概念不但是不必要,而且是不能要。心灵就是全体真实界,此外没有另一个真实界,叫做"自然";如其有,它与心灵是对立的,不同质的,所以不能互相影响的,它如何成为心灵的对象呢?"自然"是一个不真实的概念,还是心灵的"虚构"。

其次，过去哲学所以逃不开心物二元论，是由于知识的来源这个难问题。知识是一种活动，必"及物"，必有对象，这物或对象就被认成外在的自然。物如何入心而成知识呢？这是问题的焦点。一般心理学家有一个简易的回答：知识的起点在感官知觉（sensation），即外物的刺激在脑筋中所生的印象（impression）。其实问题并不如此简单。休谟已说明"可感觉的性质"，无论是"次要"的或"首要"的，都是"心理的"，不必有客观的存在。康德的"先验综合"说也已说明了如果没有心中的先验的理性，感官知觉就不免空洞无用，不能产生任何知识。康德以后哲学家讨论感觉问题，颇费心力，却没有得到一个公认的结论。所谓 sensation 义本止于"感官起作用"，它究竟已否成"觉"呢？如果它已成觉，那就已经是"知觉"（perception），已含逻辑的概念，于"知觉"之外另设感觉是多余的。如果它还没有成"觉"，那就只是物理的和生理的作用，还与心无关，不能算是知识的起点。克罗齐是取后一个看法，他也还沿用 sensation 一词，不过把它看成完全被动的，意义不是"感觉"而是"感受"，感受只是"物质的"而不是"心灵的"，心灵活动还没有施行它的功用。然则知识的起点是什么呢？克罗齐替这问题作答，颇受十七世纪一位意大利哲学家维柯（Vico）的影响，维柯以为知识的起点是想象（imagination）或直觉（intuition），即在心中想到或觉到事物的形象。这也就是艺术的活动。一切理解或概念作用，历史、哲学和科学，都必以直觉为根据。一切知识既起于直觉，直觉既是艺术或意象的创造，则一切知识都是心灵活动的产品，"自然"不就成为一个无用的概念了么？克罗齐仍用这个名词，但是不把它指外在的真实界，而把它指"印象"、"感受"、"情感"、"欲念"那一类被动的未被心灵综合的东西。他把这一类东西叫做"物质"（matter），这也不是自然科学家所谓"物质"，而是艺术创造中与"形式"对立的"材料"或"内容"。这些物质是实用活动所产生的。就其纯为物质而言,它不能为心灵知解的对象,心灵知解要捉摸它,管领它,它须具有形式;心灵知解在抓住它、管领它时,同时就已赋它以形式。这种赋形式于物质使它成为意象的知解活动就是直觉。直觉生概念,概念生实用活动,实用活动又生直觉,如此循环无端,历史乃愈演愈深广。由此可知心灵活动是一个自给自足无待外求的圆圈,我们所知的真实界就止于此。"自然"或"外在的真实界"既不在这圆圈以内,就不能说是存在了。

克罗齐哲学的渊源如上所述。现在为明晰起见,我们把他的整个系统作一个简明的叙述,以作本章的总结。上文所说的是它的生发史,以下就它的成形作一个平面的描绘。

心灵是真实界的全体,融贯整一,却可以在几个高低有别的阶段显现。这些阶段的递进是生展,但这种生展不必有时间次序上的先后,而是较高一阶段于理必先假定有较低一个阶段做基础,否则它于理就不能实现。就大略说,心灵活动不外两度:知与行(知解与实用)。这两度又各分两度:知分直觉(个别事物形象的知)与概念(诸事物关系的知);行分经济的活动(目的在求个别的利益)和道德的活动(目的在求普遍的利益)。因此,心灵共分"四阶段"(four moments),即沿四阶段生展。四阶段彼此相对,有固定不可移的关系与逻辑次第。克罗齐把它称为"两度的关系"(the rela-tion of two degrees),知与行、直觉与概念、经济与道德都有这两度的关系。第一阶段是直觉(即艺术),是知解的第一度,它所以必居第一者,因为概念(即哲学),知解的第二度,必须先假定有它才能实现,而它自己却可离概念而独立。第二阶段是概念,概念是综合许多个别事物在一起想,看出它们的关系(如因果、性质等),所以于理必先有个别事物的知识(直觉)。直觉于理先于概念,就是艺术于理先于哲学。一个哲学家必须有几分是艺术家,而一个艺术家却不必同时是哲学家。这就是所谓低高两度的关系,如升楼梯,走到第一步可以止于第一步，走到第二步却必先走过第一步。这两度关系也存于知与行。我们可以止于知而不进到行，但是进到行就必先经过知；知可独立，行必以知为基础。行的两阶段也有这两度的关系。我们可以只管个别的利益而不管普遍的利益，这就是第三阶段纯经济的活动；但是如果顾到普遍的利益，就必同时顾到个别的利益，因为普遍的必包含个别的，这就是第四阶段——最高阶段——道德的活动。经济的行为（有利益的）可以是不道德的（恶的），道德的行为（善的）却不能是不经济的，无用的。

这四个阶段因为不在一个平面上并列，所以不能算是心灵活动全体的四部分，每一阶段都是完整的、具体的、真实的；心灵在每阶段都以它的全体真实性出现。这用哲学的术语来说，就是直觉、概念、经济、道德各为一个"具体的共相"，即一个哲学的"纯概念"，是"相异者"而不是"相反者"。它们相当于美、真、益、善四种价值。在直觉中，真实界以美显现；在概念中，真实界以真显现，余类推。美、真、益、善各是真实界的一度（degree），在它那一度，它就表现全体真实界，无待外求。总之，心灵除掉直觉、概念、经济、道德四种以外，没有其他活动；真实界（即心灵活动全体）除掉美、真、益、善四种以外，没有其他性相。每一种活动或性相都各表现一度真实界全体。

美、真、益、善既各是一"具体的共相"，就必是相反者的同一，必经过辩证法的生展。比如说，美与丑虽相反，却相待而有意义，不含丑概念的纯美与不含美概念的纯丑都是抽象的，不真实的；它们必须综合于具体的美概念中才有真实性。如果用辩证法的术语来说，抽象的美是正，抽象的丑是反，具体的美是合；美一方面包含它的相反者——丑——一方面超越了它，克服了它，使它和自己合成一体。真与伪、益与害、善与恶，都可由此类推。

由此可知克罗齐哲学采用了两种辩证法：第一种是他所特有的，即"相异者的同一"那个生展的程序，心灵活动的两度四阶段即由此产生,这是承继康德的理性的区分而加以更正的;第二种是黑格尔所传下来的,即"相反者的同一"那个生展的程序,心灵活动的每一阶段(美、真、益、善)即由此产生。这就是说,四阶段彼此相望,只相异而不相反,不以克服冲突而进展;每一阶段自身则为一"相异概念",内含相反者,因克服冲突而达到综合调和。这两种生展是逻辑的(理性的)也是经验的(事实的)。理与事是同一真实界的两面,理即哲学,事即历史。所谓"历史即哲学",就无异于说"事理双融",也就无异于说"真实界的演变就是心灵活动的生展"。

心灵活动既是真实界全体,哲学既是研究真实界全体的学问(不像科学宰割真实界各守一隅而加以类型化和公式化),则哲学就是研究心灵活动的学问;如果它说明了直觉、概念、经济、道德四阶段心灵活动的各别性相与相互关系,它的任务就算完全达到了。因此,克罗齐把他的全部哲学称为《心灵的哲学》(*Filosofia dello spirito*)。《心灵的哲学》共含四部。第一部是《美学》,研究第一阶段的直觉(即艺术);第二部是《逻辑学》,研究第二阶段的概念(即哲学);第三部是《实用活动的哲学,即经济学与伦理学》,研究第三第四两阶段的经济的和道德的活动。如此则四阶段心灵活动的哲学本已完成了,因为心灵活动全体的生展就是历史,所以克罗齐于上述三书之外,加上第四部,就是《历史学》。在叙述这四部《心灵的哲学》之前,我们姑且把克罗齐的系统列一个表,以便读者一目了然。

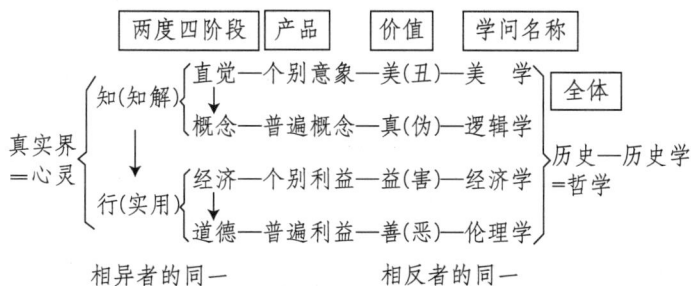

附注 克罗齐所用的 spirito 这个名词,相当于黑格尔所用的 Geist,克罗齐的英译者 D. Ainslie 译为 spirit,而《克罗齐哲学》的著者 Wildon Carr 主张译为 mind,援 William Wallace 用 Mind 译 Geist 的先例。这字在中文普通译为"精神",本书作者译为"心灵"。查 spirit 原义为"气",从前人相信人的主宰是灵魂,而灵魂是一种气,人死时断了气,灵魂即消逝,所以 spirit 原与 soul(灵魂)同义。这两个字都带有原始时代宗教迷信的色彩,近代人大半用 mind 来代替它们。mind 只是"心",这里译为"心灵",有三个理由:(一)保存字源本有的意义,(二)中文中单音字不很顺口,(三)最重要的理由是克罗齐用 spirito 并不单指一般心理学家所谓 mind,不只是你的"心"或我的"心",而是全体真实界的大用流行,不仅是"人心"而也是"宇宙心",用"心灵"来译它,或可略示区别。至于"精神"原亦指"灵魂",但在流行语文习惯中,指"特殊风格"的意味居多,指"心的活动"的意味居少,所以不宜用。

第三章　美学

　　克罗齐享盛名的著作是他的第一部《心灵的哲学》——《美学》。这书的全名是《美学，表现与普遍语言学的科学》(*Estetica come scienza dell' espressione e linguistica generale*)。它在克罗齐哲学中特别重要，不仅因为它的研究对象是基层的心灵活动——直觉，不仅因为克罗齐在这方面的成就集康德、黑格尔以来的美学的大成，在当代美学著作中没有一部可以和它比美，尤其因为克罗齐打破二元主义，把康德、黑格尔的唯心主义推演到它的当然的逻辑的结论，建立一种比较彻底的唯心哲学，就全靠他的美学的学说。从前哲学家们所打不破、嚼不烂的硬栗壳就是知识的对象，即与知识主相对立的那个"物"或"外在的自然"，克罗齐在美学中把这硬栗壳打烂了，嚼破了。这个"物"原来只是知识主凭感官印象创造出来的,而这感官印象并非来自外物,而是来自知识主自己的经验,即实用活动所生的感受、情感、欲念等等,经过心灵赋以形式而外射为对象。因此,知识主(subject)与知识对象(object)的对立并不是内心与外物的对立,而是主动与被动心灵活动所成的形式与无形式的混沌的经验的材料或内容的对立了。这就无异于说,对象是知识主的对象化(subject objectified),犹如我的面孔在镜子里对象化,才有形影,我才看得见(这譬喻中我的面孔是我的浑茫隐约的感触,镜子是心灵,形影是意象即直觉品,见是直觉)。直觉创造了意象,就打消了外物存在的必要,所以克罗齐的直觉说是唯心主义的奠基石。

一切知识都以直觉为基础。直觉就是想象,或意象的构成。比如说"这是桌子",这已经是判断,把浑然的"这"纳到"桌子"那个概念中去想,肯定"这"与"桌子"的关系,说明"这"的意义;所以这判断所表的知识已经是逻辑的,理解的。但是在作这判断以前,我们于理必须经过一个阶段,把"这桌子"的形状悬在心眼前观照,眼中只有那形状的一幅图画,如镜中现影,不肯定或否定它是某某,不追问它的意义和关系,甚至不想到我是知识主而它是知识对象,即佛家所谓不起一切分别想。这种状态我们在凝神观照时常体验到,它的存在本无可置疑;不过心灵常在活动中,很难久停止于凝神状态,大半不久就有理解起来,所以一般人习焉不察,或疑心没有这种心境。其实它是极普遍的现象,没有它就不能有理解或概念的知识,因为诸事物关系的知于理必依据个别事物形象的知。这个别事物形象的知便是直觉(佛家所谓"现量",逻辑的知是"比量")。

这直觉不是被动的感受,而是主动的创造。主动者是心灵,被动者是直觉以下的物质。这物质是一些由实用活动产生的感触(feelings),触动感官,如印印泥似地刻下一些无形式的印象(impressions）；惟其无形式，心灵就不能领会它，知解它；心灵要知解它，必本其固有的理性对它加以组织综合，使它具有形式，由混沌的感触外射为心灵可观照的对象，即由印象化为意象。这感触成了对象，印象成了意象，物质得到了形式（三者是一件事），就是直觉，也就是表现。所谓直觉是就心灵活动而言；所谓表现是就感触（物质）成为对象（有形式的意象）而言，感触外射于意象，就已在那意象里表现了。

这直觉或表现显然就是艺术的活动。艺术的内容与形式本不可分，如果作抽象的分析，"内容"即上文所谓"感触"（普通译为"情感"），实用活动所引起的喜、怒、哀、乐、怡适、惆怅、兴奋、颓唐那一类模糊不易捉摸的激动，它们必须化为具体的意象，才为心灵观照的对象，才有所谓"形式"。艺术创造就是化感触为意象，使感触表现于意象，使内容得到可观照的形式，那种活动，即上文所谓直觉。我们姑举一短例来说明，姑取王维的《鹿柴》那一首短诗——"空山不见人，但闻人语响，返景入深林，复照青苔上"，这诗里有情（感触）有景（意象），你能看清楚这种景，自然就能领会出这种情，这种情就只有这种景恰可表现，绝对不可换一个方式来说而仍是原来那种风味。王维在写这首诗时，他心里必有一顷刻突然见到这个"情景交融"（即情表现于景）的意境，我们读者如果真能欣赏这首诗，心里也必须如此。这一"见"——无论是由情见景或是由景见情——便是直觉，便是艺术的创造。因为艺术所表现者都不外是一种感触（情），所以艺术都是"抒情的表现"（lyrical expression）。单有感触（情）不能成为艺术，艺术须表现情感于意象，在表现时，心灵就超越了那情感而从那情感中解脱出来。艺术有"净化"（katharsis）或使人"安静"的力量，就因为这个道理。

由此可知情感和意象交融成一个完整体，那情感便已"表现"于那意象，便已在那意象里得到可观照的形式，而艺术作品也就完全成就。这就是说,艺术作品的成就完全在作者的心里,它完全是一种心灵的活动。比如王维在心中见到《鹿柴》那首诗的情景交融的意境,在心中找到说出那意境的语言文字,他的诗就已完成了。至于把那首诗念出来给人听,写出来或印出来给人看或给自己后来看,那就犹如把乐歌灌上留音机片,有博旁人赞赏、使旁人得益、备自己遗忘那些实用的目的,所以只是实用的活动而不是艺术的活动。这实用活动叫做"外现"(externalization)或"传达"(communication)。传达出来的东西,一首写出来的或印出来的诗,被人误称为"艺术品"(object d'art),其实只是一种"备忘录"(aid to memory),站在艺术的地位,一个艺术家没有传达他的作品的必要,一个真正的诗人只是一个自言自语者。传达固然不一定就减低艺术的价值,它本身既有实益,也不应受轻视,不过我们须认清它的本性,它只是实用的活动,这名称毫无褒或贬的意味。

"直觉即表现"的基本原则在克罗齐的美学中最为重要,也最易为一般人所难了解,其原因有二:

第一,一般人都以"传达"为"表现"。拿苏东坡的"成竹在胸"这句名言为例来说,"成竹在胸"是"腹稿",即克罗齐所谓直觉,意义等于"表现";"画竹在纸"是克罗齐所谓传达,而一般人所谓"表现",所谓"作品"。中国旧有"意内言外"、"意在言先"的说法,意思也就是说直觉(意)在先在内,表现(言)在后在外。照这样看,艺术活动分成两个阶段,先成就在内的直觉,后成就在外的表现。克罗齐驳问:内外既绝不相同,什么东西可做沟通的媒介,使在内的转为在外的呢?无文字的诗,无声音的乐,无形色的画是可想象的么?既是"成竹"便不是一种无形无色的竹。意中之竹既已有形有色,竹便已表现,便已是"作品",已是画中之竹。画中之竹不过是为意中之竹留痕迹,并不是"表现"意中之竹,那原已"表现"过的。所谓"表现过"(expressed)就是"对象化过"(objectified),或"意象化过"（imagined），换句话说，就是"直觉过"（intuited）。

其次，一般人都以为直觉多于表现，即直觉不尽可表现。我们常自觉有许多可歌可泣的经验，许多绝妙的意境，可以写成诗或小说，或是画成图画，谱成乐调，只可惜自己不是诗人或艺术家，没有本领去"表现"它。我们在企图创造艺术作品时，也常自觉心手不相应，所作成的不能完全表现心里所感到的。一位意大利学者席勒斯比批评克罗齐说："诗原是未经写成的而却直接生活过的、亲身体验过的生活的诗，既是灵悟，又是行迹。写成的诗比起生活已较逊一筹，它接近生活，它是艺术；但是它无可避免地比生活较差些，暗淡些，模糊些。凡是大诗人和艺术家都常感觉到在与生活相形之下艺术是贫乏的。"这也就是说，我们所生活过的不尽能表现于艺术。克罗齐以为问题不在是否生活过而在是否直觉过，凡是生活过的不尽可成直觉过的，这本是的确的；至于直觉过的则必为表现过的。我们通常受虚荣心和幻觉的影响，误认模糊隐约的无形式的"感触"为诗的意境。我们想要抓住而抓不住的并不是直觉，而是直觉以下的那种混沌杂乱的感触，那些感触既未成意象，就不能算是诗的意境。诗人没有是哑口的，我们对自负有诗意而叹息不能表现的"哑口诗人"不妨追问：你对于你所谓"诗意"看清楚了没有？如果没有，你凭什么断定它是诗意？如果看清楚了，它就已有形式，已成为可观照的对象，那就是已表现了。你所谓"表现"的困难根本还是直觉的困难。

直觉（即表现）完全是心灵的活动，艺术存于创造者与欣赏者的创造与欣赏那个活动中，不存于传达出来的文字或其他符号。符号是物质的事实，不能叫做"诗"或"艺术作品"。艺术作品是情感与意象的融会，你在心中见到那个意象，感到那种情感，它对于你才是艺术作品。在作者如此，在读者也是如此。比如王维的《鹿柴》中那二十字，对于不识字的人是毫无意义，对于虽识字而不能领略那情感与意象的人也还只是空洞的文字符号。它对于你如果成为诗，你必须像王维一样，用直觉或想象把那情感和意象在你心中复活起来。因此，欣赏就是"再造"（recreate）。"要了解但丁，我们必须把自己提升到但丁的水准。"大诗人和大艺术家的功用就在把我们提升到他们的崇高的水准，分享他们所见到的那种较广大的天地。一个艺术作品并非一成不变，俯拾即是；它不断地经欣赏者的再造，好比投石于池，浪纹圈一个推一个，愈推愈大。每人每时每境的经验不同，所直觉到的也就不能一样，每次再造都产生一个新作品。我昨天对于王维的《鹿柴》所得的和我今天所得的就是多少有变化的两件作品。因为这个道理，艺术是常新的，无限的。

同理，"自然美"（natural beauty）是一个自相矛盾的名词。"自然"是物质的、被动的、混沌杂乱的，而"美"为艺术的特色，必须是直觉或表现的结果。"一片自然风景就是一种心境"，"情人眼底出西施"，我们所见到的美，无论在艺术或在自然，都是我们创造出来的。"自然"无所谓美，在"自然"中见到美，"自然"就已成为艺术了。比如王维的《鹿柴》可能是实地所见到的自然风景，它的美就生于王维或读者的"见"，许多人可能对它熟视无睹。同是一个艺术作品，同是一片自然风景，各人所起的审美的反应往往悬殊很大，这就可证明审美不是被动的感受，而是主动的创造。

说到这里，我们就可以明白"美"是什么了。一般人都以为美是物（艺术品或自然物）的一种属性，无论有没有人欣赏它，美总是在那里。所以过去许多文艺批评家想尽方法去找美的"客观的条件和标准"。他们替文艺定了许多规律，以为作品遵照这些规律就会美，否则就不免丑。他们把美和"白"、"方"、"重"、"大"那些可感觉的性质一样看待。在上文我们已经说过，从前人所谓"首要性质"与"次要性质"都不一定有客观的真实性，都离不掉心灵综合作用。美既是艺术的特质，而艺术全是心灵的创造，则美不在物，更无疑义了。在克罗齐看,美就是"成功的表现",不成功的就不算表现,所以可以干脆地说:"美就是表现。"见到一个情景交融内容形式一致的完整体,那就是表现,那也就是美。美是直觉活动的价值,并非传达出来的那物质的"艺术品"的价值,表现只有成功与不成功的分别,没有多寡与优劣的差别,所以美是绝对的价值。我们只能说此美彼不美,如果彼此都美,就不能说此美于彼。比如说莎士比亚的《哈姆雷特》那部悲剧美,他的某一首十四行诗也美,那就是说,两个作品在它们的各别的限度以内,都已尽了艺术的能事,就都只是美,不因篇幅长短或内容大小而在美的价值上有比较,有差别。美是正价值,负价值为丑,丑就是不成功的表现。表现的成功的程度只有一个,不成功的程度却有多种(某部分成功,某部分失败,失败也有多寡差别),所以美虽无比较而丑却有比较。所谓"不成功"是指意象与情感没有交融,内容与形式不能一致,全体与部分不能匀称。美总是整一,丑才现为杂多。这是由于作者的苟且,不诚实,或艺术天才的薄弱。

直觉或表现是整一的,不但没有价值的比较,也不能有"种类"(kinds)的分别。凡是艺术都只是表现,只是意象与情感的融合。一般批评家把艺术分为文学、音乐、图画、雕刻等等,文学又分诗、戏剧、小说等等,诗又分抒情的、叙事的、戏剧的等等,如此等类的区分不可胜数。他们又以为各类有它的特殊规律,作创作的南针,批评的标准,例如戏剧的布局应如何,人物应如何之类。但是种类尽管分得细,规律尽管定得严,批评家和创作家总是互难就范。创作家作出一种新作品,批评家寻不出一个"类"来收容它,发现它没有守"类"的规律,便说它坏。例如"悲喜杂剧"、"散文诗"之类体裁都被批评家痛斥过。可是真正的艺术作品都会活着下去发挥它的力量,批评家只好替它另立新"类",定新"规律",艺术生发无穷,类和规律也就愈来愈多。依克罗齐看,这种分类的办法不过如依体积或内容把书籍摆在图书架上，虽也有实用，却没有真正的标准。某部书可摆在甲架，也可摆在乙架。艺术整一而有无穷变化。文学、图画、音乐、雕刻等等所用的媒介虽不同，而根本同是表现。一首诗可有音乐的和谐、图画的色彩、雕刻的力量和建筑的轮廓。它可以同时是抒情的、叙事的和戏剧的。严格地说，每一个真正的艺术作品都有与其他任何作品不同的地方，都自成一类，自有内在的规律。拿西方小说的标准来衡量《红楼梦》，或是拿关同、巨然的标准去批评文艺复兴时代意大利画家，都无异于痴人说梦。

艺术为直觉，是基层的知解活动，先于概念活动与实用活动（经济的与道德的），所以它可以离哲理、利害计较与道德标准而独立。克罗齐对于艺术特别着重两点：一是它的整一性（unity），如上所述；一是它的独立自主性（autonomy），根据这独立自主性，他作下列几个重要的否定：

一、艺术不是哲学、科学或历史。艺术只构成意象，不产生概念，不肯定或否定意象的真实性。因此，批评的态度与艺术的活动不能同时并立。批评不能不用判断思考，就不能不把单纯的意象变成名理的事实，就不能不走到哲学、科学或历史的范围。所以克罗齐说："诗人死在批评家里。"有人会反驳：艺术作品里也常有哲理，而且真正的大诗人在他们的作品里都表现一种人生观，对人生没有大彻大悟的人根本就不能产生伟大的艺术。这话固然不错，但是艺术含有哲理是一回事，艺术抽象地谈哲理又是一回事。理在艺术中混化于意象，如盐混化于水，既已混化于意象，就已不复是抽象的可独立的理，就已成为直觉的对象。比如剧中人物可以谈哲理，可是哲理在人物的口中并不显哲理的功用，而是显人物性格的功用。也有人会疑问：无论是欣赏或是创作，我们都不能不用理解，否则如何能了解作品的意义呢？我们只说直觉与理解不能同时并立，并非说它们不能先后承续。直觉之前可有名理的思考，帮助了解作品的意义，帮助起直觉；直觉之后也可有名理的思考，判断作品的价值，分析作品与其他事物的关系。但是要点在直觉那一顷刻，名理的思考须暂时搁起；我们对于一个艺术作品，须把它当作纯意象观照，不能把它当作概念去思考；当作概念去思考是逻辑的事，不是艺术的事。

二、艺术不是功利的活动，因为它的目的不在实益，或则说得更精确一点，它根本没有一个外在的目的，表现的目的就是它自身，就是表现。过去美学中功利主义（utilitarianism）往往与快感主义（hedonism 这字译"享乐主义"不恰当）携手，把艺术功用看成快感。艺术可发生快感本是事实，但是这快感与肉体饥渴的满足所生的快感不同也是事实，由此可知艺术的快感与寻常快感须有一个区别的要素，艺术之所以为艺术便不在它与其他活动所共有的快感，而在那个使它与其他活动有区别的要素了。那要素就是表现，而快感只是陪伴，我们不能把陪伴混为主体。不明白这个道理的人们以为艺术只是发生快感的，于是追问：艺术是否可以随意寻求快感呢？是否要有一个限制呢？苦行主义者因厌恶快感便厌恶艺术，以为艺术有伤世道人心。冬烘学究以及政客因快感可利用，便利用艺术做宣传教条和政策的工具。其实这两种人都没有认清艺术是直觉，先于经济的活动。它尽管可有利或有害，但是那利害是站在实用的而不是艺术的立场看出来的。

三、艺术不是道德的活动。艺术与道德的关系从古以来就成为哲学家与批评家所常争辩的问题。西方从柏拉图到托尔斯泰，许多思想家都从道德观点攻击或辩护艺术，中国"文以载道"的主张也深入人心。在克罗齐看，艺术既无外在的目的，又不起于意志，实与道德无关。所谓"无关道德（non-moral）"，既不是"道德的"，也不是"不道德的"，只是说在道德范围之外的。"一个艺术家固然可以在想象中表现一个从道德观点是可褒可贬的行动，但是他的表现，因为只是一种意象，不应该因此受褒或受贬。世间没有一条刑律可以定一个意象的死刑或判它下地狱；世间也没有一个头脑清醒的人对它下道德的判断。"我们看《红楼梦》，举个例来说，只应问薛宝钗和林黛玉是否一样写得有声有色，惟妙惟肖，不应问薛宝钗是否比林黛玉要奸猾些，在道德上要令人生厌些。许多人对于薛宝钗的厌恶只是道德的而不是艺术的。在艺术的立场看，薛宝钗的可爱或不亚于林黛玉，正犹如刘姥姥的可爱不亚于大观园里任何一位小姐，因为她是一个完整的意象。

这些否定的用意只在分清艺术与其他心灵活动的界限，并非说艺术与其他心灵活动可以完全脱节。一般人单看克罗齐的第一部著作《美学》，或不免误解他把艺术的独立自主性说得太过火，以为他把整个人格割裂开来了（作者自己从前就有这个误解，所以写出《文艺心理学》第十一章批评克罗齐的机械观那一段错误的议论）。其实这种看法与克罗齐的哲学系统全体相违。他固然着重每一阶段心灵活动的整一性，却也着重全体心灵活动的整一性；直觉、概念、经济、道德四阶段虽各有别，却互相影响，循环生展。这道理他在大英百科全书里《美学》那篇论文中特别说得明白。这篇论文出来较晚，有些话显然是针对旁人的批评而说的。在分清艺术与其他心灵活动的界限之后，他加上一段说艺术与它们的关系："各种不同形式的心灵活动不能看成每一种都和其余分开，孤立自持地行动。""艺术这个心灵活动，像每一个其他心灵活动一样，与所有一切其他心灵活动都互相因依。"比如说，"一切诗的根基是人格，而人格集成于道德，因此，一切诗的根基是道德意识。这当然不是说艺术家必须是一个深刻的思想家或锐敏的批评家，也不是说他是一个德行的模范或英雄，但是他必须在思想与行动的世界里占一个分子，这才能使他，在他本身或是在他对旁人的同情中，体验得整部人生的戏剧"。这番话须与否定艺术为哲学、功利、道德那番话合看，才可免去误会。打一个譬喻来说，艺术好比一朵花，欣赏花只就它本身着眼就够了，它与日光、水分、土壤的关系不能影响对于花本身的欣赏，但是如果没有日光、水分、土壤，这朵花便不能存在。

艺术既是直觉，而直觉是最基层的知解活动，为一切知识的基础，所以凡人既有知识，即不能无直觉或艺术活动。人人都必有几分是艺术家。大艺术家与平常人在这一点上只有量的分别（他们是大艺术家，我们是小艺术家），却没有质的分别（同是直觉）。拉丁成语说："诗人是天生的"；克罗齐把它翻转过来说："人天生就是诗人。"如果大艺术家与我们平常人有质的分别，我们就无法可以了解他们；我们能"再造"他们所"创造"的，就因为我们和他们有这一点共同的人性——直觉的本领。这是人类打开宇宙秘奥的一把公共的钥匙。由此可知克罗齐所谓"艺术"远比一般人所了解的较宽广。在一般人看，艺术是少数职业家的专利品，在一个社会里，诗人、画家、雕刻家和音乐家所占的人口百分比是很低的。在克罗齐看，艺术是尽人皆必有的极原始而普遍的活动，是人就是艺术家。

有一点最能证明艺术的普遍性，就是语言。人人都运用语言，而语言就是表现，说话和做诗，根本是一个道理。所以克罗齐把语言学和美学看成同一科学。语言学的研究在十九世纪德国为最盛，关于语言的起源和性质大概有三派学说：第一说以为语言是一种"惊叹"，表现情感的自然而然的生理反应，说话与哭笑原是一理；第二说以为语言是习俗与联想造成的，以某字音代表某意义，成为一种"社会的公约"，说话与军队用暗语口号是一理；第三说以为语言起于自然（惊叹）而成于人为（习俗），原是一种心灵的创造，借联想习惯而孳生繁衍。克罗齐则以为语言始终是心灵的创造，以完整的声音组织表现某某思想情感的整个的情境。情境常变化,语言的意义也就随着变化。我们尽管沿用旧字陈语,却不断地予以新生命;我们并不是只是"复述"旧字陈语,而是替旧字陈语"创造"新意义。所以语言的常新与无限,和艺术的常新与无限是一致的。我们找到了艺术的原理也就同时找到了语言的原理,所以美学与语言学原只是一件事。

第四章　逻辑学

知解的活动第二度是概念,诸事物关系的知识,一般人所谓理解或思想。这是逻辑的活动。克罗齐的第二部《心灵的哲学》就是《逻辑学,纯概念的科学》(*Logica come scienza del concetto puro*)。从这个名称可见克罗齐所谓"逻辑学"与传统的形式逻辑学大不相同。传统的形式逻辑学通常分析概念、判断、推理、演绎法与归纳法,作一些形式上分类,定一些实用的规律。它把思想当作尸骸解剖,它所谓"形式的"(formal)其实只是"字面的"(verbal),把概念当作端词(terms)去讲,判断当作前提(propositions)去讲,推理当作三段论式(syllogism)去讲,所以它所分析的不是思想本身而是表现思想的文法,它和真正的思想的生展几漫不相干。它不能发现真理,只能把已发现的真理用公式解释给人看,所以只有教育的功用,没有哲学的功用。克罗齐的逻辑学是集合康德的先验综合与黑格尔的相反者的同一两个原则发展出来的"哲学的逻辑学"。它要抓住思想全体的生展,看活的思想如何进行,在思想活动中按得真实界的脉搏跳动。这种逻辑学"不复是思想的科学,而是正在活动的思想本身,不仅是逻辑学,而是包含逻辑学在内的全部哲学"。

从这个观点看,"唯一的逻辑的事实是概念,是普遍性,是构成普遍性的心灵活动"。概念并非像形式逻辑学所认为与端词相当的那种孤立的僵死的思想碎片,而是"正在活动的思想本身"。"它是诸事物关系的知识,而诸事物是直觉品。概念不能离直觉品,正犹如直觉不能没有印象为材料。直觉品是这条河、这个湖、这小溪、这阵雨、这杯水;概念是水,不是这水或那水的个例,而是一般的水,不管它在何时何地出现。"直觉的世界全是一些个别的意象,直觉对它们不作肯否,所以它们是否真实,性质如何,关系如何,还不曾为心灵所辨别;直觉的世界只是一个可能的未定性的世界。我们举眼一看,只看见湖、溪、河、海等等的形影,不曾想到它们是什么。概念的世界则是一个四通八达、联络贯串的关系网,事物不仅呈现形影,而且现出关系条理,各有各的定性;概念的世界是一个肯定了的真实的世界。我们想到那些湖、溪、河、海等等都是水。这是一个肯定,就是判断,所以概念包含判断在内。同时它也包含推理在内,那些湖、溪、河、海等等是水,这杯子里的东西也就是水。这种推理同时是归纳的与演绎的,由个别事物见普遍性,以普遍性定个别事物的性质,是同一思想活动的两面,不能分开。比如说"这是水",可以看成归纳,以个例纳于普遍性;也可以看成演绎,以普遍性断定个例。由此可知在一个概念里不能没有直觉品(上例"这"所代表的个别事物形象),也不能没有普遍性的观念(这就是概念,上例的"水");所以概念的思想综合直觉与概念、经验与理性、后验的成分与先验的成分。总之,概念就是康德的"先验的综合"。中国哲学家向有"理一分殊"的学说,这四个字很可以说明概念的道理,概念就是于分殊见理一(湖、海等同具水性),以理一定分殊("这是水")。克罗齐所谓概念综合同一与殊异,于同一中见殊异,于殊异中见同一,意思也就是如此。

这个概念说的要点在概念必依据而且包含直觉,普遍原理必依据而且包含个别事例。我们一般人所了解的概念,如同形式逻辑学所教的一样,是一种抽象的不着实的游离无定所的观念。比如说"人",只是一个空泛的"人"字的意义,不指张三也不指李四。其实我们只要稍加反省思想的活动,就可以看出这空泛的"人"在心中根本不成为思想,是思想就要切实,就要想到普遍性所依据而且包含的事例,想到"人"就要想到你或我,张三或李四。思想都必有所肯否,都必取判断的形式。判断都必以主词定宾词,以宾词定主词。再拿"这是水"为例来说,"这"是主词,是概念所依据的直觉品,"水"是宾词,是直觉所化成的概念。我们不思想则已,既思想就必据一个具体的事物情境(直觉所得,主词)而加以肯否,加以理性化或普遍化(概念所得,宾词)。思想就是于事实中见理性,于直觉品中见逻辑的成分。事实(直觉所得)是后验的,理性(概念所得)是先验的。所以一个判断(思想活动)之中有个别相也有普遍性,有后验的成分也有先验的成分。世间没有纯粹的后验的真理,也没有纯粹的先验的真理;真理总是融合经验与理性,后验的与先验的为一体。这就是说,通常所谓"事实的真理"(vérités de fait)——即经验所得,可简称为"事"——与"理性的真理"(vérités de raison)——即理性所得,可简称为"理"——并非可以分立的两种实在。事中必有理贯注,因为它是知识或思想的对象;理必以事为体,否则它便抽象而不真实。在思想活动——即判断——中,事是主词而理是宾词,事与理交融,所以主词可以看成宾词的个别化,宾词可以看成主词的普遍化。主词见"分殊",宾词见"理一",

主词于同一中见殊异,宾词于殊异中见同一。事不离理,理不离事,这就可以说明黑格尔的那句名言:"理性的就是真实的,真实的就是理性的。"这也可以说明克罗齐自己的一段紧要的话:"概念是一个逻辑的先验的综合,所以是主词与宾词的同一,是一个殊异中的同一,同一中的殊异,是对于概念的一个肯定,同时也是对于事实的一个判断,是哲学同时也是历史。在纯粹的实在的思想活动中,这两个成分组成一个不可分解的有机体。我们不能肯定一个事实,除非思想它(译者注:即把它纳到一个概念里去想);我们不能思想(译者注:即运用概念),除非肯定一个事实。"

这个概念说在克罗齐哲学中极其重要。它有两个含义:第一,一切思想都必脚踏实地,不能离开直觉经验。思想都起于某一现实情境,就据那现实情境而替问题找答案,作一种肯定或否定。用逻辑学的术语来说,一切真正可以叫做"思想"的判断都是"个别的判断"(individual judgment),即思想主在某一特殊现实情境所下的判断。真实界常在演变——即思想常在生展——每一"个别的判断"都是只恰合某一时机的,新鲜的,独创的,不能应用到另一个情境;如果应用到另一情境,它的意义也就变了。其次,事理既不能相离,则历史与哲学实是一事。关于"历史即哲学"说,我们待谈历史学时还要详述。

明白上文所说的道理,我们就可以解释克罗齐所建立的纯概念(pure concept)与假概念(pseudo concept)的分别了,逻辑学的定义是"纯概念的科学"。纯概念必有三大特征:

一、它必是有表现性的(expressive)。这就是说,概念必不能离直觉,思想必不能离语言。既是概念就不能模糊隐约,不可捉摸;它必须在意识中现得很显明(这就是"表现"的意义),可以用语言形容,可以让旁人了解,总之,它必须是一度知解。概念表现心灵的理解的活动,犹如意象表现心灵的直觉的活动。依逻辑运用思想就是运用语言,语言就是思想的表现,所谓"语言"不单指文字,数学家用图形符号思想,那些图形符号也还是语言;它也不单指大声说出来的话,它尽可悬在心中默想。思想与语言一致,所以善于思想也就善于写作,一部书中语言不明白晓畅的部分必定由于作者没有想得清楚。思想本身就是表现,就是语言,并非先有思想而后有语言。没有语言的思想是不可思议的。思想必含语言,就是概念必含直觉,哲学必含艺术。"每一部学术著作必同时是一件艺术作品。"如果我们无法表现我们的概念,那就足见我们还没有得到那个概念,犹如自以为有"诗意"而不能表现一样,那"诗意"只是幻觉。深奥到语言不能表达的思想尽管是神秘主义者所夸耀的(佛家禅宗主张"不立文字,见性成佛","离文字障",可以为例),哲学里却不容有"无语言的思想"这种怪物。

二、它必是有普遍性的(universal)。这是概念与直觉的分别,直觉必是个别的,概念必是普遍的。这也是纯概念与自然科学概念的分别,自然科学概念只是同类事物的总名,只适用于某一部真实界,纯概念是一切事物的共同性,适用于全体真实界。例如"树"、"马"、"白"等概念都只是类名。"树"代表一切个别的树,而个别的树是有限的,"树"的意义尽于这有限的事例,树以外的事物不是"树"所能包括的,总之,"树"不能普及全体真实界,所以没有普遍性。有普遍性的纯概念如"性质"、"演变"、"美"、"究竟"等等却不限于某一类事物,一切事物都不能不依据这些概念。比如说,一切事物都必有"性质","性质"并不只是某一群事物的类名,不能单指这事物或那事物,我们不能集拢任何数量的事物来,指着它们说,"性质"这个概念尽于这些事例,如同类名尽于有限数量的事例一样。总之,类名所适用的范围是有限的,纯概念所适用的范围是无限的,它"外越"(transcend)所有事例和每一事例,不能为任何数量的事例所包括无余。它在全体真实界常住普在。

三、它必是有具体性的(concrete)。具体性是概念与直觉所共有的,说概念有具体性,犹如说直觉有具体性一样,是指有形可求,在真实界有事例可指,可由感官呈现于心灵。具体的才是真实的,抽象的就是不真实的。具体性是纯概念与数理科学概念的区别素。数理科学概念往往是抽象的。姑举"三角形"和"自由运动"两个概念为例。三角形据说是三直线交叉所围成的空间,围成三个角,总和等于两直角;自由运动据说是不受任何抵抗或阻碍的运动。这两个概念都有表现性,它们是明晰的可思议的概念;它们也都有普遍性,因为它们也可以说是外越所有事例和每一事例,我们不能替它们限定一个适用的范围,只要真实界可思议,它就可思议。但是实际上没有一个真正的三角形,因为实际上没有直线直角和三角之和等于两直角那些事;实际上也没有自由运动,因为实际的运动都是受条件决定的,必受阻碍。换句话说,它们在经验界都没有实例,所以它们都是抽象的。从另一方面说,纯概念如"性质"在表面上好像比"三角形"还更抽象,实际上却是具体的,因为真实界中没有一件事物不是"性质"的事例。在说明普遍性时,我们已说过:纯概念"外越"一切事例和每一事例,不能为任何数量的个别事例所包括无余;现在说具体性,我们应补充一句说:纯概念也"内在"(immanent in)一切事例和每一事例,在任何极微细的事物中都找得着它。合两层来说,纯概念"放之则弥六合(普遍),卷之则退藏于密(具体)"。

克罗齐的纯概念说大体上就是黑格尔的具体的共相(the concrete universal)说。黑格尔把具体的共相叫做"哲学的概念",说它须具逻辑性,普遍性和具体性三个特征。克罗齐把表现性代逻辑性,因为要符合他的概念不能离直觉,思想不能离语言的主张。这个主张——概念的思想融合直觉与概念、经验与理性在一起想——就是康德的先验综合说,已如上述。从此可知克罗齐的纯概念说是集合黑格尔的具体的共相说与康德的先验综合说而成的。

纯概念的三大特征如果缺了一个,那就不成其为概念(没有表现性的),或只是假概念(没有普遍性或具体性的)。假概念如上所述,不外两种:一是经验的自然科学的类名,如"马"、"树"、"白"之类,虽具体而不普遍;一是数理科学的概念,如"三角形"、"自由运动"之类,虽普遍而不具体。假概念其实还要依据真概念,无论是自然科学或是数理科学,都必先假定"性质"、"演变"、"美"、"究竟"、"存在"那些纯概念。它们中间所含的真理还是属于哲学的真理,至于它们自己所构成的假概念都不是真正的哲学的知识,只是一种"理智的虚构"(intellectual fictions)或"方便假立",为着实用的目的。经验的概念为着分类立界说的方便,抽象的概念为着计算推演的方便,对于人生都有实益。严格地说,纯概念与假概念的分别还不能算是真与假的分别,而是知解与实用的分别;假概念根本不属于知解的活动,只属于实用的活动。知解的活动只是纯直觉(艺术)与纯概念(哲学)两种,自然科学与数理科学就其须依据纯概念而言,所含的真理已包含在哲学里面;就其运用假概念而言,在两种知解活动中一无所属,所以只能归到实用活动里去。这也并非小视自然科学与数理科学,不过是确定它们的真正的性格,说明它们在本质上与哲学的差异。科学与哲学既有这种根本的差异,我们就不能采用科学的方法来研究哲学,也不能以科学为基础来建立成一种哲学。哲学只能用穷理的(speculative)方法,不能用经验的或抽象的方法;只能统瞻全体,不能积部分来求全体。因此,克罗齐反对黑格尔的"自然的哲学"那个观念,所谓"自然的哲学"是在自然科学之上建立成的哲学,犹如"历史的哲学"是在历史之上建立成的哲学,其实历史就是哲学,而自然科学与哲学是不能相衔接的两件事。克罗齐的这个见解含有极大的革命性,最为人所不易了解。不过这一点对于他的哲学系统非常重要，因为如果承认科学所建立的"自然"这个概念只是"方便假立"，没有真实性，心灵便是全体真实界，没有一个外在的真实界和它对立，二元论就可以打消，而哲学也可完全是"内在的"（immanent）了。

哲学探求纯概念，而纯概念是融会事与理的思想，它就必然是真理，在哲学中就无所谓"伪"或"错误"（errors），然则伪或错误从何而来呢？在克罗齐的学说中，错误有两种意义：一种是片面的真理（partial truth），即正反对立尚未综合时，正与反都是片面的、抽象的，所以还不是完全的真理。综合了，在正反对立阶段的错误在综合阶段就已化成真理。每一个纯概念既是相反者的同一，"真"这个纯概念就必已包含真的相反者：伪或错误。有真理就必有错误，真理是由克服错误产生的，犹如答案是由解决问题来的。就这个意义说，错误是思想活动的推动力，它常存在思想中作真的反面。哲学从康德以来有批判（criticism）的意义，批判就是在一种学说中剔去错误的成分而抉择其真实的部分。在克罗齐看，哲学的生展史就是这样逐渐化片面的真理为较完全的真理。

另一种是真正的错误，例如指鹿为马，说二加二等于五。这种错误并不起于思想本身，思想在定义上就是对于真实界的真正的认识，不思想则已，既思想就必见真理；它不起于心灵的知解活动，而起于它的实用活动。我们错误，因为出发点就不在寻求知解方面的价值（真），而在寻求经济方面的价值（利益）。赵高指鹿为马，因为他要造成欺君的局面，不让旁人敢说他在欺。生意人把二加二算成五，因为他要骗人一文钱。我们和人辩论，往往歪曲事实，用意只在取胜；我们有时欺自己，自信所言所行都有大道理，原因是有虚荣心、苟且偷安心等等在作祟。总之，在真正的知解活动范围以内，没有真正的错误；真正的错误都起于经济活动闯入知解活动的范围。

克罗齐的逻辑学其实就是哲学,因为它们都是第二度知解活动,目的都在发现普遍的真理,即纯概念。因此,哲学的生展史就是纯概念的发现史,"真正的逻辑思想的光荣在发现原未发现的普遍性。所以凡是能把原不联贯的各个观念或各组观念显出联贯的人们,这就是说,凡是作普遍化的人们,我们都奉为先知先觉"。哲学史上有几个这样开辟时代的发现。第一个是苏格拉底发现概念本身,发现杂多之中有整一。其次是康德发现先验综合判断,这是"必然与偶然、概念与直觉、思想与事物现形的统一,所以是纯概念,具体的共相"。第三是黑格尔发现辩证法,相反者的同一。最后,克罗齐自己发现一切心灵活动统摄于四阶段,语言与艺术的统一、哲学与历史的统一以及意志与行动的统一。哲学和生命一齐在继续地生展,将来还继续地有纯概念的发现,自是意中事。

第五章　实用活动的哲学

　　直觉与概念组成知的世界。知是行的基础,知可以不行,行就不能不知。所以知解活动与实用活动,犹如直觉与概念一样,有第一第二两度的关系。实用活动本身也分两度:第一度是经济的活动,目的在求个别的利益,犹如直觉创造个别的意象;第二度是道德的活动,目的在求普遍的利益,犹如概念创造普遍的性相。研究这两度实用活动的学问就是经济学与伦理学。"经济学像是实用活动的美学,伦理学像是实用活动的逻辑学"。克罗齐所谓"经济学"与一般学校所授的经济学完全是两回事。他的经济学研究追求个别利益的心灵活动全体(注:克罗齐的"经济的"一词本义为"功利的",因为怕与 utilitarian 一字相混,仍从旧译),即心灵活动在第三阶段时所显现的真实界,所以它的对象有具体性与普遍性,而它自身是"心灵的哲学"中一种；普通所谓经济学只是一种经验的科学，只把真实界中经济现象划出一部分（例如关于需要、供给、生产、分配、贸易之类）来研究，所以只是抽象的，不能产生克罗齐所谓有普遍性与具体性的纯概念。不像对于知解活动分为美学与逻辑学两书来研究，克罗齐没有把经济学和伦理学分开，却把它们合在《实用活动的哲学》一部书里。我们现在把这部书的主要的学说略加阐述。

实用活动就是"意志"（will）。一般哲学家和心理学家对于意志的见解很纷歧，大半以为它是原始的生命力，盲目的冲动，一切心灵活动的源泉，所以先于知解。这种见解的重要的代表是叔本华的《世界作为意志与作为观念》一书。他以为生命原只是意志，意志外射才成为观念或知解。尼采所谓"酒神的精神"（相当于意志）也先于"日神的精神"（相当于知解）。克罗齐的见解与此相反。他替意志下定义说："意志是与对事物取纯粹地知解的观照有别的那种心灵活动，它所产生的不是知识而是行动。"行动是对于环境的适应。要行动就要明了当前的历史的情境，这情境常在变迁，意志也就要随之变迁。意志要时时刻刻跟着现实走，在现实中获得力量，在现实中决定方向。所以意志的先决条件是对于常新的现实（即所谓当前的"历史的情境"）所起的常新的知觉。行动不只是物体的机械的运动，它必须根据知识。"知解离意志而独立，是可思议的；意志离知解而独立，是不可思议的。盲目的意志不是意志，真正的意志必有眼光。"固然，世间行动家大半不是思想家，思想家大半不是行动家；但是这只是量的分别，行动家虽不必是思想家，他对于他所应付的情境却仍必有真知灼见。

意志与行动的关系是怎样呢？一般人都把它们看成两件事，意志发为行动，意志在先，行动在后，意志可发为行动，亦可不发为行动。克罗齐则主张意志与行动的同一，犹如直觉与表现的同一，意志不能无行动,行动也不能无意志。我们最好用他自己的话来解释:"意志并非有手脚的运动跟着来,这些运动本身就是意志。在物理学家看,这些运动是物质的、外在的;在哲学家看,它们是心理的,内在兼外在的,或则说得更妥当一点,既非内在亦非外在的,因为这种分别是勉强的割裂。正犹如诗完全活在诗篇的文字里,图画完全活在画幅上的颜色里,意志也完全活在行动里;这并非由于甲包卷在乙内,而是由于甲就是乙,甲如果没有乙就是割裂了的,不可思议的。"这道理可以从分析意识见出。"我们指不出一个意志的事实而不同时是身体的运动。有些哲学家们把在心内就完止的意志和发为外在事实的意志分为两件事,那分别是渺茫无稽的。每一个意志,无论它如何微细,在起时就已发动身体组织,产生所谓外在的效果。目的已经就是实现了的效果,已经就是出力奋斗的起点。连一个简单的欲念也不能不生效果。""从另一方面说,我们也指不出有行动而无意志的事例。有人说本能的动作和成为本能的习惯动作是如此,但是连这些动作也必有意志来发动它们,虽然不是每一个别动作是如此,全串动作却必如此,就像一只手可以发动要许多手才能造成的复杂的机器。所以意志不能无行动,行动也不能无意志,正犹如直觉不能无表现,表现也不能无直觉。"克罗齐的这番话初看颇违常识,细玩则确有至理。常识的错误在以为意志一生起就完了事,后来行动就接着来。试问意志与行动中间的空隙如何填补起来呢?在内的意志与在外的行动性质既不相同,如何由意志一翻身就可变成行动呢?克罗齐的意思是:意志到了哪一步,行动也就到了哪一步;意志与行动是一条线的两面,向内看是意志,向外看是行动。

行动与意志不分,与"事迹"(event)却有别。行动是个别的,属于个人;"事迹"却是许多个人的行动的全体所产生的结果。比如说,写这篇文章是我个人的意志行动,而这篇文章的写成是一个

"事迹"，这事迹固然有一部分靠我个人的意志行动，而主要地却靠全体真实界；假如西方哲学不演变到有克罗齐的思想，我没有受过这派哲学的训练，或是我的目前物质的和精神的条件不容许我坐下来写文章，这件事迹就无从实现。这就是说，行动是个人的，事迹是超个人的，它是反射大宇宙的小宇宙，历史情境的结晶，全体真实界的光投到一个焦点。

这个分别对于克罗齐的哲学极为重要。第一，它是他的历史观中一个重要原则，事迹成为知的对象就是历史。人类造成事迹，事迹也造成人类，它们是现在历史情境的结晶，也是未来历史情境的萌芽。它们就是具体的真实界，生生不息，愈滚愈大。其次，它使克罗齐脱开主观的唯心主义的危险，克罗齐虽不承认有一个真实界（自然或上帝）外于心灵或超于心灵而存在，而依他的"事迹"说，却有一个真实界外于个人心灵超于个人心灵而存在。这世界不仅是我个人的知解和行动所创造的，我个人的知解行动都受历史的情境——超个人的真实界——决定。第三，在实用活动的哲学中，"事迹"说调和了意志自由论和命定论的长久的争执。我的意志是由我自由作主来决定呢？还是由环境中的因果线索决定呢？克罗齐说，两说都有理，意志是自由的也是命定的。正由于直觉起于一种已有的情感情境而却超过那情境给它一个新形式，正犹如概念起于已有的意象世界而却超过那世界给它一个新意义，意志也起于已有的历史的情境而却超过那情境造出一件新事迹。就它不是无中生有，必起于历史的情境而言，意志是命定的；就它不只是复演历史的情境而却有新生发而言，意志是自由的。由前一肢看法，克罗齐避免了意志自由论破坏因果线索的困难；由后一肢看法，他避免了唯物史观混心灵为机械，忽视意志努力的困难。

意志即行动，行动根据当前历史情境的知识，不根据行动本身的价值的判断。一般人以为在行动之前，我们对于行动必作一个

"实用的判断"或"价值的判断"："这个行动是有用的，这个行动是善的"，然后再去实行。克罗齐以为这是倒果为因。"我们希求事物，不因为我们知道它们是有用的或善的；我们知道它们是有用的或善的，却因为我们希求它们。"事物本身，离开对于人的实用态度而言，无所谓有用与无用，也无所谓善与恶。这些实用的判断是跟着实用的行动来的，我们既已发意志行动了，对于它自觉满意，于是说："这是有用的，善的"；对它自觉不满意，于是说："这是无用的，不善的。"换句话说，意志行动的目的就在意志行动自身，在意志行动未实现以前，这目的还不能自觉；发意志行动只是在当前历史的情境中实现自我，好像在海水里游泳，我们时时刻刻随波浪的流动而改变姿势动作去适应它，事先并没有一个固定的计划。当时意志行动只是一个完整情境的完整的适应，事后勉强分析，我们才区分某者为意志所追求的善或有用的目的，某者为酿成意志的历史的情境，某者为发意志的主宰。

克罗齐否认意志行动起于价值的判断，也否认它起于快感与痛感两种感觉，如功利派和快感派哲学家所主张的。这一点不仅关系克罗齐的实用活动的哲学，而且关系他的哲学全体，含有极大的革命性与重要性，我们须详细讨论。传统的哲学与心理学向来把心灵活动分为知（knowing）、情（feeling）、意（willing）三种。在这三种中，"知"相当于克罗齐的知解（theory），"意"相当于他的"意志"即"实用"（praxis）。"知"与"意"各分两度，于是有直觉、概念、经济、道德四阶段，已如上述。这个系统中不就没有"情"的地位么？原来"情"译西文的 feeling，意义本极暧昧。西文字本义为"触摸"，引申到"触摸所得的感觉"。在心理学上它的较确定的意义是指快感与痛感两种感觉。"触摸"一义可引申到生理变化的感觉（例如"我感觉冷"、"我感觉轻松"），再引申到情绪发动时生理变化的感觉（例如说"她感觉害羞"、"他感觉恐惧"）。这些感觉有时有

"情"的成分（如羞惧等），有时不一定有（如温度感）。所以 feeling 译为"感情"颇不妥，只应译为"感觉"。我们有"痛的感觉"、"冷的感觉"、"身体不适的感觉"，却不能说有"痛的感情"等等。但是这里也还有问题："感"是否成"觉"？如其成"觉"，它应该就是"知觉"（perception）；如其不成"觉"，它应该就是"感触"或"感受"（sensation），不应别成一种。如其是"感受"，在"知觉"以上，那就未经心灵综合，就不是心灵活动的一种；如其是"感觉"，那就是知解形式的心灵活动。不过拿快感与痛感来说，它们虽是明显地感觉到，却与单纯的知觉有别。我知觉"这是树"和我知觉"我痛"，在意识上显然不同，一个没有切身利害关系，一个有；这就是说，一个有实用的意义，一个没有。以往学者没有就 feeling 细加分析，用这字时大半含糊其辞，有时指它为模糊隐约的"感触"，有时指它为"知"与"意"所作的特种心灵活动。克罗齐以为当作"感触"意义用的 feeling 不在心灵活动之数，只是直觉所据的"物质"、"感受"或"印象"。至如当作有知觉性意义用的 feeling，即快感痛感两种，则不是单纯的知觉，而是包含知解而比知解进一度的那个经济的活动（就这个意义说，feeling 译为"痛快感"较为恰当）。经济的活动是第一度实用的活动，它的功用在实现个别的利益，实现成功就是快感，实现不成功就是痛感。换句话说，快感与痛感就是经济活动的正负两极的表现，活动与表现原是二而一，并非先有活动而后有表现，犹如直觉与表现同一是一个道理。经济的活动和它的表现——快感与痛感——在时间次第上并没有谁先谁后，所以无论说"快感与痛感是实用活动的起因"（如功利派及快感派所主张的），或是说"快感与痛感是实用活动的结果"（如麦独孤派心理学家所主张的），都同样是无稽之谈。

痛快感就是经济的活动的表现，它分正负两极，正是活动的成功，是快感；负是活动的失败或受阻挠，是痛感。翻成价值的观念来说,正是益或有用,负是害或无用。所谓价值的观念也可在此顺便作一解释。依克罗齐看,每种心灵活动都有价值与反价值,即直觉有美丑,概念有真伪,经济有益害,道德有善恶。反价值并不只是没有价值。价值起于心灵活动与被动(即还未受心灵活动影响的可以叫做"自然"的纯物质)的搏斗,活动战胜被动,即活动成功,实现了它的目的;否则活动受阻挠,不顺利实现,目的没有达到,那就成为反价值。所以"价值是活动得自由生展,反价值则相反"。例如美是成功的表现,丑是不成功的表现;益是成功的经济的活动,害是失败的经济的活动。

　　知解的活动有个别的(直觉),有普遍的(概念),实用的活动也有个别的(经济),有普遍的(道德)。普遍的必以个别的为基础,所以概念必依直觉,道德也必依经济。经济与道德,犹如直觉与概念,有第一度与第二度的关系。经济的活动可以纯粹是经济的,不含道德的成分,这就是可以完全为个人利害打算,不顾大众福利。经济的活动成功,尽管它是不道德的,于公众有害的,对于主动者个人却仍不失为有用,不失为有经济的价值。道德的活动却必依据而且包含经济的活动,因为普遍的必依据而且包含个别的。我不能为公众谋利益而完全不顾到我自己的利益。我尽管牺牲自己的某种利益,可是如果我的行为真正是道德的,我必能在这种牺牲中得到安慰,得到快感,而这快感就是经济的活动的表现。

　　道德的活动谋普遍的利益,却必假手于个别的人,实现于个别的行动。"我们在任何行为中所实现的并不是在普遍性相的道德,总是一个固定可指的道德的意志行动。如同黑格尔在另一个时机所说的我们吃的不是普遍的果而是樱桃、梅子、梨子,而且是某某个别的樱桃、梅子、梨子。我们跑去援助某某人,用当时特殊情境中恰好找得着的特殊方法与工具。我们在一定的时间与地点做公正事,用那个别时机所宜用的一定的方式。一个善的行为虽不必全为我们个人的快感,它却必成为我们个人的快感,否则我们如何会做呢?善就是在行的活动中对于所行的事起快感。"

个别的人何以能行普遍的善?我们仔细玩索克罗齐的意思,这问题似有两个答案。一个就是上文所说的,普遍的善必依据而且包含个别的利益。一个是一般所谓"大我"与"小我"的关系。我发意志行普遍的善,发意志行动的与其说是我这个小我,这个经验界的个人,不如说是"普遍的自我","大我",即宇宙全体心灵,借我这一个人为媒介。这就是说,大我包含小我,小我也反映大我。小我在行普遍的善时,超过小我,纳大我于小我。"道德的行动的性质是这样,它使我们不是以个人的身份而是以人的身份而得满足,——就我们是人而言,我们才有个人的身份,就借个人获得道德行为的快慰而言,我们才有人的身份。"换句话说,能"尽人之性"才能"尽己之性",而"尽人之性"亦必借"尽己之性"。这一点对于克罗齐的全体哲学颇为重要。从此可知他所谓"心灵"并不是某个人的心灵而是超个人的全体真实界,有客观的存在,每个人的心灵不过是反映这普遍的心灵。所以他说:"组成哲学研究对象的意识,并不属于在个人而言个人的个人,它是存于每个人心中的那种普遍的意识。哲学家为着要知道自己而反躬省察的不是他的经验的自我。柏拉图所观照的自我不是亚理斯敦(父)和裴芮克提安(母)的儿子,斯宾诺莎所思索的自我也不是那位贫穷的磨镜片的犹太人;那不只是柏拉图的柏拉图,不只是斯宾诺莎的斯宾诺莎,是占住有普遍性相的人、心灵、或真实界的地位的柏拉图与斯宾诺莎。"这就是说,哲学的对象不是这昂藏七尺躯穿衣吃饭的我,而是全体宇宙历史中无数因素所造成的我,与人同具人性的那个我。我是当前历史情境的一个焦点。有这个看法,所以克罗齐的哲学不是主观的唯心主义。这个由小我见大我的看法与他的历史观是一贯的,个人是历史的情境的结晶,所以就是普遍的心灵的回光返照。

人纯从个人的立场去发意志行动,那只是经济的活动;从人的立场去发意志行动,那才是道德的活动。道德的活动必借个人实现,所以个人的立场不能打消而只能容纳于较普遍的人的立场里面。这就是:道德的活动依据、包含而且超越经济的活动。这两种活动并非对立的,相反的,只同是实用活动的低高两度。这个看法在伦理学上意义非常重大。以往一般思想家大半把"人欲"与"天理"、"自私"与"博爱"、"我执"与"自我牺牲"看成两件绝不相容的事,以为前者只图快感的满足,后者只服从道德责任。苦行主义者想把"人欲"、"自私"、"我执"、"个人利益"那一方面完全一笔勾销。功利主义者又想把"天理"、"博爱"、"自我牺牲"、"道德责任"那一方面容纳到"自私"等那一方面中去,以为快感是一切行为的起因,利益是一切行为的鹄的,博爱是变相的自私,道德是变相的功利。像康德一派哲学家看到这种功利主义显然不满,想把道德的起因溯到"良心"、"责任心"、"范畴的命令",以至于"上帝的启示"和"灵魂不朽的观念"之类,这些名词仍带有若干神秘色彩,渺茫不可捉摸。克罗齐干脆地承认个人利益的寻求是心灵活动的一个独立的阶段,不容抹煞;并且承认道德虽是最高一度的心灵活动,虽超越了个人利益打算,却仍包含个人利益打算在内。他否认世间有所谓"没有利益打算的行动"(disinterested actions)。一切行动都必有利益打算,都必带有快感或痛感。有益的不必同时是善的,善的却必同时是有益的。"道德超越利益打算,只是因为它本身是最高的利益打算。"

第六章　历史学

　　直觉、概念、经济、道德四阶段组织成全部心灵活动,《美学》、《逻辑学》、《实用活动的哲学》三部书已分别把这四阶段心灵活动都讨论完了,全部《心灵的哲学》就已完成。历史既然就是哲学,就应该在《逻辑学》里讨论,事实上历史的基本原则确已在《逻辑学》里(第四章)讨论过。但是还有些关于历史写作的问题在《逻辑学》里不能详谈,所以克罗齐在写完前三部《心灵的哲学》之后,另写了一部《历史学》。历史是全部心灵活动的具体的表现,所以《历史学》集《心灵的哲学》的大成。历史学在克罗齐的哲学中重要性并不减于美学,美学是它的起点而历史学是它的终点。因为克罗齐特别重视历史,他的哲学有"历史的唯心主义"的称呼。

　　有三个名词我们开始就要了解清楚。头一个是历史(history),

指心灵发展即真实界演变的过程,那就是宇宙的"生命";其次是
"历史学"(historiography),指研究历史的学问,尤其是关于历史的
写作方面的问题;第三是"历史的哲学"(the philosophy of histo-
ry),这是黑格尔所创的一个名词而克罗齐所极端反对的,因为历
史既然就是哲学,"历史的哲学"就是"哲学的哲学",犹如说"水的
水"或"桃花的桃花",是一种赘词。黑格尔用这个名词倒有一个含
义,就是所谓"第二度历史"(history of the second degree),以别于
历史家的历史;历史家的"第一度历史"只叙述史实,哲学家从这史
实中抽绎出哲学的真理,所以叫做"历史的哲学"。这种看法显然
把史事和史理分成两橛,把历史和哲学也当作两科不同的学问,充
类至尽,仍是心物二元主义,事(物)可不依理(心),理也可以离事,
先有事在,理是后加上的;历史家或哲学家和本来外在的事物相对
立,依以为据,再加以心灵综合,于是有历史或历史的哲学。这种
看法显然是唯心主义的致命伤。就因为这一点,克罗齐以为黑格
尔还没有打消二元主义,还没有建立一个彻底的唯心主义,以致自
相矛盾。

　　二元主义的基本假定是心物对立,主客对立,心所知的对象
(事物)原已"在自然中与定"(given in nature),心来知这事物有如
陶匠抟土为器。我们一般人的历史观大半都建筑在这种二元主义
上面,世间原有一些事迹,已"在自然中与定",历史家取来做材料,
寻出原委,指出因果线索,解释出意义,那就成为历史;历史于事见
理,事与历史家无关,有历史家它在那里,无历史家它也还在那里;
理是历史家的发现,没有历史家发现它,它就埋没了。克罗齐的历
史观与这种常识完全相反。明白了这种常识的错误,我们才能明
白他的历史即哲学这一个基本原则。

　　真实界演变的过程是历史。我们何以对它起知识? 它何以成
为我们的思想的对象? 知识或思想都必取判断的形式,都必成为

一个逻辑的前提或文法的句子,例如"拿破仑征服了欧洲"(或"拿破仑是征服欧洲者"),所以要了解历史的性质,我们必须了解判断的性质。常识的错误——即二元主义的错误——就由于误解判断的性质,以为这一类"历史的判断"全是客观的个别的事实,尽管没有人知识或思想"拿破仑征服了欧洲",而"拿破仑征服了欧洲"仍是真实的,存在的。我们讲《逻辑学》时(须参看上文)已说明了判断并不是这样。一切判断的主词(例如"拿破仑")都是直觉所见的个别形象,一切判断的宾词(例如"是征服欧洲者")都是概念所生的普遍性或意义。这就是说,一切判断都是事(个别形象)与理(普遍性)的交融。我们不起知识或思想则已,起知识或思想则单有事不行,单有理也不行,必须把事与理合在一起想。如果不起知识或思想,即不作判断,我们凭什么说某事实是真正的、存在的呢?那就根本无历史可言。所谓把事与理合在一起想,就是事与理都在思想的动作中产生,并非在思想之前,事已存在,经过思想,事才现出理或意义。这就是"事实的真理"(vérités de fait)与"理性的真理"(vérités de raison)合而为一的道理。"事实的真理"不独立存在,就是史实不独立存在;它不是与历史家对面的"对象"或可去可取的"已在自然中与定"的材料,而是历史家在起知识或思想时所发的判断。换句话说,思想产生了历史;或是说得更精确一点,思想的生展本身就是历史,此外没有另一套历史。比如"拿破仑征服欧洲"这个史实并没有两种存在,一存于自然,一存于历史家的思想中;它只能存于历史家的思想中,此外别无存在。因此,我们说"真实界演变的过程是历史",就无异于说"思想生展的过程是历史",既然思想的活动就是哲学,这也就无异于说"历史就是哲学"。

如果我们把历史和哲学分开来说,那只是因为思想是事理的交融,历史侧重事的方面而哲学侧重理的方面。再拿判断的性质来说,一个判断可以有两种看法。依形式逻辑看,它是主词的宾词化,个别形象的普遍化(即意义化),或事的理化(由事推理),将"拿破仑"这个个别形象加以形容,加以普遍概念的决定,于是有"他是征服欧洲者"一句有意义的叙述。依克罗齐看,判断的真正的主词倒是一般所谓宾词,真正的宾词倒是一般所谓主词,所以它是宾词的主词化,普遍性的个别化,或理的事化(以事显理),将"是欧洲征服者"所含的普遍概念凝定于"拿破仑是征服欧洲者"一个具体事例中,于是这一句话所含的思想因之成就。克罗齐自己举例说:"问诗史的题材是什么,任何人若经思索,必不回答说那是但丁或莎士比亚,意大利诗或英国诗,或是我们所习知的一些诗篇;他必回答说那是诗,诗就是一个普遍性;再比如说,问社会政治史的题材是什么,回答不会是希腊或罗马,法国或德国,或是这些国家和其他合在一起,而是文明、文化、进步、自由或其他类似字样,仍各是一个普遍性。"可是诗史虽以普遍概念——诗——为题材,却不能抽象地说诗,它必须"着实"、"具体",必须就但丁或莎士比亚、意大利诗或英国诗来显"诗"的发展。这就是说,"诗"这个普遍概念必须借但丁或莎士比亚、意大利诗或英国诗那些个别的事例才能"具体",才得到真实的存在。社会政治史可以类推。克罗齐以为凡是历史的判断都应作如是观,都是使普遍概念在个别形象上"具体"、"着实"、"得决定"。总之,一个判断(即知识或思想)有由事推理和显理于事的两面,这两面本来组成一个完整的活动,不可分开而却可侧重,哲学侧重由事推理的方面,即普遍概念方面;历史侧重显理于事的方面,即个别事例方面。但是事与理既不可分开,历史与哲学到底还是一回事。

历史是真实界的生命过程,这过程是一线连串,不是忽断忽续;前一刻的生命演变到现一刻的生命,这现一刻的生命在有新生展的意义上说,是超越了前一刻的生命;在新因于陈的意义上说,是包含了前一刻的生命。换句话说,前一刻的生命并未死去,它生了现一刻的生命，就浸入现一刻的生命里面。这犹如滚粉团，愈滚愈大，新团子不是原来的团子，而原来的团子也并没有消灭。明白了真实界生展是这样进行，我们就可以明白克罗齐的另一个基本原则，就是一切历史都是"现时的"，没有所谓"过去史"。普通所谓"现时史"大半指最近过去史；一世纪、一年、甚至一分钟以前的历史，就时间说，其实都在过去。严格地说，"现时史"只能指事迹发生时随时就写的历史，即对于当前事变的认识。至于"非现时史"或"过去史"则面对着一种已成形的历史，无论是几千年以前或是几点钟以前的，而对它加以批判。不过这种已成形的历史，所谓"过去史"，如果真是历史，也还是"现时的"。"和现时史一样，过去史的生存的条件是：它所叙的事必须在它的作者的心灵中回荡；作者须有证据在面前，而那些证据必须是可理解的。至于它里面混杂有一个或许多个叙述（译者注：过去历史家所叙述的事为现在作史者所采用的），那只是使事实更加丰富，它并不以此而失去现时性；原是前人的叙述或判断，现在却变成事实或是待解释批判的证据。历史的写成从来不是根据叙述而是根据证据，或是变成证据，当作证据用的叙述。因此，现时史固然直接由生活中跃出，非现时史也还是如此，因为显然地只有现时生活中某一种兴趣才能发动一个历史家研讨过去的事实。这个过去的事实并不针对着一种过去的兴趣而是针对着一种现时的兴趣，因为它与现时生活的一种兴趣打成一片。"比如说古希腊内战史，墨西哥艺术史，或是阿拉伯哲学史，"在现时它们对于我豪无兴趣，所以在现时它们对于我并非历史，至多只是一些历史著作的名称。在曾经思索或将要思索它们的人们的心中，它们曾经是或将会是历史；在我的心中也曾经是或将会是历史，只要我曾经思索或将要思索它们，依照我的心灵的需要去整理它们"。到我有需要须整理它们、思索它们时，这些所谓过去史对于我所生的问题，恰如我现在所遭的恋爱问题或衣食问题一样,和我的生活密切相关;我要解决那问题的热心和焦虑正如我要解决一个实际生活问题一样。总之,它是过去的生活浸入我现在的生活,扩大我现在的生活。没有一个过去史真正是历史,如果它不引起现时的思索,打动现时的兴趣,和现时的心灵生活打成一片,过去史在我现时思想活动中便不能复苏,不能获得它的历史性。就这个意义说,一切历史都必是现时史。

着重历史的现时性其实就是着重历史与生活的联贯。某一种现时生活的兴趣引起历史家对于过去史料的研讨和思索,历史就在这研讨和思索的心灵活动中产生。这"史料"问题也是值得讨论的。一般史学家往往把史料分成叙述(或记载,即从前史家所叙的史事)与证据(即档案、书信、发掘收获之类)两种。克罗齐看叙述如同他看艺术作品一样,艺术作品(如写下来的诗或画在纸上的画)只是物质的事实,对于能用直觉再造它的人们才真正是艺术;历史的叙述也只是一些空洞的文字符号,对于能思想它,使它与现时生活联贯的人们才真正是历史。要思想它,使它与现时生活联贯,我们必须有凭证可资批判和再造。有些过去历史的叙述已没有凭证存在,我们无所据以批判和再造,那就是死历史。"生活是一件现时事,已成为空洞的叙述的那种历史是一件过去事。"比如说古希腊的图画史大半只留下一些画家的姓名,一些作品的名称,作品的题材以及片段的故事和零星的评语。我们对于那些作品既没有直接的认识,那一切叙述都只是空文。"一个人对于他所要用批判的态度来形容其生展的作品没有鉴赏过,如何能写一部图画史呢?""一切历史如果失去了活的证据就像上例一样,只是空洞的叙述;因为它们是空洞的,它们就没有真实性。"

从此我们可以知道历史与"编年纪事"的分别。"历史是活的编年纪事,编年纪事是死的历史;历史是现时史,编年纪事是过去史;历史主要的是一个思想的活动,编年纪事主要的是一个意志的活动。每个历史都变成编年纪事，如果它不由思想发出，而只是用抽象的文字记录下来，这些文字在从前尽管有一个时候是具体的、有表现性的。"换句话说，编年纪事只是一种叙述，而叙述不能当作一种史料，因为它是死的，没有活证据的，在心灵综合之外的，或与心灵相对立的"外物"。"真正的史料只有两种：证据与批判，即生活与思想，这就是历史的综合的两个要素；在这种要素的地位，这两种史料并不是与历史或综合相对立，如同泉水与提桶汲水的人相对立一样；它们就是历史的分子；就在综合里面，它们是组成综合的分子而同时也就被综合所组成。因此把史料放在历史之外的那种历史观是另一个应消灭的讹见。"把史料看成外在的事物，把历史看成根据这外物所建立起来的东西，这看法还是二元主义。克罗齐否认史料外在，就如他否认艺术的材料外在一样，他要彻底打消二元主义，要证明历史和艺术一样，全是心灵的活动。"心灵本身就是历史，在它的生存每一顷刻中都是历史的创作者，同时也是全部过去历史的结果。"至于叙述和证据"那些外在的事物只是心灵为自己制造的工具，只是促成那内在生命攸关的意匠经营（译者注：即心灵综合、批判、思想）的一种准备动作，在这意匠经营中那些叙述和证据就都溶解了"。

编年纪事、叙述、死证据之类既非历史，人类何以起意志要搜集它们、保存它们呢？它们也并非无用的垃圾。"虽然是死的，它们可以在我们的记忆中再活起来，也可以在将来人的记忆中再活起来。""死历史可以再活，过去史可以再变成现在的，如果生活的进展需要它们。例如罗马人和希腊人躺在坟墓里，一直到文艺复兴时代欧洲人的心灵新成熟，才把他们唤醒。"所以考古学者和语言学者的辛勤的搜集和他们抱残守阙的苦心也并不可轻视。不过叙述和证据无论搜集得怎样丰富，它们自身决不能产生历史，产生历史者是运用思想来整理批判它们的人们。"历史存在我们每人的生命中,它的来源(史料)就在我们的胸中。因为只有在我们的胸中才能找出那熔炉,把在事为确凿的化成真实的,使语言学(译者注:我们中国人所谓'考证')与哲学携手,来产生历史。"

真正的历史都必与现时生活联贯,都必是思想批判的结果。没有达到这个标准的都是"假历史"。克罗齐分假历史为三种:头一种是"语言学的历史",即考证的历史,这就是用"獭祭"、"饾饤"的办法,杂凑一些叙述和证据,凑成一部百衲衫似的历史。它没有批判,没有心灵综合作用所生的联贯,没有现时生活兴趣的根源,所以与上文所说的叙述和编年纪事是一丘之貉。其次是"诗的历史"或"感情的历史",作者以感情代替思想,对于自己所好的尽量颂扬,对于自己所恶的尽量诋毁。例如历史家写本国史都不免渲染它的过去的光荣,写异党人的传记都不免暴露他的劣点。历史是批判,不是情感的发泄;没有批判而只发泄情感,结果只是诗而不是历史。"要把诗的传记化成真正的历史的传记,我们必须压下我们的恩爱、眼泪和鄙夷,而检讨那人物在社会活动或文化中所尽的功能;对于国别史和对于人类史,对于每一类事实,无论大小,和对于每一层事迹,我们都必须如此。我们必须以思想的价值化情感的价值。"第三种假历史克罗齐沿用古代名称把它叫做"辞章"。"它的目的在以事例宣扬哲理,启发德行,宣传某种政治的和军事的制度是最好的,或是只在供人娱乐。"这种历史变成教训或娱乐的工具,有一个实用的目的,没有丝毫哲学的批判,它的价值本不足道,可是它的影响却极广泛,只要想一想任何国家的中小学教科书,就可以明白。

历史是每一个史家根据现时生活兴趣,对过去史实加以批判和整理,所产生的一件作品;与生活不生关联,思想的光辉所照耀不到的全是一些空洞的叙述和死证据;然则我们所已知的历史和我们所未知的历史不是悬殊太远么?许多人都这样想:我们只知道历史的一部分,而且是极渺小的一部分。比如说,我们的商周以前史究竟是怎样,商周史据载籍所传的是否正确,甚至于近几十年史的真相,甚至于今天报纸所载的事迹是否不是谎语,我们都不能说真正知道清楚。换句话说,历史是无限的,我们所知道的却是有限的。我们怎样办呢? 克罗齐说:"向无限进展的路和到地狱的路一样宽,它纵然不通到地狱,却必通到疯人院。那无限在每一刻我们伸手去摸索时又长大了些,我们是摸索不到的,它的确使人望之生畏。对我们能效劳的只是那可怜的有限,那有定性的、具体的、让思想捉摸得着的,可以做我们的生存的基础,我们的行动的出发点。"我们有所执著,就不能不有所遗忘。全知全记不但不可能,而且也不必。"在每一顷刻,我们所需要知道的历史我们全知道;其余的既与我们无关,我们就无法知道它,或是我们会有办法知道它,到那个需要的时候。"因为历史必是有限的,克罗齐否认"普遍史"或"通史"(universal history)的可能。所谓"普遍史"往往从盘古开天地说到于今,上下四方无所不包,其实只是东拼西凑。如果一部"普遍史"真正是历史,它必定骨子里仍是"个别史"(particular history),起于个别的生活兴趣,集中于个别问题,包含只与个别问题有关的事实。例如罗马史家鲍里布司(Polybius)是主张"普遍史"最力的人,而他的著作虽号称"普遍史",其实只以罗马帝国为中心,所以与罗马不生关系的民族不谈,罗马人所最着重的政治制度与军事部署以外的问题也不谈。在中国,孔子作《春秋》,以鲁为中心,也是如此。严格地说,一切历史都必是个别史,好比照相,必须采某一个立点,取某一个角度,把光投到某一个焦点上。普遍史的用意是普在普照,这只有神话中的上帝才能办到。

历史生于思想与批判。谈到批判,自然主义的与命定主义的史学家和主张"历史的哲学"的史学家有两个相反的看法,前者要在史实中求原因(causes),求联络线索,后者要在史实中求目的

(ends)，求究竟（finality），求意义。克罗齐对于这两个看法都反对。先说原因观。它的口号是："先搜集事实，后寻求原因。"事实是朦胧的，要借理智的光辉照耀，才现出因果线索。但是因果线索是无穷的，因前有因，果后有果，我们要求原因，势必陷到"无穷回溯"，终于找不到一个原因说它是某事实的最初因。因此，我们所找的因果线索终必有断头的时候，而我们所得到的因果线索终于悬空，我们的知识也就终于不可靠。这是原因观的难点。其次说究竟观。它放弃了原因的寻求，而想象宇宙的运行有一个目的，一个究竟的归宿，它就要寻求那个东西。换句话说，它不问历史从何处来，却要问它到何处去。这目的显然是"超验的"（transcendental），预先安排的，有一个在历史以外的主宰发意志要历史走向某一个目标，如同运动家提棒打高尔夫球一样。古代历史家往往把史迹看成神与神的争斗，某神保佑某一民族，某神保佑某另一民族。近代历史家有人把历史看作逐渐达到自由的发展，从原始的共产主义，经过中世纪的奴隶制度，以至于共产主义的恢复和成熟。但是这些都是神话。安排"目的"的主宰不仅外于经验，而且外于逻辑，思想走到穷路，于是遁身于神话。这种历史观倒有些诗的意味，却没有历史批判所必需的逻辑思考。原因观和究竟观既然都须放弃，我们又回到这两说都解不通的事实，我们对于这生糙的事实怎样办呢？如果把事实当作心灵以外的东西，心灵就无法把它拉到自身里去，或是把它化成心灵的。克罗齐说这外在的事实还只是一种假定，还没有证实，我们理应追问这假定是否能证实，而据他的追求的结果，外在的事实并不存在。"谁肯定它们的存在呢？正是心灵，在它动手要寻原因的那一顷刻。但是当心灵发了这个动作的时候，它并非先得到那些生糙的事实，然后再寻求原因；而是它在肯定那些生糙的事实存在的那一个动作中就造成那些生糙的事实；这就是说，它自己那样设立它们，因为那样设立它们有用。"换句话说,历史家并非从事实出发,然后再在事实之外找原因(或目的),明白了事实就已明白了一切,出发点就已经是目的点。"如果我们真能使人物和事迹在想象中活起来,如果我们能思想在人物和事迹里面是什么——这就是说,如果我们能思想直觉品(注:历史判断的主词)与概念(注:宾词)的综合,即作具体的思想——历史就已完成了:那还缺少什么呢?那就再没有什么要寻求的东西。""用历史的精神所思想成就的事实在它自身之外无所谓原因和目的,原因和目的就在它本身,与它的真实的性质以及它的质的真实性一致。"换句话说,历史的任务在明白事实的完整的真相,它所得到的仿佛是一件思想所成就的艺术品,完整而融贯,独立而自足,好比一幅画,我们看清楚了它的完整的形象就已经够了,画以外没有是画的事,无论是原因还是目的。再拿一个比喻来说,克罗齐的历史(即哲学)好像一个圆圈,一切事变(即心灵活动的生展)都在这圆圈子里决定。假定一个外在的原因或目的,那就有脱离圆圈而独立的一点,那就是二元主义与超验主义。他的哲学是彻底的一元主义和内在主义(immanentism)。

如果把历史的目的看成外在的,那目的何时达到呢?这只有两个可能,它在某一固定时间达到,所谓"向有限进展"(progressus ad finitum);或是渐走进,目的又渐向后退,没有完全达到的时候,所谓"向无限进展"(progressus ad infinitum)。如向有限进展,达到目的就一切停止,一切归于毁灭;如向无限进展,目的就永远达不到,生命就变成无底止的徒劳。克罗齐把目的看成内在的,就没有这种困难。每件事变本身就是它的目的,那件事成就了,它的目的也就已达到;但是同时也可以说它还没有达到,因为每件事都造成一个新局面,又有新问题需要解决,需要另一事的成就,另一目的的达到,如此辗转下去以至无穷。所以克罗齐的目的说与他的进展说密切相关。生命时时刻刻达到它的目的,却时时刻刻仍要进展。进展是依辩证法的次序,总是由两个片面的互相冲突的力量——正和反——得到较高一层的综合。在低一层是善恶对立,在高一层恶调和于善,恶虽是反势力,也是进展的发动力。有些历史家把历史的进展看成由恶而善,另一些历史家把它看成由善而恶,这就是所谓进化观与退化观。克罗齐说:"真确的答案是:进化并非由恶而善的转变,而是由善而更善的转变,在这转变中,从更善那个阶段看去,恶也就是善。"这看法是很乐观的。

因此,克罗齐反对历史家持褒善贬恶的态度。"历史不应该对于它的材料,它的人物和事迹,用善恶的字眼来形容,好像以为世间真正有善和恶的事实,善和恶的人物。"历史的进展既是由善到更善,恶既只是低一层的片面的而终于要在综合里化除的,历史家就只应解释,不应诋毁,只应下积极的判断,不应下消极的判断。"一个看来像只是恶的事实,一个看来像完全是颓废的时代,只能是一个'非历史的'事实,这就是说,它还没有用历史的精神去处理,没有经过思想贯注。""历史的考虑把地窖时代的教会和教皇格来高里第七时代的教会,罗马人的民权保障长官和封建时代的贵族,郎巴德同盟和巴巴罗莎大帝,都等量齐观。历史向来不定谳,它总是辩护"(History never metes out justice, but always justifies)。所谓"辩护",就是"设法确定从前人所诋毁的事实或时代尽了什么功能,在进展的途程中,它有什么贡献,什么成就"。比如说欧洲中世纪有所谓"黑暗时代","黑暗"成了那时代的罪状,其实历史家现在知道了,这黑暗时代不但有它的极光辉的方面,而且没有那个时代就决不会有文艺复兴、宗教改革以至整个的近代文化。它在历史上不是一个空白,历史上根本就不能有空白,因为历史是一个不断的新因于陈的发展。

克罗齐的基本的历史学说大要如上所述。此外关于选材、分期、专史诸问题他都有很新颖的意见,因为那些比较地是枝节问题,本文限于篇幅,不能详述。总之,克罗齐的历史学说是他的全部"心灵的哲学"的总汇。心灵活动的生展就是真实界的演变,所以哲学与历史是一件事。这生展演变是继续不断的,新因于陈,陈纳于新,新者渐大,陈者亦不死;历史叙述这生展演变,必运用思想,而思想必起于现时生活兴趣,必以现时心灵笼罩过去的事实,来解决现时呈现于心灵的问题,所以历史的对象必是"永恒的现时"(the eternal present)。而一切历史必都为现时史。在每一个"永恒的现时",历史自成一个完整的圆圈,我们不能在这圈子以外假立什么,材料不外在,原因不外在,目的也不外在;也不能在这圈子以内挑选某些部分人物和事迹,说他们和它们就可组成那个圈子,因为不连续的相加起来不能成为连续的。我们须看清整个的圈子才能了解历史。这个圈子在现阶段是完整的、具体的,惟其是具体的,所以它综合片面的相反的力量,而且它中间又伏着进高一层的综合的根源,逼得历史向前进展。这进展总是相反者的同一,在低一层为恶,在高一层便合于善,所以它总是由善到更善的进化。历史的职责就在解释某人物和某事变在这进化中尽了什么功能,不在褒贬。

第七章　克罗齐哲学的批评

　　克罗齐在哲学上的成就很重要,这是无可置疑的。他集合了康德的先验综合说与黑格尔的辩证法,组成心灵活动的两度四阶段说,以及美、真、益、善四种价值内含相反者说,想因此打消康德与黑格尔都未能打消的二元主义与外越主义,建立一种彻底的唯心主义与内在主义。他建立了在现代比较最完满的美学和历史学,尤其是他的那种锐利的逻辑的批判揭穿了这两种学问中许多错误的见解。他指出了经济活动与道德活动的分别和关联,承认了功利主义的片面的真理而又纠正了它的错误,从此十八世纪以来伦理学者对于职责(duty)与快感(pleasure)的争辩得到一个较合理的解决。读他的著作,我们处处都感觉到他的那副冷静的、谨严的、逻辑的精神,以及人本主义的反形而上学的与反神学的色彩。

他是一个十足的理性主义者,比莱布尼兹与斯宾诺莎还更要理性些,所以他对于经验科学不很热心。他的哲学虽是极端崇奉理性的,冷酷无情的,却也是人间的,实事求是的,能近取譬的。因为他看重历史,他的重要著作在原理之后都附有历史,穷溯前人对于那门学问的思潮,加以批判和纠正,才产生他自己的学说。所以无论对于哪一个问题,他的学说总是集过去学说的大成,把可采纳的思想都采纳进去,应避免的错误都避免去。但这是批判而非折衷,他处处表示对于折衷主义(eclecticism)的鄙视,以为折衷主义是近代哲学颓废的现象。我们可以说,克罗齐治学的工具有两套,一是极渊博的历史的知识,一是极锐利的逻辑的批判力。他的学说大半都有历史的根据,都经过逻辑的批判。

然则他的哲学是否完满无缺呢?这问题本身就与他的哲学的精神相违反。真实界既然向无限演变,而且这演变既然是渐入佳境("由善到更善"),哲学(即历史)就不能有一个终点,所以克罗齐否认有所谓"普遍的历史"与"普遍的哲学",如其是"普遍的"(意谓"完整的"),它们就成为"闭结了的关系"(closed systems),再没有生展的可能。从哲学史看,哲学思想常在继续生展,任何伟大的哲学家都没有说出关于哲学的"最后一句话"。克罗齐富于历史的意识,当然没有那种幻觉,以为他自己说出了"最后一句话"。他批评黑格尔时,指出他的错误而同时也原谅他,说当时学术思想发展的阶段还不容许他避免那些错误。在学术思想的现阶段说话,克罗齐也很可能不免犯现阶段所难免的错误。也正因为这个缘故,在现阶段我们说要批评克罗齐,也未免太早,我们还不能有批评所必有的"历史的透视距离"。而且在哲学上所谓"批判"不能全是消极的,自己必定有一个立场和观点,才能说批判旁人的学说,没有建设的破坏就没有多大意义。本文作者限于学力,在哲学上并没有一个立场和观点,更不配说批判。现在所要说的只是个人读克罗齐所遇到的一些疑难，分条陈述，聊当质疑。

一　生展问题

克罗齐把相反者和相异者分开：相异者即直觉、概念、经济、道德四种心灵活动；相反者即每种心灵活动的正负价值，美与丑、真与伪、益与害、善与恶。相反者沿黑格尔的辩证法生展，即由正反而合，由片面的真理到较完整的真理，"由善到更善"，这是沿一条线向上生展。相异者由第一度升入第二度，直觉生概念，概念生经济活动，经济活动生道德活动；这两种实用活动又转生直觉与概念两种知解活动，这是沿一个圆圈循环生展。这种生展观可引起下列两个疑难：

一、这可以叫做生展的二元论，因为同一真实界看作依圆形循环，又依线形上升。循环的生展与辩证法的生展如何调和统一，颇难想象。而且就辩证法的生展而言，克罗齐持绝对价值论，例如美没有程度上的比较，是美就是美，没有所谓"更美"，则由正反而合，只能有一度，合即得绝对价值，就没有再向前进展的可能。因此，严格地说，辩证法的生展在克罗齐哲学中并不能算是生展。

二、辩证法的生展借正反对立冲突，达到克服冲突与调和冲突的综合，这生展是合逻辑的也是合事实的。四阶段彼此并无冲突，进展的推动力是什么呢？概念固然要依据直觉，而直觉既本可独立，它何以要生展为概念呢？其他两度的关系也可由此类推。克罗齐的答复是：低一度要生展为高一度，只因为心灵活动原是生展的，不能静止的。这实无异于说：它生展因为它生展，所以这答复并不圆满。他的四阶段只有高者依据低者的必要，却无低者生展为高者的必要。所以四阶段只是混合并存，并非一气贯串，其间也并无生展。四阶段彼此无生展，而每阶段自身的生展又只一度（如上所述)。因此,真实界就分成四条只有一度的辩证法的生展线,而这短线才开始就已终止。克罗齐当然不是这样想,但这是逻辑的结论。

二 物质问题

二元论以心与物对立,心之外有物;唯心论纳物于心,物是心的创造品。心如何创造物?依何创造物?于是成为唯心论的主要问题,它能否成立就系于这些问题的答案如何。你说物没有客观的存在,常识总觉得这太奇怪,要看你究竟把这有目共睹的像是最真实不过的东西摆到哪里去。克罗齐把它摆在直觉以下。直觉是艺术创造,创造必须有材料,这材料就是物质。物质是无形式的,直觉给它形式,它才成知解的对象,单是物质是不可知解的。在未经直觉之前,它是混沌的、被动的、机械的;经了直觉才受了心灵活动的贯注。"它是人类心灵所忍受的,不是它所创造的。"可是心灵没有它就不能起知解的活动。直觉生意象,这意象与那意象不同,就在物质——即内容或材料——不同。克罗齐用不同的名称来称呼这物质,"感受"(sensation)、"感触"(feeling)、"印象"(impression)都是它的别名。它对于心灵活动是一种刺激物,既然是心灵活动以下的东西,当然没有真实的存在,心灵只假立它当作一个"限界的概念"(limiting concept),仿佛说,"心灵活动到此为止,过此便不能活动"。克罗齐对于物质所说的话大致如此,我们希望他说得详细的地方,他偏说得过分简略,不免令人发生下列几个疑问:

一、这物质从何而来?克罗齐以为知解与实用是循环的,知解生实用,实用生知解。然则知解所依据的物质是实用活动本身呢?还是实用活动的产品呢?如其是实用活动本身,则实用活动本身就已包含知解（直觉与概念），这物质便已是知解，不但有直觉在内，还有概念在内，那就已不是纯粹被动的、无形式的；而且照这样看，我们不但不能有纯粹的直觉，而且心灵活动四阶段的区分根本不能成立。如其是实用活动的产品，实用活动能有什么产品？如果不是经济的和道德的行动？这行动既然就是意志，而意志既然就是根据知识，我们就还是回到上述的困难。

二、这物质在心灵以内还是在心灵以外？如其在心灵以内，心灵既然就是活动，物质就已经过心灵活动的综合，不能是被动的无形式的；那就是说，知解的根据还是知解，而不是无形式的直觉以下的物质。如其在心灵以外，心灵就与外在的物质对立，这却正是克罗齐所要打破的二元主义。他所谓"直觉以下"究何所指，他似乎没有细加批判。

三、这物质本身有无质的分别呢？如其已有质的分别，这分别不能只是假定的——克罗齐的哲学根本反对以未经证明的假定作思想的根据——而是经过认识的，既经过认识，我们对于所谓"个别事物"（particular things）就可有知解，而这些个别事物也就已有形式，无劳所谓直觉。这就是一般心理学者的看法，就是在 sensation 的阶段，我们不但有被动的"感"，而且已有主动的"觉"，看见"绿色"心中就已起绿色的意识；再进一步知道"绿是怎样或什么"，就已作判断，成为"知觉"（perception），即克罗齐所谓"概念"（conception）。感觉与知觉之中，不必经过所谓"直觉"的阶段。如果物质本身还没有质的分别，它何以时而产生这种直觉品（例如一匹马），时而产生那种直觉品（例如一幕戏景）？克罗齐自己明明说："物质或内容就是使诸直觉品互相差异的；形式是常住不变的，它就是心灵的活动；至于物质则为可变的。"

总之，克罗齐的"物质"是很暧昧的。他要忠实于唯心主义，要说明世间一切个别事物全是直觉所生的意象，而同时直觉仍不能不有所依据,于是在"直觉以下",方便假立了"物质",却没有仔细思索这"物质"的含义可能打破他的全部唯心哲学系统。他的世界还离不开这个"物质"基础。

三 直觉即表现问题

直觉是最基层的知解活动,它对于无形式的物质的感触加以综合,予以形式,使它现为可观照的意象,于是那感触便算得到了表现,而心灵便得到个别事物形象的知识。这种直觉就是艺术。这里我们有几个问题。

一、"形式"的意义。所谓"形式"是指事物呈现于意识的任何形状呢,还是指艺术作品所必具的完整的形式呢?这里显然有分别。比如说,我可以意识到一点绿色的形状、一片绿叶的形状和一棵绿树的形状。这些形状已有单复的分别,而从艺术观点看,可能都没有"形式"。克罗齐在解释直觉即表现时,显然是指第一个意义,物质无形式,所以不能为心灵所察知,在察知(直觉)时它在意识中就已呈现一个形状。这本无可批驳。不过他以为这形状就是艺术的"形式",就不免是把两个不同的东西混而为一。照这样说,我们心中起事物形状的意识而对那事物不加判别时,所用的都是直觉,所得的都是艺术作品,比如我意识到面前这张稿纸,窗外的鸟声,掠身过的蚊虫,只单有它们的意象,就已在创造艺术。这当然不是常识所承认的,而且也似非克罗齐所意许的,因为他屡次郑重声明想象与幻想的分别,想象(imagination)生完整的意象,幻想(fancy)生杂乱的意象。然则所谓"形式"可能有完整的与不完整的分别,艺术的形式应该是完整的;那就是说,直觉有是艺术的,有不是艺术的。不是艺术的直觉只是单纯的对于个别事物的知识,是艺术的直觉还应有一个区别素。但是克罗齐似一方面说一切直觉无别，都是表现，都是艺术；一方面又说艺术的想象与幻想和幻觉（hallucination）不同。这是自相矛盾，他似乎没有感觉到。

二、"表现"的意义。与"形式"相连带的是"表现"。如果我们采用佛家的"能"、"所"的分别，"能"表现是直觉那种心灵活动，"所"表现是什么呢？克罗齐的回答是"感受"、"感触"、"印象"或"无形式的物质"（这四个名词实指一事）；这就是凡是震撼或刺激心灵而却尚未成"觉"的东西（这东西是克罗齐哲学所不应假设而他却假设了的，已如上文所述）。但是他又说直觉是"抒情的表现"，他在大英百科全书《美学》那篇论文里分析一首诗，"发现两个常有的必要的因素：一个诸意象的综合体，和一个使这些意象具生气的感触（feeling）"，而他所举的感触的实例是"辛酸的记忆，令人惊悸的恐怖、愁苦、乡思、柔情、孝敬心"之类。因此我颇疑心他利用 feeling 字义的暧昧，把他自认为尚未成"觉"的"感触"（feeling）和一般人随便称为 feeling 的深切"觉"得的"情绪"（emotions）混为一事。一个毫不动情的事物（钟表声或木桶形状）可以成为克罗齐所谓"印象"或"感触"，可以在心灵中"现"为意象，克罗齐把这"现"看成"表现"。一个本也由"感触"起来的"情绪"（恐怖、愁苦等）却另是一回事，它不只是"感触"而是很明显的"感觉"。一般所谓"抒情的"，那"情"字并非指"感触"而是指"情绪"；我们通常所谓"艺术表现情感"所指的也是这"情绪"，克罗齐有时又似把这"情绪"看成表现。这显然是一种离奇的混淆。由感触到直觉（由一片绿叶的刺激生绿叶形状的知觉），只经过一步活动；由情绪到表现（由感觉到欢爱的情绪到用"关关雎鸠"那意象来表现它），却须经过两步活动，首先觉到情绪，其次直觉到表现那情绪的意象。从此可知个别事物形象的直觉（一般人所谓"知觉"）与发现某意象可表现某情绪的直觉不能是一件事，这就是说，艺术的直觉与一般知觉有别。艺术的直觉可以称为表现，一般知觉也称为表现就未免勉强。克罗齐似根本没有认清这个分别。

三、直觉的根据。这主要是感触、印象或无形式的物质，已如上述。但是它并不止此。它可以是直觉品本身，因为已成就的艺术品后来为旁人欣赏时，还是借直觉去再造。在这种情形，艺术品只是刺激，还要由"感触"或"印象"化为意象，才达到艺术的再造。这个看法本无可非议，不过创造和再造在这一点上有一个重要的分别，克罗齐似未顾到。创造时直觉所依据的是无形式的物质，而这物质在克罗齐看，只是方便假立的一个"限界的概念"，实际上并不存在；再造时直觉所依据的是一个已成形的艺术品，它的完整形象虽不必为再造者完全抓住，却至少可以抓住若干部分。比如说，在完全了解一首诗以前，他可能先了解某一句一段或某某优点，逐渐研究，"表里精粗无不到，然后一旦豁然贯通"，直觉到完整的形式。这就是说，他的"印象"或"感触"不能完全是被动的，未经心灵综合的；它是未达直觉完整形式以前的片段的小直觉品；至于那件艺术品也不能只是方便假立，实不存在的一个"限界的概念"。

这一点与另一问题有连带的关系，就是依克罗齐说，直觉也可能根据概念。"直觉品可能与概念混合"，不过"混化于直觉品的概念，就其已混化而言，就已不复是概念，因为已失去一切独立与自立。它们本来是概念，现在已成为直觉品的单纯原素了。放在悲喜剧人物口中的哲学格言并不在那里显概念的功用，而是显人物特性的功用"。这就是说，艺术本不能说理，却可化理于象，在象中理已失其原有的性格和功用，成为象的因素。许多批评家没有注意到这番话，往往指责克罗齐没有顾到艺术可含哲理的事实，那实在是无的放矢。不过克罗齐的这见解仍有令人生疑处。概念既可为直觉的根据，它就当然要变成"印象"或"感触"了，这"印象"或"感触"也当然不能只是被动的、未经心灵知解的、无形式的物质，因为概念是比直觉更进一步的知解活动。

我们为什么提出直觉的根据可为直觉品,也可为概念这个问题呢?就是要说明直觉所根据的东西不必定是无形式的物质,直觉可以根据已经直觉过的形象,可以根据已经知解过的概念。既然如此,我们就没有假立"无形式的物质"的必要,也没有肯定"直觉是第一度知解活动"的理由。我们似无妨随一般心理学者承认在 sensation 阶段已有"觉",已有心灵活动。sensation 不只是"感受"而是"感觉"(或知觉);这"感觉"即上文所说的不是艺术的直觉,只是个别事物形象的知识。至于艺术的直觉则可以依据已知解的材料(感觉、直觉和概念),它的主要的功用是想象,是融情于景,是造成完整的形式(与上文所引的"一旦豁然贯通"那种心理活动相当);它与单纯地意识到某某事物的形状(即感觉或知觉)大不相同。这个看法不但符合常识,也符合一切艺术的事实。但是它就根本推翻克罗齐的直觉为第一度知解活动说,以及艺术即个别事物形象的知识说。说得更明显一点,不是艺术的直觉(即普通所谓"感觉"或"知觉")是最基层的知解活动,而艺术的直觉却不是,它是熔铸知觉、直觉、概念于一炉的"想象"。

克罗齐何以把这两事混为一事呢?这问题对于了解他的哲学的企图和失败极为重要,我们不妨稍加检讨。他的出发点是在打消心物对立的二元论,而二元论的关键在"感觉"(sensation)。"感觉"依传统的看法有两个成因,"感"者是物而"觉"者是心。克罗齐想把这东西排除心灵活动范围以外,以为它只是"感受"而不是"感觉"。既有感即有能感与所感,所感是心,能感是什么呢?常识回答:这当然是物。克罗齐利用唯心派的老诡辩,以为"物"既未经"觉",我们对它无所知,就不能肯定其存在。可是"能感"那事实仍无法勾销,他于是承认为思想方便,我们须假立"物"为一个"限界的概念"。他没有想到这正是康德的"事物本身"。"物"尽管不存在,大地山河等等何由而来呢?克罗齐说,它们是人心所创造的意象,人类的艺术品。如果在个别事物形象的知识(感觉知觉)与艺术的想象之中立分别,"物"就仍有自来而不全是心灵的创造。但是像我们在上文所分析的,这种混淆是不合理的。

四　艺术传达问题

我们应该分清的是:在心中直觉到一个意象是一回事,把这意象具体化为作品又另是一回事。前者是想象而后者是传达。一般人把这传达叫做表现,心中尽管想出许多美妙的意象,而没有做成一首诗,画成一幅画,或是谱成一曲乐,那还是"无所表现"。克罗齐以为直觉到一个意象,那意象便已表现了心中的"感触"或"情感",至于把它传达在一个外在的作品里,那是为自己备忘或是为便于旁人鉴赏,是一种有利益打算的实用活动,并非艺术活动;传达出来的作品也只是物质的事实而不是艺术的事实。因为传达无关艺术,传达所用的媒介不同(如诗用语文,画用形色,乐用声音),也不能影响艺术本身的性质。艺术只是直觉,直觉都是一律;至于文学、图画、雕刻、音乐、建筑等等的分别全是经验的,为着实用方便的,没有逻辑的基础。克罗齐特别重视心灵活动,极力要打消凡可以称为"物"的东西,所以有这种主张。我们对这种主张不免有下面几个疑难:

一、想象与把所想的"象"凝定于作品之中似还有若干距离。我心中尽管想象出一棵美妙的"竹",可是提笔来画它时,我的心中意象不能支配我的筋肉活动,手不从心,不能把它画出,我所画出来的和我心里所想象的相差太远。从此可见艺术家之所以为艺术家,不仅在能直觉(这是一般人都能办到的),尤其在能产生"作品"(这只有艺术家才能)。克罗齐所谓"人天生是诗人",只能意指"人天生是可能的诗人",至于真正的诗人实际上却居少数,传达的技巧似乎不能一笔抹煞。

二、在实际艺术创造中想象和传达似非两个可分开的阶段,我们想象,往往要连传达的媒介在一起想。例如画家想象竹子时,要连线条、颜色、光影等在一起想;诗人想象竹子时,要连字的音义在一起想。想象之中就多少已含有传达在内,所以传达不纯是"物理的事实",它也还是艺术的活动一部分。从艺术史看,媒介的变迁可以影响艺术的风格,壁画与油画不同,文言诗与白话诗不同,可以为例。这也可以证明传达对于艺术的重要。

三、正因为传达的媒介可以影响到艺术作品的本质,艺术因媒介不同而分为文学、图画、音乐、雕刻、建筑等等,并不完全是为实用的便利。在同为艺术一点上说,它们固然有克罗齐所谓"整一"(unity),同是直觉到的意象;在媒介不同一点上说,每种艺术有它的特殊性,同是一个意象不是可以随便表达于诗、画或乐;音乐所能表达的不尽可以表达于诗,诗可表达的也不尽可以表达于图画。克罗齐因为把传达看作物质的事实,把媒介看作物质,便把古今中外所公认的艺术类别完全推倒,也未免过于轻率。

四、艺术既完全在心中成就,除作者自己以外,就没有旁人能看得见,旁人也就无法批评它的美丑。抹煞传达出来的作品就是抹煞批评的对象。克罗齐以为创造和欣赏根本没有分别,欣赏就是再造。他忘记了创造和再造的一个重要的分别。创造者直觉到意象时,所凭借的是他自己的切身的经验;再造者使原意象在心里复活时,所凭借的第一是所传达出来的作品。就创造者自己说,美丑固然可以在意象本身见出;就欣赏者说,美丑必须于作品中见出。批评的对象不仅是意象本身,尤其是传达意象的方式,其实"自批评"也还是如此。克罗齐似乎没有看到传达意象的方式可以影响到艺术的价值。

五　艺术价值问题

艺术价值问题就是普通所谓美丑问题。美是艺术的正价值，丑是它的负价值。什么才是美呢？克罗齐说："美就是成功的表现，或是说得更干脆一点，只是表现；因为不成功的表现就不是表现。""丑就是不成功的表现。""美现为整一，丑现为杂多"，这就是说，美是通体完整融贯，丑是全体不一致，有些部分美，有些部分丑。因此，"美并没有程度上的差别，所谓较美的美，较富于表现性的表现，较恰当的恰当，是不可思议的。丑却不同，有程度上的差别，从颇丑到极丑"。莎士比亚的某一首短诗和他的某一部悲剧，如果都是成功的表现，就都只是美，没有价值上的比较。我们对于这个价值说有下列几个疑难：

一、直觉既然就是表现，表现既然就是凭心灵综合把无形式的物质变成有形式，使它成为可观照的意象，我们没有直觉则已，有直觉就必有成功的表现；如果表现尚未成功，那就根本还没有直觉，就是还没有艺术。丑既是"不成功的表现"，而"不成功的表现就不是表现"，那么，丑就不是表现；既不是表现，那就根本不是艺术。既是艺术，就只是美，无所谓丑；既不是艺术，就不能有艺术的价值，所以克罗齐如果彻底，就只能承认艺术与非艺术的分别，而在艺术范围以内，不能承认美与丑的分别。换句话说，克罗齐心目中的艺术只能有正价值，不能有负价值。美与丑对立，丑打消了，美也就无意义可言；犹如上下相形，无下不能有上。美既没有程度上的差别，就成为所谓"绝对价值"，无比较可言。绝对价值说其实根本否认价值的存在，因为价值起于比较，没有比较就无所谓价值，这正如黑格尔所说的："黑夜里的黑老鸦，一团黑。"

二、在事实上我们批评艺术作品，常作比较，说某诗人比某另一诗人较伟大,某作品比某另一作品较完美,而这比较并非毫无凭据。莎士比亚的确比拉辛较伟大,杜甫的确比李商隐较伟大,虽然拉辛和李商隐在他们的限度之内都很完美。同是完美何以有高低之别呢?这理由在艺术是内容与形式的融合。我们说一个艺术作品完美,不仅是指它把不拘大小深浅的内容表现得恰到好处,成为完美的形式,同时也顾到那内容的大小深浅。较大较深的内容使我们对于人生世相有较大较深的认识,而且它达到完美的形式也比较小较浅的内容要难得多。一句隽语,一段小故事,一个笑话,都很可能达到内容形式一致的完美,可是我们听了,一惊赞之后,便如云烟过眼,不想再回到那上面流连玩美,像我们时常想回到莎士比亚、杜甫或陶潜一样。我们对于一个作品所问的不仅是就它所用的内容而论,它是否把那内容表现圆满?尤其是它表现了多少真实的人生?它打动了我们的心灵的深处还只是浅处?经得起前一个问题的测验的作家是容易碰见的,经得起后两个问题的测验的作家在任何民族、任何时代都很稀少。前一种作家尽管可以博得一时多数人的爱好,而经得起时间淘汰,长久地在人心中活着发挥力量的却是后一种作家。克罗齐似乎没有注意到这个分别,所以有美无等差的议论。他所犯的是一般形式主义的毛病。

六 科学概念的真实性问题

克罗齐的逻辑学说最令人惊异的是把科学看作经济的活动而不是知解的活动,因为它只能得到实用而不能得到真理。这看法基于纯概念与假概念的分别。纯概念既普遍而又具体,所以是"哲学的概念"。科学概念有些只是经验的,例如"人"、"白"、"水"等类名,具体而不普遍;有些只是理性的,例如"直线"与"自由运动",普遍而不具体。这两种都是"理智的虚构",不能普遍地具体地应用于真实界，所以不能给我们真实界性质的知识。可是它们都须依据"存在"、"性质"、"演变"、"美"、"真"等纯概念。犹如知道"犬是哺乳类动物"，必须先知道什么是动物，然后才能知道什么是哺乳类动物；知道"犬是动物"也必须先假定对于"存在"、"属性"之类纯概念的知识。所以科学所含的真理不是它自身的，而是属于哲学的。这种科学观可能引起下列几个疑难：

一、概念依克罗齐的定义是"诸事物关系的知识"，而且本身就是判断；判断依克罗齐的看法必定是"个别的"，即起于某特殊情境的思想。因此，一切知觉的判断（perceptual judgment）不仅是概念（因为它肯定事物的关系），而且是唯一真正的判断（因为它是"个别的"，是先验综合）。例如"这是水"，"这是白的"之类知觉的判断，虽然经逻辑的分析，必须依据"本体"、"属性"、"存在"、"真实"那些纯概念，可是在下这种判断时，那些纯概念并不存于意识，而存于意识的只是"水"、"白"等类名；这就是说，知觉的判断所据的正是所谓假概念。克罗齐哲学本不承认"无意识"，不存于意识的就是心灵活动范围以外的，其实等于不存在。如果这种知觉的判断可算是对于真实界的一点认识（克罗齐对此毫不置疑），则一切经验都可作如是观，我们不能说根据经验的科学没有知解的价值；如果它不能算是对于真实界的一点认识，则一切经验都不切真实，而历史也就可能是虚构。克罗齐只看到假概念必依纯概念，却没有看到纯概念也必依假概念。其实假概念依纯概念时，纯概念只是逻辑的条件，而当时心灵活动中并没有它们；纯概念依假概念时（如"这是水"这个知觉的判断依"水"这个类名），假概念确是心灵活动中一个要素。说得更明白一点，思想不能离开假概念，因为"个别的判断"——这是克罗齐所认为唯一的真正判断，也就是他所谓"历史的判断"——往往必须运用类名；这就无异于说哲学还是离不开科学，科学对于真理的发现并非毫无贡献。

二、真实界可作全体看，可作个体看，也可作全体中某某部分看。克罗齐承认我们对于个体可有知识，那就是艺术的直觉；承认我们对于全体可有知识，那就是哲学的概念；至于科学正是对于全体中某某部分的知识，而克罗齐偏说那不是真的知识，岂不奇怪？他说，部分的知识已包含在全体的知识之内，所以没有新发现。但是我们不明白从"本体"、"属性"、"存在"那些纯概念——即所谓全体的知识——如何可以知道"猴子是哺乳类动物"或是"三角之和等于两直角"——部分的知识——虽然那些纯概念是这两个判断在逻辑上所必先假定的。就拿"猴子是哺乳类动物"这句话为例来说明全体、个体与部分的关系。如果我不知道动物（全体性）是什么，这句话固然不能对于我启发真知识；但是知道动物是什么，我也不能因此就知道哺乳类是什么；反之，知道"它是哺乳类"，却比知道"它是动物"较多一点，"它是动物"表明个体与全体的关系，"它是哺乳类动物"表明个体与全体中某一部分的关系，所以都可以说是"诸事物关系的知识"。克罗齐的主张无异于说：心中有"猴子"的意象是知识，有"猴子是动物"的概念是知识，至于有"猴子是哺乳类动物"的概念却不是知识（注意：这个例子是为解释的方便，动物假定是全体，相当于克罗齐的纯概念，其实并非纯概念。我的意思是说，他的推理是像这个例子所比喻的一样不合逻辑）。

三、理想的纯概念是黑格尔所说的"绝对"，即总括一切事的理，所有的理都已显现的事，涵盖一切，贯注一切。只有这种独一无二的最高概念才能说是一切知识的最后依据。但是这种最高概念只有不受时空限制的全知的上帝才能知道，我们人类知解都有限制，就是哲学家也只能抓住个别事物与全体真实界的关系中某一小部分，也只能根据这一部分的知识形成所谓哲学的概念。就这个意义说，哲学的概念也还不真正是普遍的、具体的，和科学概念还是一样，哲学所号称的"全体"只是在知识现阶段所已显现的全体,而对于真实界全体还只是"部分"。哲学有生展的可能就已假定这个事实。纯概念还在继续发现,现在所谓纯概念还可能只是片面的抽象的真理,还待纳于较高的综合,所以我们很难说它们比科学概念较具体。就事实说,"性质"、"存在"、"演变"之类概念倒很抽象,而"人"、"马"、"白"、"三角形"之类概念倒很具体,克罗齐以为真实界常在演变,每时每境中每一事物都是一个新局面,世间没有两个绝对相同的事物,所以科学所建立的类型与公式不能精确地适用。他似乎忘记应用"性质"、"演变"、"美"之类纯概念于个别事例也还是如此。世间既没有两个事物完全相同,甲具体事例的性质或演变与乙具体事例的性质或演变也还是两回事。如果变异中没有同一,概念就根本不能存在,无论其为纯为假。总之,克罗齐对于科学概念的歧视不免是一种偏见。

七　痛快感陪伴其他心灵活动问题

克罗齐所分的心灵活动的四阶段,界限井然,即知先于行,知之中直觉先于概念,行之中经济的活动先于道德的活动。经济的活动据他说就是痛快感(feeling),活动成功就是快感,失败就是痛感。他反对快感主义(hedonism)把痛快感和直觉、概念、道德三种心灵活动混为一事。艺术、哲学、道德虽然都可起快感,可是它们本身不就是快感。他的话到此为止,本无可非议。但是他却承认直觉、概念、道德诸心灵活动"都必有痛快感陪伴"(concomitant 意谓"同时俱起")。"真理的发现,或道德责任的完成,都能引起我们的欣喜,使我们的整个生命震颤,我们因为达到这两种心灵活动的目的(注:真与善),同时也就达到它们在实用上所趋赴的目的(注:使真与善的目的实现)。"换句话说,概念与道德,就其为活动而言,有一个目的(求真与善),这目的能顺利地实现与否,仍含有实用的意味，所以视其实现与否，有快感或痛感陪伴。不过陪伴并非主体本身（概念与道德活动）；只是对于经济的活动，痛快感才不仅是陪伴而就是主体本身。这种学说似含有极大的矛盾。

一、依这个看法，一切心灵活动既都有痛快感，就都含有经济的活动在内，也就都带有意志作用，直觉与概念也是如此。但是直觉与概念在定义上是必先于经济的活动，而且可离经济的活动而独立；经济的活动在定义上就必依据直觉和概念，没有它们就不能存在。合这两说看，结论应该是：（一）直觉和概念必可离经济的活动而独立，却又必与经济的活动同时俱起；（二）经济的活动虽必依据直觉与概念，其实还是自己依据自己，因为直觉与概念中已有它自己。这岂不是矛盾？

二、一切心灵活动既都必有经济的活动同时俱起，经济的活动就不能算是一个独立的阶段。快感和痛感在定义上是活动的成功或失败，对于其他三种活动既是同时俱起的陪伴，何以独对于经济的活动不是陪伴而是主体本身？对这问题克罗齐并不曾有圆满的答复。

三、最严重的考虑是这个看法要根本打消四阶段的区分。每阶段的活动既都有经济的活动在内，经济的活动的独立固成问题，直觉与概念的纯粹性也就消失。经济活动固然包含知解活动，知解活动也还是要包含经济活动，则知解先于实用，以及实用依据知解的学说也就不能成立了。

总之，四阶段的划分在大体上虽然很清楚，实在也并没有很强的逻辑的根据。心灵活动原是有机体，其中各部分息息相通，概念固必依据直觉，而直觉也未必就可离概念，行动固必依知解，而知解也未必可离行动。当然，克罗齐所说的四阶段的先后只是逻辑上的先后，于理直觉必先于概念，知必先于行。但是如果这逻辑上的先后不是事实上的先后，则与克罗齐的"具体性"（理事双融）说又相违反。所谓"纯直觉"与"纯概念"还是和"三角形"与"自由运动"之类"抽象概念"一样没有经验界的实例,所谓"纯粹的"(pure)其实还只是"抽象的"(abstract)。这样看来,不仅四阶段说难成立,连"纯概念"说也就要虚构;因此,"具体的共相"及"相异者"那些学说也就要动摇。在我们看,克罗齐的四阶段还只是便于说明的图表,和他所鄙视的科学的分类并没有多大分别。从此也可看出纯概念与假概念的分别是极勉强的。

八　行动的原动力问题

经济的和道德的活动的原动力是什么? 这是研究人类行为的心理学家和伦理学家们所要首先注意到的问题。克罗齐的回答是:行动就是意志,意志没有是盲目的,必定起于知解,即当前历史情境的认识。快感与痛感是活动本身的表现,并非活动的起因。价值的判断("这是善的,有益的")是行动之后自己所感觉到的快慰或懊丧,也不是行动的原动力。总之,知解以外,别无行为的原动力。这是彻底的理智主义。我们如果拿它和近代心理学所告诉我们的话相比较,不免感觉到克罗齐把整个的人性宰割去一大半。

一、他宰割去了本能和情绪。他根本不提到本能,这在唯心的哲学里是无足惊异的,本能是兽性的、被动的、机械的,不是心灵活动所主宰的;他很少提到情绪,而对于情绪的见解也极其朦胧,他仿佛把它们看成快痛的感觉,又仿佛把它们看成下价值的判断时所感到的快慰和懊丧之类心情。他绝对没有把情绪看成本能的表现,没有想到情绪可以驱遣人做这样或那样事。比如说,望见老虎就逃跑,那逃跑的行动只是由于老虎吃人那一点知识,与恐惧无关;望见美女就想亲近,那亲近的行动也只是由于她是可亲近的那一点知识,与爱情色欲无关。克罗齐虽然没有说得这样明白,这是他的见解所必有的逻辑的结论。

二、他宰割了潜意识和隐意识。近代变态心理学——尤其是弗洛伊德派的——已使我们知道，心灵并不只是意识，意识只是心灵的一小部分，大部分是所谓潜意识（subconscious）和隐意识（unconscious）；心灵的活动并不限于意识状态，在潜意识与隐意识状态中，它还是很活跃。在意识状态所起的意志有时可能在潜意识与隐意识状态中已酝酿许久。潜意识与隐意识的原动力当然就是本能与情绪。克罗齐根本不承认这些心理学的发现，在他的哲学中，心灵就只是意识，而意识也全是理智的，除了有意识的活动以外，心灵没有任何其他活动。在稍有常识的心理学者看，这种见解不免是错误得离奇；而克罗齐却有一句话搪塞：心理学是经验的科学，根本是抽象的，不能发现真理的，所以不可靠。我们只能说：如果哲学和科学携手并行，科学固然可以明白它自己的限度，哲学也许比较接近常识一点，接近人情一点。克罗齐坚拒科学于哲学之门，或许是失策。

三、趁便我们也可以指出克罗齐哲学中没有宗教的地位。"宗教只是知识。"它是一个混合种，"因为它总不外是三件事：（一）实用的希望和理想的表现（宗教的理想），（二）历史的叙述（传记），（三）概念的科学（教条）"。知识发达了，宗教就不应存在。"我们不解有一班人要宗教有何用，他们想把宗教保存住，和人类的知解活动——艺术、批评和哲学同等并立。其实要把宗教那种不完善的低劣的知识，和超越它、驳倒它的那种知识同等并立，是不可能的。"克罗齐似乎没有注意到许多宗教家的行迹以及宗教心理学所揭示的事实：宗教并不只是知识，它主要地是情绪。人们为着要求情绪的安慰，于是寄希望于另一较合理想的世界（天国或净土）。知识很发达的人们往往也还有宗教的需要，尽管迷信的色彩随知识进步而逐渐淡薄，那对于另一世界的希冀却依然存在。

九　意志自由与善恶问题

依克罗齐说,意志是命定的,因为它必起于某一历史的情境;同时也是自由的,因为它超过那个情境而造出另一个新情境。他以为这样就可以解决这个历史久远的问题。

在我们看,这种折衷论其实只是极端命定论的烟幕。所谓"自由"至少有两个含义:第一是有选择,在某一情境中可走的路不只一条,而我在几条路中只选择某一条走;其次是能自主,我选择某一条路,是由我自己的意志决定,不受环境的支配,有时甚至和环境背道而驰,挣扎着要克服它的阻力。依克罗齐的看法,真实界的生展全是由前一个历史的情境发生后一个历史的情境,人不过是被动的,历史的情境是如此,他不能不顺着它走,像大浪里一片树叶一样,他没有什么选择,没有自由决定的可能,还有什么意志?如果说新创一个局面就算自由,那不仅是人的行动如此,一块石头或一支水流的移动何尝不如此? 它何尝不是依据前一情境而转移到后一情境?

这意志自由问题牵涉到善恶问题。如果每个行动都是某个历史的情境所必生的结果,人在行动之先,一切都已经由环境替他决定了,他不能自己做主,有所选择,就不能辨别善的行动与恶的行动;根本只有一个可能的行动,他对于那行动就无从负任何责任,法律的或是道德的。善恶在这种情形之下本无意义可言,纵有意义,善也不应受褒奖,恶也不应受惩责。

善恶在克罗齐哲学中倒有一个特别的意义。他认为真实界的生展是沿着辩证法的方式,由片面的对立的善恶两种势力综合到高一层的善,这就是说,"由善到更善"。真实界不断地演变,即不断地实现它自己,不断地提高它自己。演变是真实界的生命,停滞就是它的死灭。所以"善"就是向前生展的行动，恶就是停滞不进的行动。比如说我现在做了一件事，创造了一个新局面，对于前一刻的局面是进展，所以是善的，它实现了进展的目的；但是如果我止于此，这件事不能促成再进一步的生展，不能发生辩证法的综合，它本来虽是善的，就变成恶的了。这种为动而动，在动中实现生命的人生观做了法西斯主义的哲学背景，这当然是克罗齐始料所不及的。于此我们有两点要说：

一、这个意义的善恶不是伦理学的善恶，与我们的通常的道德意识不相符合。我们做了一件善事时，不但当时心知其为善，就在事后也还断定其为善，并不因其发生另一新情境，就把它看成片面的善，也不因其不发生另一新情境，就把它看成恶。我们对于恶也是如此。而且善恶往往在事先就已判别，我们知道它善才去做，知道它恶才不去做。克罗齐的价值的判断后于意志行动说似颇牵强。

二、就是辩证法意义的善恶也大有问题。克罗齐反对历史的目的外在说，以为那一说只有两个可能，不是"向有限生展"以至于毁灭，就是"向无限生展"而永远不达目的。他所以倡目的内在说，每件事是它自身的目的，但是产生了新局面，又有新目的，因此目的时时刻刻在达到，也时时刻刻没有达到。这其实还是"向无限生展"，不断的成功接着不断的失败，不断的善接着不断的恶，全体永远没有完成的时候，而各部分也就永远没有真正的价值。这种人生哲学在表面上像很积极，其实是极悲观的，至少是极可悲观的。

十　历史的单线进展与复线进展问题

克罗齐的历史观似有两条互相冲突的线索：

一、全体真实界沿着一条单线进展。每一刻的历史的情境都必依据而且包含全体过去的历史。历史的情境成为所谓"大我"。这"大我"是普遍性或共相,它是决定"小我"的意志行动的,所以不能说是你或我或任何个人的创造。每个历史家的"小我"(你或我或任何个人)是个别性或个体,是受历史的情境那"大我"决定的。"大我"的光线集于"小我"的意识焦点上,于是有历史的认识。换句话说,他的"小我"反映着成历史情境的真实界那个"大我"。他受历史情境的决定,所以只是那情境中一个节目,一个被动的工具。

二、许多历史家所见到的历史却沿着许多条复线进展。因为"历史的判断"都是"个别的判断",即每个历史家所见到的历史是他在某一现时现境所得到的一种特殊的认识;真实界既变动不居,就没有两个现时现境完全相同,所以也就没有两个历史家所见到的历史能完全相同,甚至于同一历史家在不同的现时现境所见到的历史也不能完全相同。就真实界着眼来说,真实界这个整一体显现于杂多相,在每一现时它显现无数的历史情境于无数的历史家,向无数的"小我"作决定的力量,所以沿着无数条线进展。

如果站在二元论的立场,这两条思想线索本可不冲突,因为既承认真实界是外的,不是每个人心灵创造的,则全体真实界沿着单线进展,而许多历史家所见到的历史沿着许多复线生展,还是可能,正犹如许多人同看一立体物,立场与角度不同,所得的印象可以不同。但是站在唯心论的立场,这两条思想线索就显然自相矛盾,因为真实界就是心灵活动,真实界全体既沿单线进展,心灵活动就不能沿复线进展。

问题的症结在克罗齐对于心灵(spirit)的看法。他肯定心灵与真实界的同一,即真实界为心灵活动的创造,是从"我所不知者我不能肯定其存在"那个唯心主义的大原则出发。如果严格地始终一致地谨守这个原则,那就必须肯定只有我(知识主)存在("我思故我在",用笛卡儿的有名的公式)和我的思想存在。我以外一切人和一切人的思想知识也还要借我的思想知识而得到他们的存在。这个推论含有两个意义:第一,所谓心灵就只能是每个"我"的心灵,所谓真实界等于心灵,也就等于每个"我"的心灵。其次,所谓我的思想就只是现时现境中我的直接经验(immediate experi-ence),因为心灵的创造在定义上是意识的活动,而意识只是现时现境的思想变化,连过去的回忆也还在现在的意识里面。克罗齐所谓真正的判断(即历史的判断)都必是"个别的判断",所谓一切历史都是现时的,其意义都在着重这种"直接经验"。合这两个意义来看,真实界全体实在小得可怜,它只是每个"我"的"直接经验"。这"直接经验"尽管可包含过去史,那也还只是"我"的过去史。这种严格的唯心主义就是"主观的唯心主义"(subjective idealism),有人给它诨号叫做"独角主义"(solipsism)。依这个看法,每个人除掉他所直接知识思想的以外,不应假定另有一个真实界超越他个人的意识而独立;我们只能说每个人所见到的历史沿着一条单线进展,却不能说许多人所见到的不同的复线历史之外,还有一个真正的本来的超个人意识的历史沿着一条单线进展。换句话说,在唯心主义的立场,"大我"与"小我"的分别根本不能存在,只能有每个人"小我"的历史,不能有超个人的"大我"的历史。

但是克罗齐仿佛也见到这种"独角主义"不很妥当,于是设法避免它。他要避免真实界只有"我"的心灵那个不愉快的结论,于是主张"小我"之上有"大我",个人所经验的世界之外还有一个超个人的真实界,许多历史家所见到的复线历史之外还有一个真正的本来的超个人意识的单线历史。这"大我"或超个人意识的真实界和它的历史就是他所谓的"心灵"。他在他的著作中用"心灵"这个名词很不一致,有时当它是每个人的心灵,有时又当它是超个人的心灵。他自己似没有注意到这两个不同的意义是不能随意互换的。其次，他要避免真实界的知识限于每个人的"直接经验"那个不愉快的结论，于是提出"历史的情境"说以及"行动"与"事迹"有别说，以为这"直接经验"同时是一个事迹，须受历史情境的决定（historically conditoned），这历史情境就是全体真实界生展到我的现时现境的那一个阶段，所以比我的"直接经验"远较深广。

其实这些都是遁词。我们须追问：这大我和历史情境是内于我而存在呢，还是外于我而存在呢？如其内于我而存在，那还是"独角主义"；如其外于我而存在，那还是二元主义。我们仔细在克罗齐的《历史学》里寻找这双肢论式的解决，却始终没有找到一个解决。他始终在这牛角里蹩来蹩去，时而说历史只存于历史家的思想（独角主义）；时而说历史家的思想受历史情境的决定（二元主义）。就大体说，二元主义的倾向较大，超个人的"心灵"，起道德意志的"普遍的自我"，有别于"行动"的"事迹"，决定个人而个人所不能决定的"历史情境"，这些观念在克罗齐哲学中都是奠基石，而它们骨子里都是二元主义，尽管克罗齐自己不会承认。他所谓"历史即哲学"，那"历史"还是上文所说的许多历史家所见到的复线历史之外的那个真正的本来的超个人意识的单线历史，即外在的有客观性的历史；这就是说，他的"历史即哲学"说也还是含有二元主义的意味。

趁此我们可以替唯心派哲学作一个总结账。思想常是在杂多中求整一，历来哲学的企图都在找出一个统辖全体宇宙的整一的原则，其实全体宇宙有一个整一的原则去统辖，这也只是一个信念，一个希望，并不是一个逻辑的结论。笛卡儿以来的许多哲学家把宇宙一切归纳到两个并立的原则：心与物。唯心派哲学家从康德起，都想把这两个原则并成一个，就是想把物纳到心里去。物在心的知识中得到它的存在，这是唯心派的主要的论点。如果坚持这个论点，那就只有"主观的唯心论"一条路可走。但是否认我以外的一切人与物,既太违反常识,于理也不可通。我回想但丁或陶潜的生活,远没有我回想我自己的生活那么亲切,虽然在假定上他们的生活和我的生活同是我的心灵的创造。我们很难否认我以外还有人,而那些人也各有一个与人不能共通的"我"。康德开了唯心主义的路,而却没有走通。他还须假定心之外仍有物,他仍须假定人心之所同然去解释真善美的普遍性。康德以后的哲学家有两大企图,一个是彻底地打消二元主义,一个是避免独角主义(主观的唯心论),这就是一方面想维持"万法唯心",一方面又想说明"万法不唯我一人之心",想说明我以外还有一个真实界存在,于是有所谓"客观的唯心论"。其实这个名词就自相矛盾,"唯心的"与"客观的"根本不能相容,有一个客观的真实界,那客观的真实界就还是与心对立的物。我们曾经看见,黑格尔从打消二元主义出发,走了许久,还是回到二元主义(如克罗齐所批评的)。我们现在看见,克罗齐还是蹈了这个覆辙。

总之,克罗齐所厌恶的二元主义并未打倒,他所想望的完满的唯心主义并未成立。他的《美学》仍须假立物质,艺术不能完全创造它的内容,而它的形式也似是外加于内容的。他的《逻辑学》仍须假定一个产生直觉品的真实世界,纯概念与假概念的区分也非常勉强。他的《实用活动的哲学》把人看成完全是历史情境所决定的机械,不能有自由意志,因而不能有道德的价值或责任。他的《历史学》不能调和超个人的单线历史与许多历史家各别见到的复线历史的冲突。他的四阶段的划分自身已多矛盾,纵使能成立,我们也见不出进展的推动力。他把心灵看成只限于有意识的活动,把情绪、本能、潜意识等等都一笔勾销,充类至尽,他的世界只是当时当境那一点"直接经验"所组成的,那"全体"实在非常渺小。在把他的哲学作一个总结账之后,我们仍觉心与物、知解与真实界,关系究竟如何,还是一个尚待探讨的问题。

唯心主义的打破心物二元的英雄的企图算是一个惨败，但是这并无伤于康德、黑格尔、克罗齐诸人在哲学上的价值。他们把心物关系问题很鲜明尖锐地提出，把"万法唯心"这个假设推到它的当然的逻辑的结论，因而指出（这当然不是他们的本意）这条路并没有走通——我并不敢说它是绝对走不通的。

　　哲学的任务在认识真实界的全体大用，而真实界的全体大用在唯心主义的假设上就没有完成的时候，因此哲学家们也还只能"坐井观天"。他们对于那全体大用的看法于理不能是完整无误的，而他们自己也并不曾说那绝对是完整无误的。人生来"有限"，对于"无限"的揣测终究是"揣测"；但是对于"有限"却仍可有真知灼见，我们知道盐是咸的，水是流动的。因此，唯心派大师对于真实界全体的见解尽管尚待斟酌，对于这全体中部分的个别的问题仍可能比常人见得较真确些，因为他们比较能思想些，也肯思想些。所以我认为克罗齐的哲学系统虽有许多漏洞，而他对于美学、伦理学和历史学的见解仍极可宝贵。

欣慨室逻辑学哲学散论

从"凡人皆有死"到"苏格拉底有死"

科教书里有许多话，你一眼看去，都像是绝对真理，可是你倘若稍加分剖，问题就纷纷而来了。比方论理学上有所谓"三段论法"就是一个实例。

什么叫做三段论法呢？你只须打开那一本论理学教课书，大概都会找出下面的一个老例子：

> 凡人皆有死，
> 苏格拉底是人，
> 所以苏格拉底有死。

像这样的三段论法，你头脑只要略一活动，大半都是应用它。

比方你清早爬起床来，知道太阳不是从西方出来的，因为你见过太阳天天都从东方起山。你眼睛一瞥，看见日历上今日是星期五，你便记起今日有数学，因为你那一班每星期五都有数学。你走下楼梯，不敢一步从楼上跳到楼下，因为你知道从楼上一步跳到楼下，你的腿会折断。午餐时你留一位湖南朋友吃饭，你叫厨子特别预备辣子，因为你心里想，凡湖南人都喜欢吃辣子。诸如此类，诸如此类。一言以蔽之，三段论法。

三段论法既如此神通广大，所以论理学家——从亚理斯多德以至于教你论理学的那位先生——把它看作无上至宝，并且奉上一些叫你我们听着吐舌的"学语"，比方上面的老例子里，第一句"凡人皆有死"叫做什么"大前提"，第二句"苏格拉底是人"叫做什么"小前提"，而第三句"所以苏格拉底有死"就是"结论"。这三段论法整个的又叫做"演绎推理"。所谓演绎推理者是说从已知普遍原理抽绎出未知个别事例。如果跟严又陵先生说哩，这是"由全及偏"的推理。说到"由全及偏"，你也许想到"由偏及全"。不错，论理学上是有这个玩艺儿。比方上面"凡人皆有死"一句大前提怎样得来的呢？就是"由偏及全"的推理的结果。写成式子，就像这样：

> 张三李四……等等是人，
> 张三李四……等等有死，
> 所以凡人皆有死。

这还不是三段论法？自然，所以三段论法真是神通广大！不过论理学家说，这种三段论法犯着"媒词不周延"的误谬。这话怎样讲，我们且不去管。如今单说这种"由偏及全"的三段论法叫做"归纳推理"，因为它根据许多个别事例而归纳到一个普遍原理。论理学家说，你如果懂得归纳又懂得演绎，就懂一切推理；如果你懂得三段论法（至少形式派论理学者是如此说），你就懂得归纳，又懂得演绎。所以你如果想学论理学，须先请教三段论法。

我开端不说许多真理，经过考究以后就会成为问题么？我再把老朋友请出来：

> 凡人皆有死，
> 苏格拉底是人，
> 所以苏格拉底有死。

你且莫要读下去，想想你对这三段论法有问题没有？

你自然说，这是正当道理。从前许多论理学者也都说这是正当道理。

但是英国的穆勒偏说这是荒谬而又荒谬。他说，假若我们不知道苏格拉底有死，我们何以知道凡人皆有死？并且，假若我们不知道苏格拉底有死，我们何以能说苏格拉底是人？这个三段论法本来是要证明苏格拉底有死的，而用以证明的两前提都假定将待证明的结论在内。就论理学规律说，这是犯了"窃取论点"的谬误。就实际说，推理的目的在发见新理，而苏格拉底有死并不能算是新发见的真理。

因此穆勒把论理学家父传子子传孙的"由全及偏"的三段论打得粉碎。依他看，凡是推理都是"由偏及偏"。比方你知道爱因斯坦将来是会死的，你并非拿"凡人皆有死"做根据，因为你并没有数尽古往今来的人，你所依为根据的只是"张三李四等等人皆有死"，因为这都是你耳目见闻过的。如果写成三段论法我们可得下式：

> 张三李四等等人皆有死（偏），
> 爱因斯坦是人，

所以爱因斯坦有死（偏）。

这个推理就显然是"由偏及偏"。

如果你是一个形式派论理学者，你一定要告诉穆勒说，"你这种推理犯着媒词不周延的谬误呀！"但是穆勒有现成的话回答你，他根本就否认三段论法，所以他不受三段论法的规律束缚。而且穆勒是经验派的老祖，而经验派学者都以为真理不是一成不变的，是暂时假定以备测试的。换句话说，一切推理所得的结论都是"假说"。假说是否确实，要看它与新事例是否符合而定。杜威说，真理只是一种钞票，其价值如何，要看它能兑现不能兑现。这就是和穆勒一鼻孔出气的。

所以"媒词不周延"的大道理不能闭穆勒的口。但是我们还要问，爱因斯坦既非张三，又非李四，我们何以能由张三李四之死推到爱因斯坦之死呢？穆勒说，我们所根据的是爱因斯坦和张三李四的类似点。拿式子来说，这话是这样解：

> 张三李四等皆有死，
> 就身体构造及生活需要言，爱因斯坦类似张三李四等，
> 则就有死一点言，爱因斯坦也应该类似张三李四等。

这里穆勒的破绽就露出来了。批评穆勒者马上会说，这种推理并非由偏及偏，因为推理根据不是张三李四等，而是爱因斯坦与张三李四的类似点。这种类似点表之于语言，就是全称判断。上列推理实如下式：

> 凡身体构造及生活需要如张三李四者皆有死，
> 爱因斯坦身体构造及生活需要如张三李四等，

所以爱因斯坦有死。

观此，则穆勒所谓"由偏及偏"实际上是"由全及偏"，而他所谓归纳法，实际上还是应用他所攻击的三段论法。这个批评在穆勒死后才提出，所以我不知道穆勒应该如何答辩。

穆勒以后，像布拉德雷和鲍申葵一帮人又在这歪歪倒倒的三段论法上打了几拳。

第一，他们说，大前提（凡人皆有死）是假借来的，其真假如何，在本三段论法是看不出来的。假若大前提不的确，结论就靠不住。比方你以为"天下老鸦一般乌"，倘若你遇见一个老鸦实在不是乌的，你也只得说乌，未免为三段论法所误了。而且被假借得来的大前提自身也是由另一三段论法得来的，而此另一三段论法所用的大前提又是由另一三段论法得来。如此推寻上去，到最后你总得抵到不能证明的前提。三段论法是用以证明的，而它的最后根据还是不可证明的。那末，它哪里值得一文钱！

第二，三段论法名为演绎推理，而许多演绎推理却不能表以三段论法。比方说：

（1）甲在乙之右，乙在丙之右，所以甲在丙之右。

（2）甲等于乙，乙等于丙，所以甲等于丙。

（3）孔子生于释迦前，释迦生于耶稣前，所以孔子生于耶稣前。

（4）一斗米值八角钱，这是五升米，所以值四角钱。

（5）查理第一是皇帝，他被斩首了，所以皇帝也许被斩首。

这几条谁说不是丝毫不错的推理？然而照三段论法的规律说，（1）（2）（3）（4）都有四个端词，而无媒词；（5）则有媒词而不周延，都是不合法的推理。数学是应用演绎法最广的科学,而数学中等式和比例式都不能表以三段论法,三段论法还有什么用处呢?

第三,三段论法只能得结论而不能明示结论的宾词之特性如何,它只能告诉你苏格拉底有死,而不能告诉你苏格拉底是怎样死。这个缺点,拿下列两式比较便可看出:

> (一)凡受重力定律支配者其运动如此如此,
> 　　　月球是受重力定律支配者,
> 　　　所以月球运动如此如此。
> (二)凡受重力定律支配者其运动如此如此,
> 　　　车轮是受重力定律支配者,
> 　　　所以车轮的运动如此如此。

从这两个例子看,我们可以看出三段论法不能发见月球的运动和车轮的运动有何分别。科学的用处在辨别异点,而三段论法是不能帮助的,这也是它的大缺点。

这是关于三段论法的一种粗浅的研究,论理学家们你攻击我辩护,还更闹得"不亦乐乎"。但是从这个粗浅的研究看,我们可以知道历来论理学家所奉为金科玉律的三段论法是露着许多破绽的;我们并且可以知道,凡是我们以为无可置疑的大道理,稍经研究,问题便会源源而来的。

(载《一般》第 2 卷第 3 期,1927 年 3 月)

近代英国名学

　　培根以后，英国名学可分四派：第一为经验派（empirical logic），培根（F. Bacon）发其端，穆勒（J. S. Mill）扬其绪，泛恩（Venn）集其大成。第二为形式派（formal logic），此派继承亚理斯多德所传下来的沿袭名学，汉密尔顿（Hamilton）是重要的代表。这派现仍风行于牛津，约瑟夫（Joseph）和约翰逊（Johnson）是中坚人物。第三为符号派（symbolic logic），这派又有两支：第一支的代表为德·摩根（De Morgan），布尔（Boole）和杰文氏（Jevons），这帮人都想把名学建筑在数学的基础上；第二支的代表为怀特海（Whitehead）与罗素（B. Russell），这两位大数理哲学家都想把数学建筑在名学的基础上。最后一派为近代名学派（modern logic），这派的首领是布拉德雷（Bradeley）和鲍申葵（Bosanquet）。就现在说，这四派之中以近代名学派为最占势力,于今单提它出来略一申述。

"近代名学"这个名词应有解释。它在一般英国名学著作中,并非包举近代一切名学派别,只是专指布拉德雷和鲍申葵所代表的名学。有人称这派名学为黑格尔派名学(Hegelian Logic)。但是布拉德雷自己曾郑重声明过,他受黑格尔的影响虽大,而却不肯承认自己是黑格尔派学者。我们如果要用一个比较副实的名称,最好称它为"布拉德雷和鲍申葵派名学"。

这两个人中间以布拉德雷为最重要。他的专著叫做《名学原理》(*The Principles of Logic*,1883 年初版,1922 年更正版)。这书出世以后,不特形式名学大遭打击,即穆勒派经验名学亦变为身无完肤。学者从此研究名学都转变了一个方向,从前名学家只以研究思考形式或讨论科学方法为尽名学能事,现在名学家才进一步探求知识与实在的根本题。鲍申葵根据布拉德雷的学说而加以扩充。他的名学著作有三种:最大的是《名学或知识组织论》(*Logic or the Morphology of Knowledge*),1888 年出版。其次为《名学纲要》(*Essentials of Logic*),1895 年出版。最后的是《涵义与线状推理》(*Implication and Linear Inference*),1919 年出版。这两位学者根本主张相同,现在分述他们的判断和推理的大要:

一 判断论(judgment)

判断是近代名学所争论的焦点。历来名学对于判断持有三种不同的学说:

(一)类括说(class view) 主词和宾词都是指实物。比方说"凡人为动物","人"是一类实物,"动物"也是一类实物,判断的用处就在以类(动物)括类(人),指出类与类的关系。照这种说法,我们论主词和宾词,都只顾及外延,所以类括说又称"外延说"(extensive viev）。形式名学家多主此说。

（二）宾属说（predicative view）　主词指外延,指实物;宾词指内包,指属性。照这种说法,"凡人为动物"一个判断意即谓"凡名为'人'的实物都含有动物性"。主词是名词,宾词是形容词。一般学者多以此说为最自然。

（三）内包说（intensive view）　主词和宾词都指属性,都仅涉及内包。"凡人为动物"意谓有"人性即有动物性"。我们下判断时,并不着眼到实在的人和实在的动物。穆勒主张此说最力。

这三种学说虽彼此背驰,而根本上有三个同点:第一,他们都把概念(如"人"与"动物")当作可以独立存的。第二,他们都把判断当作由两种分离的概念堆砌成的(如"人"和"动物"两概念相联络即成"人为动物"一个判断)。第三,他们都把文法的主词当作名学的主词,文法的宾词当作名学的宾词(如在"人为动物"中,"人"是主词,"动物"是宾词)。

近代名学提出三个根本反对的主张:

（一）概念不能离判断而孤立存在。思想的单位是判断不是概念。就这一层说,近代名学有回转到希腊名学的趋向。希腊文中无相当于"字"的字。他们只以句为语言单位。亚理斯多德以判断为思想单位。

（二）每个判断的内容只有一个概念,并非由两个概念堆砌成的。比方说,"凡人皆有死"的内容只是"人之死"一个概念,并非"人"与"死"两个分离孤立的概念相加而成的。

（三）文法中的主词不是名学的主词,文法的宾词不是名学的宾词。名学的主词是实在全体（reality as a whole）,名学的宾词是判断所含的概念全体。所谓判断就是以概念与实在相印证（reference of an idea to reality）。万千不同的判断都只有一个公同的主词,就是实在。

这最后一点颇不易明了,而且是近代名学的精华所在,须再说详细些。

布拉德雷告诉我们,名学上的概念(idea)和心理学上的意象(image)不同。比方说,"这匹马是白的",就心理学上的意象说。"这匹马"单指一匹个别的马,"白"也单指一种特殊的白。换一匹马或是换一种白,就要换一个"马"的意象和"白"的意象。再专就这匹马与这种白而言,我心中此时此地的意象,和他时他地的意象也迥不相同。名学上的概念可就不然。遇见任何马,我们可以指着说"这匹马";遇见任何白色,我们都可以称之为"白"。概念就是意义,而意义是普遍的,是可以代表许多事物的符号。意象自身没有意义,因为我心中此时此地"马"的意象,不能用来做符号代表他时他地"马"的意象。总之,概念是超时间与空间的,意象是限于特殊时间与特殊空间的。就意象言,"马"和"白"都是个体(particulars),就概念言,"马"和"白"都是共相(universals)。

判断所用的是概念而非意象,是共相而非个物。比方说"黄色",就意象论,我心中有金黄、橙黄、鹅黄、菊黄等等的模样。可是在"铁不是黄色"一个判断中,我们只统言"黄"而不指意象中某一种黄。换句话说,在判断中,我们只取"黄"的意义,而不顾及"黄"的实例。

因此布拉德雷和鲍申葵的哲学中有两个世界:一是事实世界(the world of facts),例如"黄"的实例;一是意义世界(the world of meaning),例如黄的概念。

这里疑难就会发生了。判断既仅关意义,而意义又只是代表实在的符号,自身非即实在,然则判断不是与事实世界无直接关系么?所谓思想,只不是凭空造楼阁么?事实世界与意义世界不显然有不可超度之鸿沟么?

这个问题是名学根本难点所在。在未说明近代名学家的答案以前，我们姑且顺便指出一个沿袭学说的错误。

上面说过，形式名学把概念看成思想的单位，而判断仅为概念的联合。这种见解是十八、十九两世纪的错误的联想主义心理学（associationistic psychology）之产品。联想主义心理学既推翻，而概念为思想单位之说便不能成立。比方我们想到"凡人皆有死"时，心中实只有一次完整的活动，并非先想到"人"，次想到"死"，次又想到把这两个概念相加成为"凡人皆有死"。这是很浅近的心理的事实。从名学观点看，概念只是共相而非个别实物。如果判断是两个概念的综合，则判断不只是拿概念玩戏法（a game with ideas）而永远不能沾落实在么？照这种说法，"日绕地球运行"应该变为"我心中'日'的概念绕我心中'地球'的概念而运行"，"猫吃老鼠"应该变为"我心中'猫'的概念吃我心中'老鼠'的概念"，这不是显然荒谬绝伦么？

这是形式名学的根本弱点。布拉德雷和鲍申葵的改正的见解是这样：

每个判断的全体内容只是一个完整的概念，而判断之用则在取此概念与实在相印证。比方说，"人之死"是一个完整的概念。在疑问语中（凡人皆有死么？），这个概念只存在于意义世界而不必存在于事实世界；在叙述语中（凡人皆有死。），这个概念兼存在于意义世界与事实世界。换句话说，"凡人皆有死么？"和"凡人皆有死。"两句话的概念都相同（人之死），其所不同的只是疑问句没有拿这个概念与实在相印证过，所以无真伪可言。所谓"与实在相印证"，就是说"假定这个概念是真实的，看它和实在全体是否融洽一致不相冲突"。比方"二加二等于四"，是符合实在的概念，因为二加二倘若不等于四，则实在全体便将倒塌，我们所信为真的都不免变成假的了。一切真理如此，则这一点真理亦必如此；如果这一点真理不如此，则一切真理都随之俱假。实在界既如此，则人必有死,二加二必等于四。倘若人可不死而二加二不等于四,则我们所谓实在必须根本推翻"凡人皆有死"一个判断。表之以名学的形式应该变为:"实在是如此:所以凡人皆有死"(Reality is such that all men are mortal)。同理,"地球绕日运行"是说"实在是如此:所以地球绕日运行"。所以在名学上,一切判断主词都是实在(虽然通常不表出),判断的宾词则为概念全体(如"甲为乙",就文法说,虽然"甲"是主词,"乙"是宾词)。拿形式名学的判断论和近代名学的判断论两相比较,可得下式:

（甲）形式名学　　　　地球　　是　　　绕日运行的
　　（式同文法）　　　主词　系词　宾词
（乙）近代名学：　　　实在　　是　　　这样:地球绕日运行
　　（式不同文法）　　主词　系词　宾词

　　　观此可知判断尽管千差万别,而主词都同是一个实在。布拉德雷和鲍申葵都相信一元哲学,他们的名学见解是以哲学为根据的。
　　　布拉德雷和鲍申葵的名学出世以后,讲判断论的部分最惹人注意。他们的见解也颇有难点。汤姆逊(H. B. Thomson)在她的《鲍申葵的判断论》(*Bosanquet's Theory of Judgment*,见杜威编的《名学研究集》Dewey: *Studies in Logical Theories*)一文里批评很精当,现略述其大意。
　　　上面说过,近代名学假定两个世界,一是事实世界,一是意义世界;一是实物,一是共性;一是"此"(this),一是"此性"(thisness)。这两个世界既绝对不同,它们如何发生关系呢? 比方说"雪是白的","雪白"一个概念一方面必存于意境之内,否则我无从领会其意义;而另一方面"雪白"一件事实又必须存于意境之外,否则或仅为我个人心中的幻想。我们要问:意境之内的"雪白"和意境之外的"雪白"如何联贯吻合呢?

鲍申葵答道,意义世界和事实世界的接触点,就是此时此地的感觉经验(perceptual experience)。比方看见一匹马,我们说"此是马"。这三个字便是实在与概念相联贯的枢纽。"此"是实在界在此时此地所呈现的一点,从"此"点窥见实在界,好比从岩洞上的"一线天"窥见天空,我受这实在界"此"的刺激,意义界"马"的概念就一跃而出,我于是有马的感觉。"此"是"马"的实在,"马"是"此"的意义。我在实在界中懵然察觉有"此",于是从意义世界中拈出"马"一个概念来解释"此"。如果我不知"此"为何物,我只觉得一个混混茫茫的"此"横在面前;如果我感觉"此"是马,我就知道了"此性"(thisness),就能把意义世界中的一点(马),叠合在事实世界中的一点(此)之上。这就是拿概念印证实在,就是判断。

汤姆逊以为这种解释未免牵强。第一,鲍申葵所谓此时此地的感觉经验,太不明了;若就其有意义而言,则其大部成分乃如心理学家所言,仍是过去经验所组成的,仍只是意义世界的;若就刺激之懵然撼动感官而言,则吾心所得者仍仅是"此"而非"此性"。"此"与"此性"如何粘合,实在和概念如何粘合,仍是不可解的疑谜。第二,吾人若仅根据点状的"此"以知实在,意义世界与事实世界的接触点若仅为分离破碎的感官经验,则吾人所见到的只是无数分离零碎的实在,而实在是否相承续连贯而成一完整系统,仍莫从而知。譬如以蠡测海,每次只能从微孔中窥见海面一点,移一位置,所窥见者又另为一点,由此类推,我们决不能明了海的全面。鲍申葵说"实在是完整的系统",未免漫无根据了。

名学讲到终极点,不能不牵涉到哲学;一牵涉到哲学,便处处都是困难,不容易寻出解脱的路。判断论就是一个难点中之难点,近代名学的解答,也只是许多不可满意的解答中之一个。我们明白这是难点,只好把它当作悬案罢了。

二 推理论

近代各派名学，主张虽各不同，而于推理，则莫不一致抨击三段论法(syllogism)。穆勒以为三段论法把待证明的结论(conclusion)假定在用以证明的前提(premises)中，在事实上未发见新理，而在形式上又犯了"窃取论点"的谬误(the fallacy of petitio principii)。比方说：

> 凡人皆有死，
> 苏格拉底是人，
> 所以苏格拉底有死，

就显然有语病。如果我们不知道"苏格拉底有死"，何以能假定"凡人皆有死"呢？还不止此，如果我们不知道"苏格拉底有死"，我们何以能说"苏格拉底是人"呢？因此，穆勒否认名学上的"全称"(universals)，而主张一切推理都是由偏及偏(from particulars to particulars)。他举婴儿畏火为例。婴儿第一次被火烧痛了，第二次便不敢伸手去摸索。穆勒说，他心中并没有构成一种全称判断说"凡火都可烧人"，他只用类喻推理(reason by analogy)，由第一次"火烧"推到第二次"火烧"；换句话说，他的推理历程是由偏及偏，他所用的方法是归纳不是演绎。

布拉德雷和鲍申葵对于穆勒"由偏及偏"的主张，曾下过很精当的批评。他们以为穆勒之误，在混"全称判断"(universal judgment)与"集合判断"(collective judgment)为一物。依近代名学家看，凡是真全称判断都是类性判断(generic judgment)，与集合判断绝不相同。比方说，凡"在会者皆赞成此议"只是类性判断，倘若有人不赞成此议，其"在会者"的资格并可不必因之取消，因"在会者"与"赞成此议"之中并无必然关系。再比方说，凡"三角形皆含两直角"，就是类性判断,因为"含有两直角"是"三角形"必有的类性,倘若不含两直角,便不能成为"三角形"。三段论法所用的全称判断,乃类性判断而非集合判断。比方说"凡人皆有死",并非是数尽古往今来的一切人而作一总结账,乃是看出"人"与"死"中间含有必然关系而表之于全称判断。此所谓"全"重性不重量。精细一点,我们应该说,"若为人则必死"。依布拉德雷和鲍申葵看,凡全称判断实际上都是假言判断。数学派名学的代表罗素也是这样主张。全称判断既为假言判断,则三段论法的大前提就不能是寓有结论在内,换句话说,三段论法就不能算是"窃取论点"。因此,穆勒"由偏及偏"的话不甚精当。

布拉德雷和鲍申葵虽极力攻击穆勒由偏及偏一说,而却非替三段论辩护。他们俩攻击三段论法,比穆勒还要利害。依他们看,三段论法的大缺点有三:

(一)三段论法的大前提是假借来的,不是临时临境所推测出来的,其为真为伪,在三段论法本身中不能断定的。据真伪莫辨之大前提以得结论,则结论在形式上虽或有真伪可言,而实际上果为真为伪,亦如大前提之茫然无据。再论这个假借得来的大前提本身也是由另一三段论法推寻得来,而此另一三段论法又须假借另一大前提。此种推理恰成一直线状(linear reasoning)。表以形式则世间一切推理都应用连环式(Sorites),如:凡甲为乙,凡乙为丙,凡丙为丁,故凡甲为丁。此式展开便成下式:

凡甲为乙,

凡乙为丙,

故凡甲为丙。

凡甲为丙,

凡丙为丁,

故凡甲为丁。

观此式可知"凡甲为丁"之真伪,以借来的大前提"凡甲为丙"之真伪为转移,而"凡甲为丙"之真伪,又视另一借来的大前提"凡甲为乙"之真伪为转移。如此辗转推寻上去,至于最后大前提,仍不能以三段论法证明。旧名学家美其名曰自明公理(axiom)。但是自身不可证明的理,何以能拿来证明别的理,亦属一大疑问。总之,三段论法从题外借一判断为大前提而不能断其真伪,所以根基不稳固,而结论因而不足为凭。

(二)三段论法不能概括一切演绎推理。我们姑且研究下列几种推理,便易明了:

(1)A 在 B 之右,B 在 C 之右,故 A 在 C 之右。

(2)A 等于 B,B 等于 C,故 A 等于 C。

(3)孔子生于释迦前,释迦生于耶稣前,故孔子生于耶稣前。

(4)查理第一是皇帝,他被斩首,所以皇帝也许被斩首。

(5)一吨煤值三十先令,这是半吨煤,所以值十五先令。

这几条推理在实际上都毫无错误,而绳以三段论法的规则,则(1)(2)(3)(5)都有四个端词,都没有媒词,至于(4)则有媒词而不周延,所以都不是合法的推理。数学是应用演绎最广的科学,而数学中的等式如 A＝B,B＝C,故 A＝C,及比例式如 $1:30 = \frac{1}{2}:15$,既都不能表以三段论法,则三段论法的缺陷显然可知了。

维护三段论法的人往往设法把上列诸推理式勉强变成三段论法,如下例:

(原式)A 等于 B,　(变式)凡彼此同等于一数(B)者互相等,

　　　　B 等于 C,　　　　　A 与 C 同等于一数(B),

故 A 等于 C。　　　故 A 与 C 相等。

这种办法实太牵强。新铸的大前提太笨重,姑不必论,而在实际运思,吾人并未曾借助于此大前提。换句话说,我们只由"A 等于 B"和"B 等于 C"想到"A 等于 C"。"凡彼此同等于一数(B)者互相等"一个大前提是在运思之后矫揉造作来的,并没有在思想历程中担任何种工作。其实,岂仅这个例子是矫揉造作的,我们日常运思,有几次真用三段论法呢? 比方雨天出门带伞的人,除非是名学呆子,谁会依三段论想法:

　　　凡雨天出门者应设法御雨,

　　　凡设法御雨者应带伞,

　　　故凡雨天出门者应带伞;

　　　凡雨天出门者应带伞,

　　　我今天是雨天出门者,

　　　故我今天应带伞

呢? 三段论法尽管被名学家讲得天花乱坠,而实际是一种极不自然极无用处的玩艺儿。

　　(三)三段论法不能明示结论的宾词之特性如何(particularise the predicate in the conclusion)。科学的妙用不仅在综同而尤重别异。比方月球和其他物体都受重力定律支配,而月球运动则自循其特殊轨道。此特殊轨道如何,就是科学所当指点出来的。三段论法能够帮助科学寻出月球运动的特殊轨道么? 这全是不可能的。用三段论法,我们只能得下式:

　　　凡受重力定律支配者其运动如此如此,

　　　月球是受重力定律支配者,

　　　　所以月球的运动如此如此。

倘若我们应用重力于台球运动，所得论式如下：

　　　　凡受重力定律支配者其运动如此如此。
　　　　台球是受重力定律支配者，
　　　　所以台球的运动如此如此。

由此类推，则一切物体运动方法都是一样，我们无从寻出月球的运动
与台球运动之不同。同理，我们用三段论法，只能推出苏格拉底有死，
而不能推出苏格拉底是怎样死；能推出这一吨煤值三十先令，而不能
推出这半吨煤值十五先令。这显然是三段论法的一个大缺点。

　　鲍申葵推论旧名学之失，以为可以一言以蔽之曰，割碎实在而
不总观全体。演绎法以为真理可由零星的三段论法中发见，而不
知三段论法的大前提是从本推理范围以外假借而来的，如果大前
提本身不真确，则结论便不可靠，这固然是不能总观实在全体。就
是相信归纳法的人像穆勒的门徒也逃不了线状推理的窠臼。三段
论法假定所借大前提为真确，可为本推理之据；而归纳法则假定所
得结论可适用于新事例，以前事之已然责事后之必然，其失亦正与
演绎法相等。表之以符号，归纳法是从 A_1—B_1，A_2—B_2，A_3—B_3，
A_n—B_n 诸个别事例而推出 A—B 一个普遍公理，然后再用 A—B
公理为大前提以演绎新事例。这种由下而上的推理（arguing up-
wards）与演绎法之由上而下（arguing downwards），正如辅车相依。
穆勒所以异于他的地方是撇开 A—B 一层，从 A_1—B_1 直接推到
A_x—B_x。他自己以为这是一个重要的改革，其实他也还是不彻底。
实在界事事物物互为因果，循环无端。在这循环无端的圆状的实
在界中割取一片一段，据之以为推理前提，无论是用演绎法或用归

纳法,无论是由全及偏或由偏及偏,都难免陷于误谬的。

近代名学家知道分立孤零的前提不能为推理根据,所以主张一切推理都应该根据实在全体。上文论判断,已说明一切判断的主词都是实在。"二加二等于四"就是说"实在是如此:二加二等于四"。如果二加二不等于四,则实在全体便须倒塌。近代名学的推理论就是根据这个判断论。其实,判断与推理,在形式名学中是两件事,而在近代名学中则只是一件事。所以懂得近代名学的判断论以后,对于近代名学的推理论,便可无须费词。近代名学的推理论,布拉德雷在他的《名学原理》第二第三两卷已发其端。不过最近而最完备的解释要推鲍申葵晚年所著的《涵蓄与线状推理》一书,现在述其要义如下:

近代名学的根本假定,就是知识可能而实在全体不是虚幻的。怀疑者说,"世间无真理"。近代名学家驳问道:你既知道世间无真理,安知"世间无真理"一个前提自身是真理呢? 照鲍申葵看,对实在全体怀疑是自相矛盾。实在全体决不可假,所可假的只是全体中某一部分。全体中某部分之所以假,即因其与其他部分相矛盾,全体中某部分之所以真,亦即因其与其他部分相融洽。说具体一点,"地为平方"是假的,因为这个前提若是真的,近代天文地理便不能成立。"生物进化"是真的,因为这个前提倘若不真,则生物学地质学解剖学上种种事实都不能解释。宇宙是一个完整的大系统,其中各部分,大自无垠,小至微点,都是息息相通,牵此动彼。地球所以绕日运行,人之所以有死,我此时此地所以做此工作,以至于园中某花所以在某时放蕊,几上某一点微尘所以在它现在那一个地位安息,都非偶然,都是宇宙全体的性质逼得他不得不如此的。所谓推理(与所谓判断),即不外根据吾对于宇宙全体所有的知识,而推到"地球必绕日运行","人之必有死",以至于"某一点微尘之必在某一地位"。实在全体中已"涵蓄"(imply)这些真理在内。因为实在界各部分关系密切,我们并且可以说,"园中某一朵花此时放蕊"一件真理"涵蓄"有"某一点微尘在某一地位安息"及其他一切真理在内。"涵蓄"的意义拿数学比例式说明，便可了解。从3：9＝2：x比例式我们可以推出x的数量为6。x如不为6，则3：9决不等2：x。x的数量已"涵蓄"在这个比例式里。宇宙为比比例式，其中可表为前提式的种种事实为比比例中的已知数。判断或推理就是已"涵蓄"在实在全体的真理像拨茧抽丝似的拨出来。

依鲍申葵说，一切推理，都逃不出一个公式，就是"此若不真，则一切皆伪"(this or nothing)。反过来说，一切不能皆伪，则此不能不真。这就是"涵蓄"的意义。一切推理，都是把已"涵蓄"的揭开来，其所根据的是实在全体，不是假借来的前提。

这里或许有人要疑问：实在全体是极广大繁复不易捉摸的，吾人倘于每一推理，都要根据实在全体，毋乃不胜其烦么？诚然。近代名学只说实在全体是一切推理最后的根据；实在全体是一大系统，大系统之下有小系统，小系统之下又有更小系统。寻常运思，多只着眼于小系统，但此小系统必须与较大的系统不相矛盾。比方说，从"A在B之东"，"B在C之东"推论到"A在C之东"，我们心中先构成C—B—A一个系统，在这个系统未构成之前，我们不能直接看出A与B与C的关系。在这个系统既构成之后，"A在B之东"一个真理便显然呈现。所谓推理，只是构成系统而察出系统中各部分的互相关系。C—B—A一个系统里，A必在C之东，否则几何学上的位置方向（较大的系统）都是虚幻的。如果位置方向是虚幻的，则空间（更大的系统）是假的。如果空间是假的，则宇宙全体（最大的系统）便非如吾人所知者。一切推理，都可以由此类推。

鲍申葵之说如此。名学家对于这种学说也颇有不以为然的。博劳德(C. D. Broad)在英国哲学杂志《心》(*Mind*, 1920)里面，曾发表下面的批评：

鲍申葵的学说精华不外两点：一，就积极的方面说，任何前提都要根据实在全体。二,就消极方面说,旧名学所谓演绎与归纳,都是线状推理,都是在本推理范围以外假借前提以为根据,换句话说,都是割破完整系统,所以都靠不住。博劳德以为推理而完全不在本范围以外假借前提是不可能的。鲍申葵的"若此不真,则一切皆伪"一个公式,便须在本推理范围以外假借若干前提。他的公式完全表出则得混合的选言三段论法式;

> 若此不真,则一切皆伪,
>
> 一切不能皆伪,
>
> 所以此不能不真。

我们只要仔细研究一下,便可知鲍申葵也逃不了假借前提。第一,他至少须得假定矛盾律是真的。他的公式"若此不真,则一切皆伪"便完全建筑在矛盾律之上。他说对实在全体怀疑而却自己确定一切皆伪,是自相矛盾。不知怀疑者不但可以确定一切皆伪,还可以否认矛盾律。所以名学家至少须假定矛盾律,才可以进而推理。第二,他必须采用选言三段论法的原理,否则他不能从"一切不能皆伪"推到"此不能不真"。第三,他须得假定推理的普遍原则,这个原则就是:肯定前提即肯定结论。没有这个原则,我们便不能从肯定"若 A 为 B,则 C 为 D"与"A 为 B"两前提而肯定"C 为 D"的结论。

这三项事——矛盾律,选言三段论的原理和推理的普遍原则——都不是推理产品,因为先有此三项事而后才可进而推理。因此,世间有不由推理得来的前提,而寻常推理不能不于本推理范围以外假借前提以为根据。这是鲍申葵设想未周到的地方。

(载《留英学报》第 1 期,1927 年 10 月)

唯心哲学浅释

——在中华学艺社伦敦分社演讲

从前希腊人有一次在德尔斐神的面前求签,问当时谁是世界最聪明的人,神回答说:"苏格拉底。"于是就有人拿这个消息去报告苏格拉底。苏格拉底说:"我本来也和一般人是一样无知,不过一般人都自己以为有知,我自己却知道自己是无知,神说我最聪明,大概就是因为这一点。"

我今天讲唯心哲学,为什么开头就说这段故事呢?我的用意是要诸君先明白哲学是什么一回事。一般人都以为哲学好比一部百科全书,能给我们许多知识。其实哲学的最大功用不在给我们知识,在教我们明了自己实在无知识。哲学本来是想求真理,想得到真知识,而结果只是发见许多新问题出来,发见我们平时以为没有问题的东西实在还有问题,这就是说,发见我们平时自己以为知道的东西实在还是没有知道。所以苏格拉底是一位最大的哲学家，就因为他知道自己没有知识。

要懂得唯心哲学，第一步就要明了这一点。因为唯心哲学是最和我们的常识不相容的，所以我先请诸君暂且把常识抛开，假定自己是一无所知，来考究人和宇宙究竟是什么一回事。

"宇宙"这个名词太广大，太玄渺了，我的口袋里有一个橘子，我们姑且先来研究这个橘子，把宇宙暂时丢开。如果我们懂得这个橘子，自然也就懂得宇宙，因为"橘子是什么一回事？"和"宇宙是什么一回事？"根本只是一个问题。

这个橘子在这里，大家都看得见，摸得着；依常识说来，它自然是真实的。可是唯心哲学居然要问起"这个橘子是否是真实的？它是否像我们在梦里所见的橘子只是一个幻相？"你看这种问题可不是荒谬，可不是没有常识？但是我们慢些下判断，且来看看橘子的真实与否何以成为问题。

我们说这里有一个橘子，有什么凭据呢？我们的凭据是感官。我们的眼睛能看它，皮肤能触它，鼻子能嗅它，舌头能尝它。假如有人问我们的橘子是什么样子的东西，我们可以回答说，"它是黄的，圆的，香的，甜的，皮子很光滑的……"，所以我们可以说，我们知道橘子之所以为橘子是凭借感官的。

感官是不是知识的唯一的来源呢？不是。比如说"橘子是黄的"，我们何以知道这件东西叫做"橘子"，这个颜色叫做"黄"呢？我们知道它是橘子，因为已往见过许多同样的东西都叫做"橘子"，知道它是黄的，因为已往见过许多同样的颜色都叫做"黄"；换句话说，因为我们心中原来已有"橘子"的概念和"黄"的概念。概念是比较、分类和推理的结果，比如说，"凡是像某样某样的东西叫做橘子，这件东西是像某样某样的，所以它是橘子"。从这个例子看，我们应该说，我们知道橘子之所以为橘子，有一半是借感官，也有一半是借理解。

感官和理解原来是相辅而行不可分割的,但是它们的对象却有分别:感官所接触的是殊相,理解所领会的是共相。什么叫做"共相",什么叫做"殊相"呢？共相是公共的性质,这个橘子是甜的,那个橘子是酸的,可是都叫做"橘子",所以"橘子"是共相。殊相是个别的事例,这一个甜的橘子是殊相,那一个酸的橘子也是殊相。"黄"是一个共相,这个橘子的"黄",这块金子的"黄",或是这个面孔的"黄"都是殊相。古今中外的橘子都叫做橘子,所以橘子的共相随地都可用,随时都可用。随地都可用,所以它是无空间性的;随时都可用,所以它是无时间性的。殊相这个橘子是占一定空间和一定时间的,它既在这个时间存在就不能在别的时间存在,既在这个空间存在就不能在别的空间存在。感觉也是限于一定时间和一定空间的,所以只能达到殊相;理解是不受时间和空间限制的,所以能达到共相。

我们现在可以把上面的话作一句总结。我们知识所用的工具有两种,一种是感官,一种是理解;我们知识所有的对象也有两种,一种是殊相,一种是共相。殊相有时间性和空间性,要用感官去接触;共相无时间性和空间性,要用理解去领会。

我何以说许多话来解释感官和理解以及殊相和共相的分别呢？因为要了解无论哪一派哲学,起马就要先懂得这几个术语。现在我们懂得这几个术语了,且再回头来研究这个橘子。

我们已经说过,橘子有殊相和共相。殊相是这个感官所接触的橘子,共相是有适用于一切橘子的概念。现在我们要问:这两种橘子究竟谁是真实呢？我说"真实"而不说"实在",请诸君特别注意,因为"实在"两个字虽然比较顺口,而从唯心哲学观点看,却是互相矛盾的两个字,实者就不能在,在者就不能实。明白"实"和"在"的分别,我们就能明白我心中橘子的概念和这个感官可接触的橘子的殊相究竟哪一个是真实的。

什么叫做"在"呢？凡所谓"在"，都是指在某一个时间或是在某一个空间。这个橘子的殊相在这个时间在我手里，所以我们可以说它是"在"。什么叫做"实"呢？凡所谓"实"，是说不能变为"假"的，它既然是"实"，在今天是如此，在明天也还是如此；在这里是如此，在那里也还是如此；换句话说，它应该是没有时间性和空间性的。比如我们心中橘子的概念——就是橘子的共相——就是如此。今天我在这里遇见这么一个东西，我叫它为橘子，明天我在别处遇见这么一个东西，我也还叫它为"橘子"。"橘子"这个概念是不受时间和空间限制的，在任何时任何地都是真实的。"实者不在"的道理是如此，这是比较容易明了的。

什么叫做"在者不实"呢？我手里这个橘子是"存在"的，我们已经承认了，它是否可以"实"字去形容呢？我们根据感官的经验，说它是圆的。但是各人所见到的圆并不一致，你从远处看，说它是椭圆，我从近处看，说它是扁圆，几何学家记着他的几何定义，说它既不是椭圆，又不是扁圆，我们究竟谁见到橘子真实的形状呢？再比如说它是黄的，那就更有疑问了。从远处看它是深黄，从近处看它是浅黄；有色盲的人看它简直不是黄的。从物理学观点看，颜色不同由于光波的长短，同是一样光波，长一点是一种颜色，短一点又另是一种颜色。照这样看，橘子本来有色或是无色，就成为问题了。从这番分析看，我们于共相和殊相之外又发现"真相"和"现象"的分别。我们感官所接触的都是现象，都是外貌。各人在各时各地所见的现象都不相同，所以现象不能说是真相。所谓现象就是殊相在感官面前所现的形象，我们各人所见到的橘子都是现象，虽然各人所见到的现象也许和橘子的真相都有些类似，然而究竟都不是橘子的真相。"在者不实"的道理就是如此。

我们已经明白各个人所见到的在我手里的这个橘子都只是橘

子的现象而不是橘子的真相了,现在我们要问:橘子除了现象之外是否另有真相? 假如另有真相,真相究竟像什么样子呢? 它和现象的关系如何呢? 这个问题还可以用另一个方法来说明。比如形容这个橘子,我们说,"它是圆的,它是黄的,它是香的,它是甜的,它是光滑的⋯⋯"圆、黄、香、甜、光滑等等都是感官所觉察到的现象,除了这些现象以外是否还另有所谓真相和"它"字相当呢? 这个"它"字所代表究竟是什么东西呢? 哲学上所有的争执就是从这么样的简单的问题生出来的。许多哲学家闹得像老鼠钻牛角,找不到出路,都因为没有办法处置这个"它"字。

科学家说"它"字所代表的是"物质"。"物质"又是什么东西呢? 据说它是极细极微的原子或电子。这个橘子是无数原子构成的,这个桌子也是无数原子构成的,何以一个叫做橘子,一个叫做桌子呢? 科学家说,因为原子的运动和配合不同。这种说法能够把"它"字的问题解决完满么? 它不但没有完满解决,简直就没有去解决。原子究竟是什么东西? 它是否是可思议的可形容的? 如果它是不可思议不可形容的,我们就无凭据说它存在,说它是构成宇宙的。如果它可思议可形容,我们就要说"它是如此如此",结果还是离不去这不可能的"它"字本身。换句话说,原子不可能也还和橘子不可能是一个道理。

英国十八世纪哲学家贝克莱(Berkeley,1685—1753 年)就根本否认"它"字存在,在"它是圆的、黄的、香的、甜的、光滑的,⋯⋯"一个判断里的"是"字其实就是一种等号。在我们通常人看,把"是"字看成等号也并不是什么大不了的事,可是这一步的关键好不重大! 我们上面已说过,圆、黄、香、甜、光滑等等都是由感觉得来的。感觉是心的活动,没有心就没有感觉,没有感觉就没有圆、黄、香、甜、光滑等现象。你如果说这些现象就是"它",就是橘子,那末,如果没有心岂不是就没有这个橘子么? 扩而充之,如果没有心岂不是就没有这个世界么？贝克莱却老老实实的这样主张。当时有人把这个学说告诉文学家约翰逊说："这种学说虽然是荒谬，可是我们实在没有方法辩驳他呢。"约翰逊下劲用脚踢面前一块大石头，石头不动，他自己可是蹦回了好几步，于是很得意的说："我这样就辩驳了贝克莱!"我们一般人依赖常识，大半都要向约翰逊拍掌，可是你如果仔细想一想，就会知道贝克莱的主观唯心论不是可以如此轻易辩驳的。

　　贝克莱的唯心论也并非不可辩驳的。它的困难非常之多，我在这里不能详细讨论，只能提出一点来，作介绍康德的唯心论的线索。依贝克莱说，我们如果没有心，就没有方法知道世界，所以世界存在心的里面。这个"存在心的里面"（in the mind）是最难讲得通的。"存在"是必有空间的。这个橘子是有空间的，我的手也是有空间的，我们可以说"这个橘子存在我的手里"。心是不占空间的，我们如何可以说"这个橘子存在我的心里"呢？"空间"问题是科学上一个最大的难题，也是哲学上一个最大的难题。科学家和哲学家分析物质，都以为物质的要素是"占面积"（extension）和"运动"（motion），而这些要素都和空间有关。所以我们一日不能解释空间，就一日不能解释物质，就一日不能解释世界。有空间而后有"关系"，比如说"甲大于 B"，"爱丁堡在伦敦之北"，都是表示物和物的关系。近代哲学对于这种"关系"争得非常热闹，唯心派说"关系在内"，唯实派说"关系在外"。这种问题其实还不过是空间问题。

　　空间问题是最难解决的。物质占空间，而心却不占空间；假如我们要说物质是唯心的，必定先证明空间也是唯心的。证明空间是唯心的，是主观的，就是康德的一个大成就。康德如何证明空间是唯心的呢？比如说这个橘子，我们不能感觉它则已，如果能感觉它，必定感觉它在某一定空间。换句话说，这个橘子如果现形象在我们的心眼前面，它一定脱离不去空间，所以空间是外物呈现于人心的条件。这个橘子除非是存在空间里，我们就不能感觉它。但是反过来说，如果世间没有这个橘子，没有任何外物，我们却仍旧可以想象一个空空洞洞的空间。我们可以假想把一切事物毁灭去而空间仍然可存在；可是我们不能假想把空间毁灭去而万事万物仍旧可存在。所以在理论上说，察觉外物之前须先以察觉空间为条件。所谓"察觉外物"就是我们通常所谓"经验"。所以察觉空间须在经验之先。有空间而后有经验的可能，所以空间不是从经验来的，既然不是从经验来的，它就不是存在外物界的。空间既不存在外物界而人心察觉外物又不能离开空间，那末，空间自然是心的产品了。换句话说，我们的心察觉这个橘子时，必定察觉它存在某一空间，这并非是橘子带着空间印进我们心里来，乃是我们的心带着空间套在橘子上面去。空间是我们的心察觉外物时所必用的方式，没有心去察觉外物就没有所谓空间。比如戴黄眼镜时看见外物都是黄的，黄是由于眼镜，并不是由于外物，空间对于心和外物的关系，也犹如黄色对于黄眼镜与外物的关系。

空间是心知物所必具的形式，这种形式康德称之为"范畴"（category）。他用同样的推理法证明时间也是如此，证明时间和空间之外，还有十二个范畴，都是心知物所必具的方式，如"因果"就是其中之一。

康德把"空间"证成唯心的，他是否把橘子也证成唯心的呢？是否把全世界都证成唯心的呢？奇怪得很，他并没有走这一着。他以为这个橘子有现象，有真相。我们所能用范畴察觉的只有现象，如这个橘子的圆、黄、香、甜等等性质。这些现象从什么地方发出来的呢？它们是从"事物本身"发出来的。"事物本身"就是橘子的真相，就是上文所说的"它"字，就是圆、黄、香、甜等等性质所附丽的本体。这个康德所认为真实的"事物本身"究竟像什么样子呢？康德老实不客气的答道，"我不知道，因为它是'不可知的'"。因为我们的心是如此构造的，不用时间空间就不能察觉外物，不用十二范畴就没有方法去思想。时间空间和十二范畴都只能应用到现象上去而应用不到"事物本身"上去的，所以我们能知道者尽是现象，"事物本身"却绝对不可知。一句话归根，康德一方面以为人所可知的世界全是唯心的，而同时只承认这个世界只是现象，它的后面还另有一个不可知的真实世界是离心而独立的。所以康德虽然想建造一个彻底的唯心哲学，而结果仍是走到极不彻底的心物二原论那一条路上去了。

康德之后，唯心派最大的健将是黑格尔。黑格尔的哲学就是从打破康德的"事物本身"出发。康德的"事物本身"本来是一个极自相矛盾的观念。第一，"事物本身"既不可知，我们又何以知道它存在呢？第二，它既不可知，我们又何以知道它是现象的来源呢？康德以为现象一定要有一个本体可附丽，所以抬出一个不可知的"事物本身"出来，不知道这在逻辑上是说不通的。黑格尔所以痛痛快快的把康德的"事物本身"一刀砍去。

"事物本身"既然砍去了，所剩的是什么呢？所剩的全是可知的现象。否认"事物本身"就是否认宇宙中有所谓"不可知的"东西。因此，一切事物都变成心的内容了。这里诸君也许要问：黑格尔这一步不是要回到贝克莱的主观唯心论么？不然。黑格尔的哲学中有一条最基本的原则叫做"相反者之同一"，根据这条原则，他把心和物的界限打破了。他承认心是真实的，他承认物也是真实的，他承认心和物确实是相反的，可是他又主张心和物是同一的，同是一个实，从一个观点看，叫做心；从另一个观点看，叫做物。这话是怎样讲呢？我们先从物方面说。我们在上面说过，我们知道这个橘子是黄的，因为心中先已有黄的概念。拿心去知物都离不掉概念。比如这个橘子，它是什么呢？它是"圆"、"黄"、

"香"、"甜"一大堆概念挂在一起的。由这样看,每个殊相(橘子)都是许多共相(圆、黄、香、甜等等)集合成的,这就是说,每个"物"都是由"心"造成的,"物"离"心"便毫无意义可言。这个道理是从前贝克莱一般主观唯心论者所看到很清楚的。但这只是一面的真理。从前人只看到物离开心就不能成立,"心离开物能成立么"? 这个问题他们简直没有想到。我们来把心分析看,心究竟是什么一回事呢? 笛卡儿说过"我思故我在";唯心哲学加上一句说"我在故物在"。这个"我"是什么东西呢? 我们把眼睛回看自己的"心",回看自己的"我",能看见什么东西呢? 我们只能觉到"心"是有意识的;意识又是什么东西呢? 意识是许多观念印象概念所组成的一条河流。观念印象等又何自而来呢? 它们是从外物界感觉而来的。除开意识我们是否另外有一个意识者,可以叫做"心",可以叫做"我"呢? 这种精光净的"心"在想象上是否能存在这是学者所聚讼的;它在实际上是不能存在的,这是学者所公认的。经过这番分析,我们见到心离开物也是不能成立的。没有心固然不能有物,没有物也就不能有心。因此,黑格尔说,心和物虽相反却是同一的。

　　心物的界限既然打消,结果是怎么样呢? 这里照中文的意义说,我们不能把黑格尔哲学称为唯心论了。唯心论的原文是idealism。黑格尔的哲学通常叫做 objective idealism,依字面应译为"客观的唯心论",不过这在中文中是自相矛盾的名词,既是客观的就不是唯心的,既是唯心的就不是客观的。可是原文objective idealism 却可以说得通,因为 idea 一个字起源于柏拉图,柏拉图所谓 idea 就是"理式",就是"共相",原来是偏重客观的。从这一点看,可知以"唯心论"译 idealism 很有些不妥当,译作"唯理论"或较好些。这里我因为要通俗,所以沿用旧有的译名。黑格尔哲学是最看重纯理的,所以通常称为"泛理主义"。他以为整个宇宙,全是可以由"理"中推证出来的。

他的著名的推证法就是根据"相反者之同一"的原则。我现在姑且举一个例子来说明。比如"有"(being)和"无"(nothing)是相反的,但是在"变"(becoming)里它们却变成同一。这话怎么样讲呢?我们且来分析"有"的概念。什么叫做"有"?"有"是一个极抽象的概念,是一个最高的共相,就是我们所说"万有"的"有"。宇宙中事事物物尽管千变万化,而在"有"的一点是相同的。比如这个橘子和我的心是极不同的东西,橘子有颜色而心没有颜色,橘子有形状而心没有形状,橘子占空间而心不占空间。可是世间"有"这个橘子也"有"我的心,所以就"有"一点说,这个橘子和我的心是相同的。"有"是我的心和橘子的共相,是一切事物的最高的共相。"有"这个概念如何得来的呢?就是把万事万物的个性一齐剥去而专提出"有"这一个共同点。比如这个橘子是圆的、黄的、香的、甜的等等,我们须把圆的、黄的、香的、甜的这一切个性一齐丢开而专提出它与一切事物所公同的"有"。所以"有"是不含任何个性的,这个不含任何个性的"有"是很空虚的,所谓"空虚"其实就是"无"。纯粹的"有"是"无"任何性质的。因此,"有"之中就含有"无"在内。但是"无"是空虚,空虚也是一种"有",所以"无"之中也含有"有"在内。"有"和"无"根本既然相同,所以由"有"可以转到"无",由"无"也可以转到"有",由"有"转"无"或是由"无"转"有",这话就叫做"变",所以"变"是调和"有"与"无"的。应用同样的推证法,黑格尔证明世界许多在表面看来似乎相反的东西其实都可以用一个较高概念来调和。所以宇宙就全体看,是没有冲突的,是极有理性的。凡所谓冲突都是局部的,局部的冲突应该在全体中求调和。唯心哲学把全体比部分看得较重要,所以在政治思想方面绝对反对个人主义。从这一点看,我们就可以明了何以近代德国的国家主义和俄国的共产主义都与唯心哲学有关。

我这番话是唯心哲学的一个极粗浅的解释。唯心哲学还有许多很重要的原理，别派哲学家有许多攻击唯心哲学的理由，我在这里限于时间都不能详细讨论了。

（载《中学生》第 6 期，1930 年 7 月）

答《反唯心哲学浅释》

剑生先生：

今天接到《中学生》杂志，知道先生对于我在该杂志第六号所发表的《唯心哲学浅释》一文的"纠正"。我本来没有闲工夫打笔墨官司，稍有哲学知识的人们拿我的原文和先生的"纠正"比较，自然见出谁是谁非，似乎用不着答辩；不过先生轻以"不忠实"和"欺骗中学生"的罪名相加，我实在有点不敢当。近来常看到自己没有看清自己而轻易谩骂他人的文字，这是学术界一个很坏的风气，所以我对于先生不能默尔而息。

我对于先生的答辞可以分几层说：

第一，先生既动笔批评我的文章，自然应该先把我的立脚点认清楚。唯心哲学不是我所特创的。我说空间唯心的时候，明明说道这是康德的见解；说有无相生的时候，明明说这是黑格尔的见解。先生却硬把它认为我自己的学说，一则曰"我终不相信先生对于时间和空间下以这样的曲解"，再则曰"这简直是胡闹"。这是拿牛头来对马嘴！我也并非说康德、黑格尔的学说就不可批驳。但是我是介绍他的学说的，先生如果要批评我，只能说"康德和黑格尔所说的话不是像你所说的，你没有懂得他们"。先生没有看过康德和黑格尔的著作，没有认清我的立脚点，漫口骂我"胡闹""不忠实"，先生问得过去良心么？

第二，先生既然出马来和我辩论，应该谨守逻辑，不应该拿"想当然耳"的话来作论据。我在原文中说：

> 哲学的最大的功用本来是在求真理，想得到真知识，而结果只是发见新问题出来，发见我们平时以为没有问题的东西实在还有问题。

我以为学问的难处在此，学问的引人入胜的地方也就在此。先生引了这段文字在后面加这样"揣摩其词"的话：

> 真是越弄越糊涂了。……依先生的意思，真知识是求不得的，弄不好还要弄出新问题来，横竖是解答不完的。

我真不懂得先生根据什么推理方法，从我的原文推出这么一个结论来！吕不韦悬书国门，以千金征求能改其一字者，我愿意用同样的方法，征求一个人来证先生的推理合乎逻辑！

第三，我在原文是介绍唯心哲学，先生既然"敢大胆的纠正我的错误"，至少对于哲学也应该读过几本书，至少对于心理学和名学有基本的知识。我仔细把大作读（并不曾拜）过一遍，只觉得不但性分相投的朋友才好谈心,就是找一个辩论的敌手,也得彼此有若干了解的可能性,我就是有话也实在是无从说起。

先生没有懂得概念和知觉的分别,没有懂得共相和殊相的分别(我不说要先生赞成这些分别,不过说先生既然拿它们摆在口头,至少要明白它们的意义)。我在原文说:

> 比如说"橘子是黄的",我们何以知道这件东西叫做"橘子"呢?何以知道这个颜色是黄的呢?我们知道它是橘子,因为已经见过许多同样的东西都叫做"橘子";知道它是黄的,因为已经见过许多同样的颜色都叫做"黄";换句话说,因为我们心中原来已有"橘子"的概念和"黄"的概念。概念是比较,分类和推理的结果。比如说"凡是某样某样的东西叫做橘子,这件东西像某样,所以它是橘子"。从这个例子看,我们应该说,我们知道橘子之所以为橘子,有一半是借感官,也有一半是借理解。

这番说明感官和理解不可分割的道理,本来是很明白,而先生却说:

> 感官是感觉的官能,眼睛看它,皮肤触它,鼻子嗅它,舌头尝它等,不过理解是什么东西,我倒还没有弄清楚。

"心不占空间"这是哲学家们所公认的,这所谓"心"(mind)是指纯粹的思想功能而言,而先生把它误认为具体的器官(heart),很神气的问道:"物质占空间,他是不生问题,心不占空间,试问有何证据?"先生在下文又拿"心"和"空气"相比。

从这些话语看来,从先生的推理立论的方法看来,我不敢相信先生对于哲学心理学和名学有中学生所应有的知识。

总而言之，我又请问先生：你说纠正我的错误，是从哲学观点呢，还是从科学观点呢？

如果是从哲学观点，我只好劝劝先生稍读几部书，知道哲学是什么一回事，然后再来说话。我在这里并不敢"大胆纠正先生的错误"。

如果从科学观点，我不愿在这里把科学哲学的论战的尸骨再发掘出来，只把先生说的话引几句在这里：

> 视觉神经为什么能够看，嗅觉神经为什么能够嗅，这种问题就是先生所说的"想得到新知识而结果只是发见许多新问题出来"的新问题，暂时还不能解答出来。（请找一部心理学看看。）

> 原子存在与否，虽不能实验给先生看，但是根据一般科学家的多方的分析，已经证据确实，不到几年，先生一定可以看到原子的实验。（总共转三个弯。）

先生之说如此，请海内外科学家们审查先生的科学家的资格，审查先生是"忠实"还是"欺骗"。

我不愿再辩下去，是非听诸学术界的公裁罢。

孟实

十九年十月十日

（载《中学生》第 11 期，1931 年 11 月）

黑格尔哲学的基本原理
——黑格尔怎样比柏拉图和康德走进一步?

一

在普通说话时,我们连言"实在",其实精密的说,实者不在,在者不实。这个分别是唯心哲学的最大关键;要明白了解黑格尔,第一步须得明白"实"和"在"的分别。

所谓"在"是指占时间空间而言。心灵活动如感觉意象等等是只占时间的,自然界事事物物是兼占时间和空间的。既不占时间又不占空间者都不得言"在"。我们可用手指点的这匹马或那匹马是存在的,而马的共相(马之所以为马),可应用于一切个别的马,就没有时间和空间的限制。同理,白雪,白玉,白马,白人都可存在,而白雪之白,白玉之白,白马之白,白人之白,这个"白"的共相是不能谓为"在"的。总而言之,凡殊相(如这匹马或那匹马)皆"在",凡共相(如马之所以为马,白雪之白等)皆不"在"。

何以言"在者不实"呢?我们须先分析"实"是什么。名学上的"实"和普通语言中的"实"完全是两件事。在普通语言中,"实"和虚对举,就眼前事物说,园中这些鲜丽的花,阶前这些磊磊的石,眼看得见,手触得着,这是一般人所指为"实"的。但是他们果真是"实"么?比如我手中这块石头,他究竟是什么一回事呢?凭借感官的经验,我说:"他是一个圆、白、硬、重、冷的物件。"但是圆、白、硬、重、冷都不是这块石头所专有的特质,除着这块石头以外,世间圆的物件,白的物件,硬的物件等等还多得很。但是你如果把圆、白、硬、重、冷诸共相一齐剥去,这块石头便一无所有,你便没法了解这个"物件"自身。这块石头既不能无恃于圆、白、硬、重、冷诸共相而独立存在,又不能常存永住,他可雕成别种形状,染成别种颜色,或者经化学作用,变化成一种与自身完全不相同的物件。所以严密说起,这块"在"我手中的石头不能谓为"实"。"实"者无凭借而独立永住,这块石头却只借若干共相而得意义。其他一切类似这块石头的殊相也都恃共同而存在,自身配不上受"实"字形容。

何以言"实者不在"呢?凡"实"者必无凭借而独立永住,不但为诸共相所凑合的幻发的现象;它是现象所凭借的,现象所自出的,他是普遍原则,而特殊事物只是它的个例。这种特质只有共相才具备。比如世间尽管没有这块石头,而圆、白、硬、重、冷诸共相仍可想象;但是世间如果没有圆、白、硬、重、冷诸共相,便不能有这块石头。这块石头不"实",而圆、白、硬、重、冷诸共相则皆"实"。凡"实"皆为共相,共相不是特殊的个物,没有时间性,没有空间性,所以不能谓为"在"。你在世间可指出白人,白雪,白马,白玉等殊相,说它在某时,在某地,但是人,雪,马,玉等物所公有的"白"是不能在某时某地特别指点出来的。

<h1 style="text-align:center">二</h1>

　　"实"和"在"，共相和殊相，将他们分别开来还是易事，可是公开以后，如何叫他们发生关系，如何凑合起来成这现成宇宙，却是一个哲学有史以来的最大难题。一方面我们看见占时间与空间的这匹个别的马，一方面我们又有不占时间不占空间的一个无所不包的马的共相。个别的马是杂多的，马的共相是单一的。这杂多的殊相与单一的共相有何关系？马的共相是从杂多的个别的马归纳成的抽象么？杂多的个别的马是都从一个马的共相中生出来的么？推广一点说，我们感官所感触到的这个殊相世界是从我们单用理智所能想象的共相世界生出来的呢？还是共相世界从殊相世界生出来的呢？无论是谁生谁，生的方法又什样呢？这种类似"鸡生卵抑卵生鸡"的问题搅挠过柏拉图和亚理斯多德，搅扰过斯宾诺莎和康德，最后他又搅扰过黑格尔。黑格尔的企图在采取柏拉图和康德的学说精髓，淘去他们渣滓，来解决他们所不能解决的难题。

　　柏拉图是唯心哲学的不祧之祖，他怎样说呢？我们在这里只能谈到他的学说中影响到黑格尔的一部分。第一，他证明感官界不能有知识，一切知识都是以概念为材料的。比如我的身体觉得冷，一般人都以为这是由感官得来的知识。柏拉图说，不然。我何以知道我的身体所觉得的是冷呢？我又何以知道觉得冷的是我的身体呢？我知其为冷时，我已先把这个特殊的感觉和过去的感觉相较，于是才把他归入"冷"的一类，这就是说，"冷"已成一种概念。同理，我知其为我的身体时，我也用过比较分类集总诸作用把它造成一个概念了。再比如这块金子是黄的，"金"和"黄"也都是概念，不是某一时某一境的特殊感觉。他把这种概念称为"理式",就是后人所称的"共相"。第二,他把这种共相看成客观的。在一般人看,我见过许多黄的事物,心中然后形成"黄"一个概念,所以概念(即共相)是心的产品,是主观的。这就是说,离开从殊相中摄出共相的心,不能有共相。柏拉图说,共相是自能独立存在的。比如我手中这块石头,当然是一个不依我的心而独立存在的物件。但是这块石头全是圆白硬冷重诸共相所组成的。这块石头既不依靠我的心而存在,圆白硬冷重诸共相自然也不依靠我的心而存在,这就是说,它们当然是客观的。柏拉图的"客观的共相"一个概念是"客观的唯心主义"所自出,在黑格尔哲学中占极重要的位置。第三,柏拉图既否认感官界有知识,所以否认感官所感触到的殊相世界为真实。在他看,世间只有"理式"是真实,殊相只是共相的影子。世间先有马的共相("马之所以为马"),一切个别的马都只描摹这个马的共相。柏拉图把共相界看成一个独立世界,于此以外,他又假定一个超时间和空间的"神",和一个空洞的"物质"。比如说,"这块石头是圆的白的冷的硬的重的……",柏拉图以为把圆白冷硬重等共相剥去以后,还有这些共相所附丽的"物质"(相当于"这是白的","这是圆的","这是重的","这是硬的","这是冷的"诸语中的"这"字,即后来斯宾诺莎所谓"本质",康德所谓"不可知的事物本身")。"神"取圆白冷硬重诸共相印到这空洞的"物质"上,于是这空洞的物质变为这块石头。

柏拉图这种学说有许多破绽,我们稍加思索,便可见出。他所形容的共相界产生殊相界方法未免太近于玄秘了。"神"的概念固然渺茫难寻,空洞的"物质"尤其是一个自相矛盾的概念。它既非共相,又非殊相;一方面它不具任何性质和形式,而另一方面它又与共相同为超时间和空间的,这叫我们如何思议呢?而且据他看来,石头有石头的共相,椅子有椅子的共相,共相界仍然和殊相界一样繁复,一样纷乱,我们终于寻不出一个包含万象的"最初原理"来,总而言之,柏拉图的共相解释殊相,本已牵强,而"神"何由生?"物质"何由生?"共相"何由生?诸问题他都没有顾及,更是一个缺憾。

<h1 style="text-align:center">三</h1>

柏拉图后二千余年之中,唯心派哲学奄奄少生气,到康德才为唯心主义大坚其壁垒。康德算是比柏拉图更进一步。他把共相分成"感官的"和"非感官的"两种。"感官的"共相是后经验的,"非感官的"共相是先经验的。比如说"有些玫瑰花是白的"一个判断,其中"玫瑰花"和"白"都是"感官的共相",因为他们是由感官经验得来的。但是这个判断名学上具"若干 S 为 P"的形式。这个思想形式是普通的,不含任何特殊的感官得来的材料,而却含有共相。第一,它是偏称而非全称,所以含有"复"一个共同。第二,它说到"为",是肯定而非否定,所以含有"实"一个共相。康德用同样方法分析纯粹的思想形式,得十二个类于此的共相,把它们叫做"范畴"。这十二个范畴都是先经验的,纯形式的,无内容的,所以都是"非感官的"共相。"感官的"共相是偶然的,"非感官的"共相是必然的。一个物件可以红,可以白,可以不红不白,但是它非"单"则"复",非"实"即"无";我们可以假想一个世界,其中没有"红","冷","圆"等等"感官的"共相,但是假想一个世界,其中没有"肯","否","偏","全","必","偶"诸非感官的共相,却不可能。就康德看,这十二范畴是以心知物时所必具的形式,和"时""空"两个概念一样,都是心的产品,不是存于物界的,这就是说,他们都是主观的。十二范畴既全是主观的,而吾人知觉事物又全赖这十二范畴,所以吾人所能知觉的事物也都是主观的,唯心的。大地山河,全为

心造,就人而言,舍心无物,这是唯心主义的要旨。但是康德又说吾人只能知事物的现象,不能知事物的本身。比如我手中这块石头,我所能知道的只不外"这是圆的","这是硬的","这是白的","这是重的","这是冷的",圆白硬重冷诸性质都是形容"这"的,都是"这"的现象,"这"本身究竟如何,我们却完全不知道,而且也绝对不能知道。因为"这"(康德所谓"事物本身")是超时间和空间的,不是十二范畴所能笼罩的,所以不是心所能知觉的。

康德的这种学说有两大难点。第一,他用十二范畴来解释知识,这就是说,用"非感官的"共相来解释这感官所经验的殊相界,而却不曾想到这十二范畴,这些"非感官的"共相其自身也还待解释,何以有范畴?而范畴又何以限十二个?十二范畴中有无互相关系?他们上面是否另有一个兼容并包的"最初原理"?这些问题都是我们急于了解的,而康德却不曾给过答复。第二,康德以为"事物本身"不可知,而可知者仅现象,照这样说,心与物中间终于存着一条不可跨越的鸿沟,而唯心派的大师终于陷入心物二原的旧窠臼。他的"不可知的事物本身"一概念尤其自相矛盾。他假定"事物本身"为现象所自出,为现象之因,而忘却"因"既是心知物的范畴之一,便不能应用到康德自以为范畴所适用不到的"事物本身"上去。如果它不能为现象之因,我们又何必假定它的存在?而且一方面既断定其不可知,一方面又断定其存在,这也就不啻说知其不可知了。

<h2 style="text-align:center">四</h2>

黑格尔的全部哲学可以一言以蔽之,他采取柏拉图的"客观的共相"之说和康德的"非感官的共相"之说,把他们的"物质"或"事物本身"打消,然后把心物证成同一的,把宇宙证为"非感官的"共

相之产品,把诸"非感官的"共相证为一气贯串的。总而言之,他是绝对的唯心主义,是绝对的一原主义。这几句笼统的话待下文详加解释,便易明了。

概括的说,哲学的任务在解释宇宙,在解释这偌大乾坤中纷纷万象何自来。科学家只知求"因",不知宇宙是不可以"因"解释的。这有两层理由。第一,果上有因,因上又必有因,辗转推寻上去,最后必达到所谓"最初因"。这"最初因"无论其为"神",为"心",或为"物",自身还是不可解的秘奥。比如你说"世界是神造的"么? 神又是谁造的? 以"因"解释宇宙,其结果必为"无穷回溯",最后还是止于神秘。第二,由"因"到"果",其进程如何,也是不可思议。比如"热"是"因","涨"是"果","热"和"涨"全是两件事,何以此能致彼? 这个问题并不如一般人所想的那样简单。休谟已经告诉我们,"因"和"果"关系并非必然的,从"热"的概念中我们不能推出"涨"的概念来,我们见过热尝致涨,却无法断定热必致涨。我们既要解释宇宙,须得证明"某为某"之"必然"。黑格尔知道"因"不能解释"必然",所以提出"理"来。他所要证明的不是"宇宙是有原因的"而是"宇宙是有理性的"。他所谓"理"就是名学上"推理"之"理"。比如三段论法中前提之产生结论就是根据"理"。从"热"(因)概念虽不能推出"涨"(果)概念,而从"凡甲为乙"和"凡乙为丙"两前提能推出"凡甲为丙"的结论。从因到果,并非必然,而从前提到结论,则为必然。这就是"因"与"理"的不同。还不仅此,"因"之上须另有"因",而"理"之上却不必再有"理"。因与果在时间上有先后的分别,而"理"是共相,超时间与空间,所以没有时间上的先后。"因"是个别的,所以只能谓为"在","理"是普遍的,所以只能谓为"实"。凡"在"者皆有所依赖,凡"实"者皆无依赖而能独立。比如说"神是宇宙的最初因",你可以问"神的因又是什么?""凡甲为丙"的理寓在"凡甲为乙"和"凡乙为丙"之内,你如果问:"何以凡甲为乙,凡乙为丙时,则凡甲为丙?"换句话说,你如果问"凡甲为丙"的理由的理由,你的问题就漫无意义了。

黑格尔的目的就在证明宇宙万象都是"理"所维系起来的,好比"凡甲为乙","凡乙为丙"与"凡甲为丙"之自成一推理系统一样。换句话说,他把"理"当作前提,把宇宙看成一种名学上的结论。宇宙从"理"中演出,没有"理"便没有宇宙。但是理即寓在宇宙之中。宇宙是"理"的表现,宇宙逐渐向前进,"理"也逐渐显出,并不如"神"之先于宇宙。在时间上"理"不先于宇宙,所以"未有宇宙之先,理为何如?""理之先又有什么?"诸问题不能成立。这就是说,如果我们把宇宙的"理"推寻出来,证明宇宙由"理"演出,我们就算把宇宙解释得妥帖了。

"因"(如热之于涨)自身也是一种事物,以"因"解释事物就是以殊相解释殊相。殊相"在"而不"实",不能无依赖而独立。以殊相解释殊相,是以自身尚待解释者来解释所解释者,所以不能透澈。黑格尔知道殊相不能以殊相解释,故弃"因"而言"理"。他的"理"又称"概念",就是"实"而不"在"的共相。我们在上文已说过,唯心派大师如柏拉图,如康德,都曾用共相解释过宇宙,都陷入矛盾。黑格尔何以又走这条没有走通的路呢?

黑格尔的共相是另有一种特殊意义的。我们在上文已说过,柏拉图把共相当作客观的而却没有见出"感官的"共相和"非感官的"共相的分别。康德见出这个分别而却没有见出共相是客观的。黑格尔所用以解释宇宙的"理",就是康德的"非感官的"共相(即范畴),不过他采取柏拉图的学说,把康德的主观的范畴变为客观的。

他何以不满于柏拉图,一定要单提出"非感官的"共相来解释宇宙呢? 这还是殊相不能解释殊相的道理。殊相自身是个别事物,所以不能解释个别事物;"感官的"共相如"红"、"冷"、"圆"等等自身是基于感官经验的,所以也不能解释感官所经验的世界。在时间上,"理"虽不先于宇宙,而于名学上,"理"却不能不先于宇宙,不能不先于经验。"理"就是名学上的形式,而感官所经验的世界则为形式所应用的实质。比如说:

$$A\begin{cases}凡玫瑰花都是美的, \\ 若干玫瑰花是红的, \\ 故若干红的物件是美的。\end{cases}$$

这一个三段论法若把实质剥去而专言形式,则如下式:

$$B\begin{cases}凡甲为乙, \\ 若干甲为丙, \\ 故若干丙为乙。\end{cases}$$

B式是A式所含的纯理,A式是B式应用于实质。在时间上我们不能说B式存在于A式之先,因为B式是纯形式,没有时间的限制。但是在名学上我们可以说B式先于A式,因为我们可想象B式在而A式不在,但是B式不在而A式在,是绝对不可思议的。这就是说,专从名学着眼,形式应先于实质,先经验的"非感官的"共相应先于后经验的"感官的"共相。"理"是前提,宇宙是结论,解释宇宙的"理"在名学上应先于宇宙。"感官的"共相如"红"、"美"、"玫瑰花"等等是组成宇宙的,自身也待解释,所以不能拿来渗入解释宇宙的"理"。柏拉图以椅子的共相解释个别的椅子,不知道椅子的共相自身也还待解释。他所以致误,就由于没有把"感官的"共相和"非感官的"共相分开。黑格尔的"绝对"是把感官所经验的实质一齐剥净,只留下像康德的范畴那种的纯形式。

五

黑格尔何以又不满意于康德,一定要把他的范畴变为客观的呢? 这个问题是唯心哲学的枢纽,我们须详加讨论。如果真正要把宇宙解释得妥当,我们应该证明两个前提:第一,有宇宙必有范畴;第二,有范畴必有宇宙。康德只证明范畴是宇宙必有的条件,如果无范畴,宇宙对于我们便不能存在,因为先有范畴,然后我们才能知觉宇宙。但是有雨虽必有云,有云却不必有雨;有宇宙必有范畴,有范畴却不必有宇宙。康德却未曾证明有范畴必有宇宙。黑格尔就想替康德成就这未竟之绪。他在名学中把维系宇宙的范畴或理式抽绎出来,证明他们是一气贯串的;在自然哲学中又从范畴中演出宇宙万象。从范畴中演出宇宙,其实就是从心演出物。要从心演出物,我们须把心与物中的鸿沟打消,这就是说,须把心物二原说根本推翻。柏拉图和康德不能把共相和殊相凑合起来成这现成宇宙,就因为一个假定共相附丽于"物质",一个假定现象后面有"不可知的事物本身"。我们在上文已说过"物质"或"不可知的事物本身"一个概念是自相矛盾的。既假定其不可知,何以又知其存在? 何以又知其为现象所自出? 黑格尔看出这个破绽,爽爽快快的用快刀斩乱丝的办法,把这神秘的"不可知的事物本身"一刀斩去。从此以后,一切事物皆可知,一切可知者之外无事物了。再拿我手中这块石头来说法。"这是圆的,白的,硬的,冷的,重的。"柏拉图和康德都把"这"看作唯物的,把圆白硬重冷诸共相看作唯心的,前者不可知而后者可知。他们不曾究问:唯心的和唯物的中间既然有偌大的不可跨越的鸿沟,如何能贴合起来呢? 黑格尔把"这"和"圆白硬冷重"诸共相看成同一的;离开"圆白硬冷重"诸共相,别无所谓这块石头,离开可知的现象以外,别无所谓"不可知的事物本身"。总而言之,知物的心,和心所知的物完全是一件事。我们把这一件事看作意识内容时,则称之为"心",把它看作意识对象时,则称之为物。黑格尔哲学中有一条极重要的原则叫做"相反者之同一",心和物的关系便是一个实例。心与物相反,因为一是意识者,一为所意识者;心与物同一,因为可知者以外别无"事物本身",一切物都是意识的内容。比如我手中这块石头,一方面看来,它本"非我",存于我之外;这是心与物的相反。但从另一方面来看,它在意识内容之内,它存在于我之外,却非完全外于我的意识;如果完全外于我的意识,就是完全不可知,这是心与物的同一。

照这样看来,黑格尔所主张的是极端的唯心主义,他的范畴,他的解释宇宙的"理"也应该是心的产品,何以他又把它一定要看作客观的呢? 这个问题可以用两种话来回答。第一,我们在上文已说明只有"非感官的"共相可以做解释宇宙的"理"。"非感官的"共相确如康德所说的,是"先经验的"。康德如果能鞭辟入里,一定想起它既是"先经验的",在名学观点看,就不得不先于世界,不得不先于个别的心,这就是说,它不得不为客观的。第二,在表面看起,心物既同一,一切共相似皆应为主观的;但是你如果穷究到底奥,便可见出心物同一仅足证共相之为客观的。"客观的"一词在西文为 objective,这个字原从"物"object 变来的,严格地说,它应译为"关物的"(同理,subjective 应译为"关主的")。我们为通俗起见,所以沿用旧译。但是我们如果记起"客观的"就是"关物的",对于目前问题便较易明白。心物既同一,心所知者以外既别无"事物本身",则凡所谓"物",都是诸共相的集合体,犹如我手中这块石头是圆白硬冷重诸性质的集合体。照这样看,一切共相都是"关物的"或"客观的","非感官的"共相自然也不在例外。柏拉图证明共相为"客观的"即据这个理由,黑格尔在这一点是受柏拉图影响的。

六

柏拉图的理式，康德的范畴，都是多原的，没有一个最高原理将它们贯成一气。理式与范畴所解释的宇宙固然要是有理性的，它们自身更不能不有理性。柏拉图和康德没有把理式与范畴将宇宙解释妥帖，自不用说，而他们把理式和范畴只像一盘散沙似的摆在那里，没有证明他们自身也是有理性的，这是他们的哲学中第一大缺点。黑格尔对于哲学的最大贡献也就在把这个缺点弥补起来。他在为名学中证明诸范畴虽本杂多，而彼此却互相生演，互相因依。范畴全体（即绝对）是一个息息相通的有机体，好比一个圆圈，圈上点点相衔接。它的"理"即寓于己体之中，在己体以外，用不着另寻理由。说宇宙起于神，起于心，或起于物，这起点自身终不可解。"理"实而不在，在时间上无始无终，所以我们不能问它何自来。

在时间上"理"虽无始无终，而从名学观点看，组成此"理"的诸范畴则有轻重先后的分别。辩证诸范畴之自相生演时，我们也不能不抓住一个起点。这个起点不是可以信手拈来的，它必为一切范畴所自出，这就是说，它必为名学上的最初范畴。名学上的最初范畴是什么呢？最初范畴就是最高概念，最高共相。概念的高低以外延的广狭为准，"动物"概念高于"马"概念，"生物"概念又高于"动物"概念。由此类推，我们最后必达于"万有"之"有"（being）。一切可想象的共相和殊相都不能不具"有"，而"有"之上也不能想出更高的概念。所以黑格尔把"有"看作名学上的最初范畴，把它用作辩证法的起点。

通常人都以为"有"与"无"相反，黑格尔却证明它们是同一的。"有"是最抽象的概念，是可应用于一切事物的共相，惟其应用宽广,所以它的含义也极窄狭。比如我手中这块石头和我心中的"或"一个概念相差甚远,而却同具"有"。"有"既为"石"与"或"的共相,则"石"所有的特性如硬重冷等等不能渗入"有"概念中去,因为他们不适用于"或",同理,"或"所有的特性也不能渗入"有"概念中去。我们试闭目一思索,这种一切性质都剥尽的"有"究竟是什么呢?纯粹的"有"是空无所有的,这就是说,"有"含有"无"在内。再看这"无"是什么。"无"虽空无所有,而却是一种"有",否则我们不能思议它。照这样看,"有"和"无"是同一的,由"有"可到"无",由"无"也可还到"有"。由"有"到"无",或由"无"到"有",就是"变"。"变"并含"有"和"无"在内,"有"永为"有",不能谓为"变","无"永为"无",也不能谓为"变","变"是"有""无"相生的过程。

"有"与"无"本相反,而在"变"中则同一。这也是"相反者之同一"律的好例,这个例子也可拿来说明黑格尔的"辩证法"。"辩证法"有三阶段;第一为"正言"(thesis),如上例中的"有";第二为"反言"(antithesis),如上例中的"无";第三为"合言"(synthesis),如上例中的"变"。"有"为最高概念,"变"只是一种"有","变"的特性为"有"加"无"。拿分类学的术语来说,"有"为"类"(genus),变为"种"(species),"无"为"种差"(differentia)。辩证法就是从较高范畴中演出较低范畴来,就是从"类"中演出"种"来。"种"既演出,然后我们又把它看成新"类",再演出较低的"种"来。黑格尔用这种"辩证法"证明一切范畴——从"有"起到"绝对概念"止——都是从"有"一步一步的演生出来的,所以范畴全体自成首尾相应一气贯串的"理"。

这里我们应该讨论一个重要的问题。辩证法由类演种,而种是由类性加种差得来的。例如动物为类,马为种。马于动物类性之外,又具马的特性(种差)。从形式名学观点看,外延与内包成反比例,外延愈增加,则内包愈减少。动物包含一切鸟兽虫鱼在内,其外延大于马;动物的共有性不含马的特有性在内,其内包(即含义)小于马。照这样看,类性中不含种差。类性既不含种差,而种又必于类性上加种差,单有类性,我们如何能由类演出种来呢?我们如何由较高范畴演出较低范畴来呢?

　　这个问题的答案是黑格尔哲学的大关键。从柏拉图到康德,哲学家都以为共相是"抽象的",都以为类性不含种差在内。他们一方面以为共相统摄殊相,原理笼罩事例,单一内含杂多,而另一方面却不能于同中见异,不能由共相中演出殊相来,这都因于没有彻底了解共相究竟是什么一回事?黑格尔首倡"具体的共相"(concrete universals)之说。所谓"具体的共相"就是含种差在内的类性。比如动物包含一切鸟兽虫鱼在内,而形式名学家却以为动物的类性既不含鸟性,又不含兽性,又不含虫性,又不含鱼性,然则它究竟是什么呢?把一切特有性消去,其结果就是把一切共有性消去。黑格尔所以把形式名学中"外延与内包成反比例"一个原则根本推翻。在他看,动物类性中一方面含有马所以"同"于其他动物者(类性),一方面也含有马所以"异"于其他动物者(种差)。由类演种时,我们把马所以异于其他动物者特别提出,于是得马(种)。"有"(类)中含"无"(种差),由"有"演"无"于是生"变"(种),也是同样的道理。类性中含种差,就是同中见异,共相中含殊相,单一中寓杂多。所以黑格尔的"相反者之同一"律就是以"具体的共相"为基础。辩证法之可能,也由于类性中含种差。类性中含种差,所以由"有"可以演出"变",所以"有"隐含一切范畴在内,所以一切范畴是一气贯串的。

　　"相反者之同一"律是黑格尔的最大发现。从柏拉图到康德,形式名学家都以同一律(凡 A 为 A),矛盾律(凡 A 不为非 A)与排中律(凡物不为 A 则为非 A)为三大基本的思想律。这三条定律中排中律是由同一律和矛盾律生出来的,所以只有同一律和矛盾律为最重要。依据这两条思想律,则思想完全不可能。因为思想上所判断一半取"A为B"式,如"人为动物","热是涨的原因","二加二等于四"诸判断中的主词和宾词都不是同一的。"A为B"式与同一律和矛盾律都相反。如果全依同一律与矛盾律,我们只能想到"人为人"和"人不为非人",思想与知识如何可能?思想知识之可能,就全赖A可为B,这就是说,就全赖A可为非A。就全赖相反者可同一。这本是一个很浅显的道理,然而柏拉图没有看出,康德没有看出,无数其他的哲学家都没有看出,从此可见真理之难发见,可见黑格尔的功劳之伟大!

十八年七月二十日写于巴黎近郊玫瑰村

(载《哲学评论》第5卷第1期,1933年7月)

中国思想的危机

中国思想现在已经达到一个剧烈的转变期，这是有目共睹的事实；至于把这个转变认为危机，有许多人也许不同意。就一般人看，中国知识阶级在思想上现在所能走的路只有两条，不是左，就是右，决没有含糊的余地。所谓"左"，就是主张推翻中国政治经济现状，用马克思的唯物史观，实行共产主义。这个旗帜是很鲜明的，观者一望而知。至于所谓"右"，定义就不容易下，这个暧昧的标签之下，包含一切主张维护现状者，虽不满意于现状而却不同情于苏俄与共产主义者，虽同情于苏俄与共产主义而却觉到现时中国尚谈不到这一层者，甚至于不关心政治而不表示任何态度者。政治思想在我们中间已变成一种宗教上的"良心"，它逼得我们一家兄弟们要分起家来。思想态度相同而其余一切尽管天悬地隔，我们仍是同路人；一切相似而思想态度不一致，我们就得成仇敌。我们中间有许多人感到这种不能不站在某一边的严重性是一种压迫。有时候我们走到左或是走到右，原非起于本意，全是由于不得不分家的情势逼成的，甚至于思想本来很左的人被逼到右边去，思想本来很右的人被逼到左边去。我们的去就大半取决于情感和利害两个要素，但是我们常只承认我们的动机是思想。

这是一个危机。它所以是危机，并非由于左派或右派所推尊的学说本身含有危险性，像一般人所想象的，就其为特殊问题的答案而言，每种学说在它所希图解决的特殊困难情境之下，都只有错与不错或适用与不适用的分别，而没有所谓危险与不危险的分别；就其应用于实际生活而言，如果以甲问题的答案，用来解答性质不同的乙问题，则任何学说，都有被误用的可能性，就都有危险性，不独某一派学说为然。

我们所认为危机者，第一是误认信仰为思想以及误认旁人的意见为自己的思想的恶风气。思想都需要事实的凭证与逻辑的线索。它是一种有条理的心理活动而不是一套死板公式。真正思想都必定是每个人摸索探讨出来的，创造的而不是因袭的。没有事实的凭证与逻辑的线索，没有经过自己的有条理的运思，而置信于自己的或旁人的一种意见，那只是信仰而不是思想。没有思想做根据的信仰都多少是迷信。比如马克思的学说是他在伦敦博物院的图书馆里困坐数十年辛苦研究所得的结论，那对于他确实是思想的成就，无论它是否完全精确。现在中国有许多人没有经过马克思的辛苦研究，把他的学说张冠李戴地放在自己身上，说那就是他们自己的"思想"，把它加以刻板公式化，制为口号标语，以号召青年群众，这就未免是误认信仰为思想，误认旁人的意见为自己的思想了。这种恶风气并不限于某一派。以口号标语作防御战，已成为各党派的共同的战术。受害最烈的是青年人。他们的天真抵不住宣传的麻醉。他们很老实地把口号标语宣言当作"思想"接受，他们很老实地相信几个大都会里一班制造口号标语宣言的文人们和政客们是在替我们的时代"领导"一种伟大的"思想"运动，如果这是思想运动，它的结果就只能叫人学会不思不想，以耳代脑，很恭顺地做野心政治家的工具。在野心政治家的立场，他们要宣传，玩的是政治手段，美其名曰"思想运动"，自然是一笔得意文章；但是我们站在思想者的立场，要明白政治手段是政治手段，思想运动是思想运动——他们的手段是"愚民"的，与真正思想精神是相反的。

其次，我们所认为思想界危机的是因信仰某一派政治思想而抹煞一切其他学派的政治思想，甚至于以某一派政治思想垄断全部思想领域，好像除它以外就别无所谓思想。在现代中国流行语里，"思想"两个字专指一种窄狭得很奇怪的含义，就是政治上的见解或态度。在政治方面，一个人非左倾即右倾；所以在"思想"方面，他也就应该非左倾即右倾。纵然假定政治思想在近代社会中特别重要，它究竟只是许多方面思想中的一种；一个知识阶级中人在近代社会中漠视政治思想，纵然是不可辩护的疏忽，他在其他方面作思想活动的自由也并不必因此而被剥夺。一个学者在数理或医学方面运用思想，也逃不出"左倾"或"右倾"的徽号么？语言与思想息息相关，淆乱语言，结果必至于淆乱思想，所以思想的第一要务在正名，尤其是"思想"一个名词本身，不应该乱用。

思想界的最严重的危机还不在以上所述两层，而在浮浅窄狭的观念因口号标语的暗示，在一般青年的头脑中深根固结，形成一种固定的习惯的反应模型，使他们不思想则已，一思想就老是依着那条抵抗力最小的烂熟的路径前进。思想要灵活清醒，变动不居，常在发见新路径，所以与习惯是相抵触的，依习惯向事物作反应者就无用思想。思想的必要就起于环境事实常变迁而习惯的反应不足以应变,才向新路径尝试探索。习惯依最低抵抗力路径而前进,思想则依最大抵抗路径而前进。脑中由习惯而成的陈腐反应(stock responses)愈多,则思想愈受钳制。青年人比老年人思想灵活,就因为可以钳制思想的陈腐反应比较少。青年时代可以说是思想的生发期,老年则为思想凝固期,在生发期,思想的习惯大半是探险的,归纳的;在凝固期,思想的习惯大半是守旧的,演绎的。这是思想进展的自然程序,而现在中国青年思想却因受各方面的宣传麻醉而违反这个自然程序。他们脑里先充满着一些固定观念,这些固定观念先入为主,决定了他们的一切思路、一切应付事物的态度,打断了他们对于一切新思想或新想法的感受性,让他们的思想器官变成一套极板滞的机械。如果他们是"左"而认定一个人或一种思想是"右",或是如果他们是"右"而认定一个人或一种思想是"左",那就算是定了罪状,钉了棺材盖,决无考虑审辨的余地。换句话说,中国青年思想还未经生发期就已跨到凝固期,刚少年便已老成,他们的思想的习惯是演绎的而不是归纳的,守旧的而不是探险的。中国思想前途自然要希望青年去开发,而现代青年大多数却已因脑中被压进去过量的固定观念与陈腐反应,而失去思想所必要的无偏见,灵活,冷静与谦虚。这就是中国思想的最大的危机。

我们现在确实需要一个真正的思想运动,第一步要明了思想究竟是什么一回事以及思想所必有的态度与方法。有志于思想的人们应该慢些谈"左倾""右倾"。思想上只有是非真假而无所谓左右。我们且努力多读些书,多认识些不同的思想,多研究国际情势与中国实际现状,多受些辛苦的谨严的科学训练;我们应该学会怀疑,不轻下判断,不盲从任何派或所谓"领袖",从多方面的虚心的探讨中,我们会明白每一个问题都可有许多不同的看法,而绝对真理是极难寻求的。是非优劣由比较见出,集思才能广益。思想的最大的障碍是任私见武断,而成功的要诀则在自由研究与自由讨论。"工欲善其事,必先利其器",我们现在所最需要的不是某一种已成的思想(thought)而是自己开发思想所必需的正确的思想习惯(thinking habit)。

本文用意不在攻击或维护某一派思想,而在指出现在一般右倾者和左倾者在接受思想和宣传思想两方面所犯的共同毛病。一种思想如果不是由自己根据事实与逻辑所辛苦探讨出来的,它的基础就不坚稳,容易竖起也就容易推倒。无论是站在右派或左派的立场上,为长久之计,他们现在所持的态度,都是不聪明的,对于国家决不会有好影响。

(载天津《大公报》,1937 年 4 月 4 日)

冯友兰先生的《新理学》

近一二十年来,关于中国哲学方面,我还没有读到一部书比冯友兰先生的《新理学》更好。它的好,并不仅在作者企图创立一种新的哲学系统,而在它有忠实的努力和缜密的思考。

他成立了一种系统。这对于中国哲学的功劳是值得称赞的。我们一般浅尝中国哲学和西方哲学的人们,常感觉到这两种哲学在精神和方法两方面都有显著的差异。就精神说,中国民族性特重实用,哲学偏重伦理政治思想,不着实际的玄理很少有人过问;西方哲学则偏重宇宙本体和知识本身的性质与方法之讨论,为真理而求真理,不斤斤计较其实用。就方法说,西方哲学思想特长于逻辑的分析,诸家哲学系统皆条理井然,譬如建筑,因基立柱,因柱架顶,观者可一目了然于其构造;中国哲学思想则特长于直觉的综合。从周秦诸子以至宋明理学家都喜欢用语录体裁随笔记载他们的灵心妙语，譬如烹调，珍味杂陈，观者能赏其美，而不必能明白它的经过手续，它没有一目了然的系统。这见解大概是普遍的。读过冯先生的《新理学》之后，我们对于这粗浅的印象至少要加几分修正。他很明白地指点出来：西方哲学家所纠缠不清的宇宙本体和知识性质诸问题，在中国也是向来就讨论得很热闹的。我们从前读旧书，固然也常遇到"理"、"性"、"气"、"道"、"太极"、"无极"、"阴阳"等等字样，但是这些字样对于我们门外汉颇有几分神秘气息，"玄之又玄"，也可能地是"糟之又糟"。经过冯先生解释之后，我们才恍然大悟这些不可思议不可言说的还是可思议可言说，而且我们的哲学家所求之理与西方哲学家所求之理根本并无大别，所得的结论也差不多。其次，中国哲学旧籍里那一盘散沙，在冯先生手里，居然成为一座门窗户牖俱全的高楼大厦，一种条理井然的系统。这是奇绩，它显示我们：中国哲学家也各有各的特殊系统，这系统也许是潜在的，"不足为外人道"的，但是如果要使它显现出来，为外人道，也并非不可能。

看到冯先生的书以后，我和一位国学大师偶然谈到它，就趁便询取意见，他回答说，"好倒还好，只是不是先儒的意思，是另一套东西"。他言下有些歉然。这一点我倒以为不能为原书减色。冯先生开章明义就说："我们现在所讲之系统，大体上是承接宋明道学中之理学一派。我们说'承接'，因为我们是'接着'而不是'照着'宋明以来理学讲的。因此，我们自号我们的系统为新理学。"他在书中引用旧书语句时，常着重地声明他的解释不必是作者的原意，他的说法与前人的怎样不同。这些地方最足见冯先生治学忠实的态度，他没有牵强附会的恶习。他"接着"先儒讲，不"照着"先儒讲，犹如亚理斯多德"接着"柏拉图讲而不"照着"他讲，康德"接着"休谟讲而不"照着"他讲，哲学家继往以开来，他有这种权利。

要明白冯先生的系统,必须读原书。粗略地说,他的系统基于"真际"(即"本然")和"实际"(即"自然")的分别。"真际"包含超时空的一切"理","实际"之最后的不可分析的成因为"气"。比如说,"这是方的","方"的理存于真际,"这"是实际中一个方的物。实际的方的物"依照"真际的方的理而得其方的性。只有性不能成物,方的物必有其所"依据"以成为实际的方者,这叫做"料",料近于"物质",不过物质尚有其物质性,将一切性抽去而单剩一极端混沌的原素,则得"绝对的料",此即"真元之气"(简称为"气"),亦即"无极"。真际所有理之全体为"太极"。"极"有二义:一是标准,每理对于依照之事物为标准;二是极限,事物达到标准亦即达到极限。"太极"理之全,"无极"物之础,由"无极而太极",即由气至理,中间之过程即我们的事实的实际的世界。理为"未然",为"徵",为"体",为"形而上的";物为"已发",为"显",为"用",为"形而下的"。形上的理是思之对象,是不可经验的;形下的物是感之对象,可经验的。哲学所研究的为形而上学的理。

这是冯先生的基本原则,从这些基本原则出发,他解释天道、人道、历史、宗教、艺术以至于将哲学本身当作一个实际事物看。篇幅只容许我讨论他的基本原则,虽然原书引人入胜的地方并不仅在基本原则。我接受冯先生的立场,来审查他的系统是否完整无漏或"言之成理"。为清晰起见,我把我的意见分作三个问题来说。

一 真际和实际是否有范围大小的分别?

冯先生似肯定的回答此问题,他说:"属于实际中者亦属于真际中。但属于真际中者不必属于实际中。我们可以说,有实者必有真,但有真者不必有实;是实者必是无妄,但是真者未必不虚。

其只属于真际中而不属于实际中,即只是无妄而不是不虚者,我们说它是属于纯真际中,或是纯真际的。如以图表示此诸分别,其图如下:

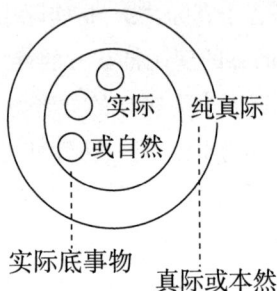

就此图所示者说,则对于真际有所肯定者,亦对于实际有所肯定。但其对于实际有所肯定者仅其'是真际的'之方面,……我们说哲学对于真际有所肯定而不特别对于实际有所肯定,特别二字所表示者即此。"(10 至 11 页①)

就图及解看,冯先生以为实际与真际的关系,犹如实际的事物与实际的关系一样,同是范围大小的关系。真际大于实际,犹如实际大于每个实际的物,犹如动物类大于人类。但是大者与小者都同在一平面上。依形式逻辑,对于全体有所肯定者对于其所含之部分亦有所肯定;所以冯先生说,"对于真际有所肯定者亦对于实际有所肯定"。于此我们向冯先生说,你这个人是实际的人,决无疑问;要是说你这一个实际的事物亦属于真际中,和你所谓形而上学的理在一块儿站班,那就大有问题,因为属于实际中者即不属于真际中,固然,你是人,有人性,而人性所"依照"之理仍在你所说的"太极"圈里。其次,你假定真际有纯真际和不纯真际的分别。其实,是理就是纯理,真际都是纯真际。唯其"纯",才是"极"。实际

①　见商务印书馆大学丛书本。下同。——编者。

事物"依照"纯理为准而至其"极"者,依冯先生的看法,亦属罕见。真际有"极"圆而实际不必有;真际有"凡人皆有死,若泰山为人,则泰山有死"之假言判断所含之理(如罗素和怀特海在《数学原理》中所说者),而实际不必有此事实。所以对于真际有所肯定者,对于实际不必有所肯定。所以然者,真际和实际并不在一平面上而有一部分范围相叠合。它们并不是一平面上范围大小的分别,而是阶层(order)上下的分别。真际是形而上的,实际是形而下的。实际事物的每一性与真际中一理遥遥对称,如同迷信中每人有一个星宿一样。真际所有之理则不尽在实际中有与之对称或"依照"之者,犹如我们假想天上有些星不照护凡人一样。冯先生自己本来也着重形上形下的分别,而有时却把真际和实际摆在一个平面上说,拿动物和人的范围大小来比拟真际和实际的范围大小。此真所谓"比拟不伦"。就这一层说,冯先生似不免自相矛盾,而这矛盾在冯先生的系统中是不必有的。

二 真际和实际如何发生关系?

真际是形而上的理,实际是形而下的事物,这个分别是从柏拉图以来二千多年一般哲学家所公认的。如果冯先生的贡献亦在说明这个分别,那就可不用谈。哲学家所纠缠不清的是这两种截然不同的"际"如何合拢起来,成为我们所知道的形上又形下的宇宙。一种哲学系统能否成立,这问题是一个试金石;每个大哲学家的企图都在打通这个难关。冯先生打通这个难关没有呢?他提出"依照"和"依据"两个观念来讲,物"依照"其类之理而得性(如圆),"依据"本身无性的气而成为实际的物(如圆物)。气是"无极"而理是"太极",由"无极而太极",即由气而理,"中间之过程即我们的事实的实际的世界"(74页)。此"而"即是道。宇宙大全是静的,道是动的;"宇宙是静的道,道是静的宇宙"(98页)。动依"一阴一阳"之公式。"依照某理以成某物之气之动者,对于所成之某一物说,名曰阳。与此气之动者之气之静者,对于此物说,名曰阴"(87页)。阳是动的,生长的,阴是静的,消毁的。比如房子,砖瓦工匠之助其存在者是房子之阳,风雨炮火之阻碍其存在者是房子之阴。物物都有阴阳,而阴之中与阳之中又各有阴阳,如此循环不止。阴阳消长乃有成(☷)盛(☰)衰(☵)毁(☳)之四象。易卦即为事物变化公式之象。这是对于易学及道家哲学的一种很有趣的新解释,但是冯先生似尚有未能自圆其说处,现在分六点来说。

一、气本身无性。但冯先生承认它为"物存在之基础","至少有存在性"。此"存在性"为在真际有理为其所"依照"呢? 为在真际无理为其所"依照"呢? 为其有,则气仍非"绝对的料",仍非"无极";如其无,则宇宙中可有无理之性,此在冯先生的系统中说不通。

二、理超时空。据冯先生说,"真元之气亦是不在时空者"(82页)。他没有告诉我们,不在时空者如何有"存在性"? 它是否仍是"太极"中一因素? 他更没有告诉我们,两种都无时空的"理"与"气"如何生出有时空的事物?

三、由"无极而太极",此"而"字冯先生甚看重,认为即是"道",亦即是"实际的世界"。这不啻说,道即是实际的世界,但这又似不是冯先生的系统所能允许的。此"而"字我们也甚看重,但如何"而"法,我们读过冯先生的书之后,仍不甚了了。就他所举的例来说,房子由砖瓦工匠造成,由风雨消蚀,是房子的阳与阴,但是这种阴阳消长,仍是形而下的事,并没有由"无极而太极","而"来"而"去,仍"而"不出实际的圈套。

四、依冯先生的系统,实际事物皆"依照"真际的理。实际有阳消阴长,真际也应有一个阴阳消长的理为它所"依照"。这就是说,实际有动,有大用流行;真际也应有动,有大用流行。冯先生却说,宇宙大全是静的,"宇宙是静的道。道是静的宇宙"。这似乎承认真际原来是静止的,不生不变的,不能运行的。这"静的道"又如何"动"起呢?

五、冯先生对于实际和真际的关系,实有两个不同的说法:一是"依照"说,一是"无极而太极"说。据"依照"说,"物""依照"其类之理而得性,是本有理而人依照之;据"无极而太极"说,由气至理,是本有气(物存在之基础)而后达到(所谓"而"或"至")理。照这种看法,不但理可独立,气也可独立。两种独立说之合拢则有两种看法,一是从理看,一是从气看;从"理"看,似为真际产生实际,从"气"看,又似实际附不上真际。这两种看法如何调和,也颇费解。

六、冯先生于"阴阳"一个观念之外,又提出"势"一个观念。"某种事物能为实际的有,则必先有一种势"(196页)。"势亦可说是实际中某一时之某种状况"(198页)。"势"与"阳"相似而不同。"我们说阳,是就一件事物之实际的有说,我们说势,是就一类事物之实际的有说",因为"一类事物之相同,在于其有同性,至于其类各个分子所有之阴阳,则可各不同"(197页)。这"势"的观念可议之处甚多。势与阳分别甚牵强。一类事物不能就同性一点上有阴阳么?从前人以阴阳说"君子道长,小人道消",还是就类说,此其一。冯先生以"势"说历史,而历史的事实大半是一件而非一类。这个道理亚理斯多德在拿诗和历史比较时说得很明白。"历史表现个别的……例如亚尔西巴德做了什么事或遭了什么事"(《诗学》第九章)。"势是就一类事物之实际的有说",也不很妥当,此其二。阴阳对于一事物说,为正负两种。正负两因相合(或用黑格尔的术语来说,"正""反"两端相冲突),即为新有事物(黑格尔所谓"合")之势。势必至于一事物之有,则势应为该事物的一切因之总和,应包含阴阳两面说,不只相当于阳,此其三。有因必有果,此为逻辑定律。势为一事物的一切因之总和，则"势有必至"，确无疑义。冯先生却说，"一种势只能使一种事物可有，而不能使其必有"（211页），如使其必有，则需要"人之努力"。"人之努力"即亚理斯多德所谓"力因"，而冯先生所谓"阳"的一成分，还不是一种"势"么？无论是从科学的命定论看，或是从冯先生颇表同情的唯物史观看，冯先生的"势"的观念都不很恰当，此其四。谈到此点，我们可附带地说到冯先生所反对的"物物有一太极"说（道家如郭象主张实际中每件事物皆与整个宇宙有关系）。这个说法本无可厚非。事必有因，因又有因，辗转无穷，一事物可牵涉到全宇宙。如果任何一事物不为其现状，则整个宇宙必须另是一个样子。所谓"物物有一太极"，是中世纪哲学家的"小宇宙见大宇宙"的看法，是莱布尼兹的"单子论"的看法，是近代黑格尔派名家的"融贯说"（coherence theory）的看法，不独中国道家为然。它有它的道理，冯先生似未看出这道理。

三　我们如何知实际与真际？

这问题的答案就是全部知识论。所以在哲学中特别重要。它的难点仍在真际与实际的区别。真际的理形而上，可思议而不可以感官经验；实际的事物形而下，可以感官经验，如思议之仍必借助于理。感思异能如何融会，真实异际如何接触，两个是哲学的最重要的问题。真实接触问题已如上述，现在讨论感思融会问题。就大体说，已往哲学家有专从理着眼，而用形式逻辑的方法推演理之所以然者，柏拉图、莱布尼兹、斯宾诺莎以及近代数学逻辑学者尽管主张彼此不同，而大体上都采取这个立场；也有专从感官经验着眼，主张一切知识都从经验实际事物来者，哲学任务就在于分析实际经验而归纳结论，亚理斯多德偏重这种看法，洛克休谟的经验派哲学几全取这种看法。粗略地说，形而上学（冯先生所谓"最哲学的哲学"）大半从真际着眼，注重形式的逻辑的推理；科学大半从实际着眼（我说"大半"，因亦未尽然，如数学即可为例外），注重经验的分析与归纳。冯先生自谓其所讲的系统是"最哲学的哲学"。这种哲学据他自己说，"对于真际有所肯定而不特别对于实际有所肯定"，其"命题并不需要许多经验的事例以为证明"，它"只对于真际有所肯定，但肯定真际有某理而不必肯定其理之内容"。对于"最哲学的哲学"，作如此看法是无可非议的，真正的哲学家大抵都作如此看法。但是冯先生同时又说："人的知识都是从经验中得来的"，哲学"始终分析解释经验……由分析实际的事物而知实际，由知实际而知真际"（12页），"就我们之知识言，我们之知形而上者必始于知形而下者"（48页）。这显然是放弃他的"最哲学的哲学"的立场，而坠入一个很浅薄的经验主义。"由知实际而知真际"，冯先生说这话如同说"由无极而太极"一样容易，却未曾仔细思量这"由……而"是如何"由……而"地出来。知道实际的一切圆，我们能由此知真际的"极"圆么？要知道"A 不为非 A"，我们必须借经验证明么？"人的知识都是从经验中来的"，"我们之知形而上者必始于知形而下者"，科学家或许可如是说，"最哲学的哲学"家决不应如此说。纵然科学家如此说，我们也很容易证明他的错误。举一个很简单的例子：勾方加股方等于弦方，这个几何学公式表示一个真际的理。这个理可以用代数学推演出来，可以用几何学证明出来，绝对用不着感官经验的分析与归纳。当初毕达哥拉斯发现这道理时，也并不曾测量许多三角形而后归纳到这个结论。我们知此真际并不由实际，这只是一例。罗素和怀特海合著的《数学原理》要从几个定义和"自明公理"把全部数学原理推演出来，丝毫不着实际，更可以见出"知真际不必由实际"的道理。冯先生自己的《新理学》谈真际，虽偶用实际事例说明，也并不曾根据实际经验。

冯先生的知识论还有一点使我们很茫然。实际事物都"依照"真际的本然的义理。说本然的义理之理论叫做"说的义理"，而这"说的义理"又分"实际的说的义理"与"本然的说的义理"。这"本然的说的义理"如果不是一个自相矛盾的名词，对于"本然的义理"也是一个赘瘤。"说"是实际的事实，既为"说"就是"实际的说"，义理之在本然而尚未"说"者只是"本然的义理"。《新理学》第七章最难谈，而在其中作祟的就是这玄之又玄的"本然的说的义理"。冯先生的用意我明白，他要"从宇宙看哲学"。每一实际事物既然都依照真际的一种理，把哲学当作一种实际事物看，自然也就应"依照"真际中一种"本然的哲学系统"，一种"本然的说的义理"，一种"无字天书"。这"无字天书"在冯先生心中是一个很大的法宝。"自道德的观点看，或自事业的观点看，每一种事均有一种本然的至当办法。在知识方面，每一实际命题，如其是普遍命题，均代表或拟代表一本然命题。每一种艺术，对于每一题材，均有一本然样子。此诸本然办法，本然命题，或本然样子可以说是均在无字天书之中。无字天书有人能读之，有人不能读之"（290 页）。

这"无字天书"的谈话正是我们所渴望知道的，因为依冯先生说，它是评判道德、哲学命题和艺术的标准。"各类事物所依照之理，是其类之完全的典型，是我们所用以批评属于其类之事物之标准。"换句话说，要评判一件行为的善恶，我们拿它来比无字天书中此行为的"本然的至当办法"，要评判一哲学上或科学上普遍命题的是非，我们要拿它来比无字天书中此命题所代表的"本然命题"，要评判一件艺术品的美丑，我们也要拿它来比无字天书中此类艺术品的"本然样子"。读此无字天书之重要于此可知。冯先生说"有人能读之，有人不能读之"。不能读之者是否就不能评判一件行为的善恶，一哲学命题的是非，一艺术作品的美丑呢？我们知道,事实上我们天天在做这些活动,我们这一群不能读无字天书的可怜虫! 冯先生说,"有人能读之",其实也还是夸大之词。因为据他自己的看法,"若有"全知全能的上帝,站在宇宙之外,而又全知宇宙内之事,则所有实际命题及所有本然命题以及所有事实,皆一时了然于胸中(223 页)。我们是人,显然没有这副全知。"我们或者永不能有一是的实际命题,或者所以为是的实际命题,皆不过是我们以为如此,所以皆是相对的可变的。"(224 页)照这样看,我们人(指一切人)很可能地就永不能读无字天书,就无法断定实然是否与本然相合,无法有真知识。"无字天书"究竟能读不能读呢? 冯先生在这问题前面踌躇,徘徊,以至于惊鼠乱窜。他仍说,"我们必需用这种方法方能知之"。所谓方法仍是归纳法。"用归纳法虽或不能得到必然命题,但归纳在找公律,如公律是公律,则必须是义理,如其是义理,则必须是必然的。"(225 页)我们何以知道"公律是公律"呢? 归纳结论是必然的呢,还是非必然的呢? 冯先生又说:"是的实际命题之最大特色即在其通。凡一是的命题,在消极方面,与别的是的实际命题必无矛盾;在积极方面,必可互相解释。"这是老话,完全不错,不过只可应用于有字天书,不可应用于无字天书。这里"是"字的定义是无矛盾与可互释,显然不是冯先生所说的"实际命题与本然命题相合者为是"之"是"了。就无矛盾可互释两点而言,凡是一部好的小说都能做到这两点,在书中所写的小天地之内,没有一个命题和其他命题相互矛盾,而所有命题又可互相解释。但是,内部矛盾可互释不能保障一部小说不全盘是假。谁能断定我们所知的世界,用冯先生的是非标准来说,不全盘是假呢? 不只像一部伟大的小说呢? 谁能说它是"依照"真际中的无字天书呢? 这些问题值得我们思量,也值得冯先生思量。

写这篇文章原来的动机是在批评冯先生的艺术论,因为要批评这一项,不能不审查他的出发点,他所根据的哲学。一讨论到哲学的基本原则,艺术就变成一个枝节问题,在篇幅分量上不能占到过重的位置。我现在姑且提几个要点来说。一，"无字天书中的本然样子"近于假古典主义的"典型"(type)，艺术"依照"无字天书的说法，又近于希腊哲学家的"摹仿"(imitation)说。这些观念的是非在文艺批评史上已有许多人讨论过，冯先生似乎忽略了这方面的文献。二，无字天书，像上文已经讨论过的，事实上只有上帝能读而凡人不能读的，如果艺术凭仗这个渺茫的东西，不但批评无根据，连创作也不能有根据。三，冯先生承认历史没有无字天书，他说，"没有本然的历史，亦没有本然的写的历史，因为具体的个别的事实不是本然的"(227页)。他应该知道，艺术成为作品时，也是具体的个别的事实，一种历史的成就。承认历史没有无字天书而坚持艺术有无字天书，也似乎是自相矛盾。

我开头已声明过，本文立论是接受冯先生的立场而指出其系统中之破绽。如果站在另一种哲学系统的立场上，话自然又不是这样说。我个人早年是受的一点肤浅的符号逻辑的训练和一向对于柏拉图和莱布尼兹的爱好，也许使我偏向于唯理主义。但是这种偏向和冯先生的"最哲学的哲学"的立场并不很冲突。我相信我对于冯先生的态度是同情的，公平的。我承认，冯先生的系统在我的脑里决不会有在他自己的脑里那样清楚，偶有误解是不可免的。冯先生的系统，在我看，颇有些破绽，如上文所说明的。但是，这种白璧微瑕也无伤于原书的价值。任何哲学系统都不免有破绽，哲学是注定它不能完全的，所以可以使人继续探讨。《新理学》确是"对于当前之大时代"的一种可珍贵的"贡献"(见《自序》)，不但习哲学者，就是一般知识阶级中人如果置它不读，都是一个欠缺。

1940年耶诞节写于嘉定

(载《文史杂志》1卷2期，1941年1月)

乐的精神与礼的精神

——儒家思想系统的基础

儒家论学问,素重"知类通达","豁然贯通";用流行语来说,他们很注重学术思想要有一贯的系统。他们探讨的范围极广;从心理学、伦理学、教育学、政治学、以至于宇宙哲学与宗教哲学,群经群子都常约略涉及。他们所常提到的观念很多,如忠恕、中庸、智仁勇、仁义礼智信、忠孝慈悌友敬等等;他们设教有德行,言语,政事,文学四科;他们的经典有《诗》,《书》,《易》,《礼》,《春秋》。从表面看,头绪似很纷繁,名谓也不一致。但是儒家究竟有没有一两个基本观念把他们的哲学思想维系成一个一贯的系统呢? 本篇的用意就在给这个问题以一个肯定的答复,说明乐与礼两个观念如何是基本的,儒家如何从这两个观念的基础上建筑起一套伦理学,一套教育学与政治学,甚至于一套宇宙哲学与宗教哲学。作者的意旨重解说不重评判。

一

一般人对于礼乐有一个肤浅而错误的见解,以为礼只是一些客套仪式,而乐也只是弦管歌唱。孔子早见到这个普通的误解,曾郑重地申明说:"礼云礼云,玉帛云乎哉? 乐云乐云,钟鼓云乎哉?"在《礼记·孔子闲居》篇里,他特标"无声之乐"与"无礼之礼"。儒家论礼乐,并不沾着迹象,而着重礼乐所表现的精神。礼乐的精神是什么呢?《乐记》里有几段话说得最好:

> 礼节民心,乐和民声。
> 大乐与天地同和,大礼与天地同节。
> 乐者天地之和也,礼者天地之序也。
> 乐自中出,礼自外作。乐自中出故静,礼自外作故文。
> 礼者殊事合敬者也,乐者异文合爱者也。
> 仁近于乐,义近于礼。
> 乐者乐也,君子乐得其道,小人乐得其欲。
> 乐也者情之不可变者也,礼也者理之不可易者也。

《礼记》他篇论礼乐的话尚有几条可引来补充:

> 夫礼所以制中也。——仲尼燕居
> 言而履之礼也,行而乐之乐也。——仲尼燕居
> 先王之制礼也以节事,修乐以道志。——礼器

统观上引诸语,乐的精神是和,静,乐,仁,爱,道志,情之不可变;礼的精神是序,节,中,文,理,义,敬,节事,理之不可易。乐的

许多属性都可以"和"字统摄，礼的许多属性都可以"序"字统摄。程伊川也说："礼只是一个序，乐只是一个和，只此两字含蓄多少义理。"

这"和"与"序"两个观念真是伟大。先说和。欧洲第一位写伦理学专书的亚理斯多德就以为人生最高目的是幸福，而幸福是"不受阻挠的活动"，他所谓"活动"意指人性的生发，所谓"不受阻挠"可以解作"自由"，也可以解作"和谐"。从来欧洲人谈人生幸福，多偏重"自由"一个观念，其实与其说自由，不如说和谐，因为彼此自由可互相冲突，而和谐是化除冲突后的自由。和谐是个人修养的胜境。人生来有理智，情感，意志，欲念。这些心理机能性质各异，趋向不同，在普通生活中常起冲突。不特情理可以失调，志欲虽趋一致，就是同一心理机构，未到豁然贯通的境界，理与理可以冲突；未到清明在躬的境界，情与情可以冲突，至于意志纷歧，欲念驳杂，尤其是常有之事。一个人内部自行分家吵闹，愁苦由此起，心理变态由此起，罪恶行为也由此起。所以无论从心理卫生的观点看，或是从伦理学的观点看，一个人都需要内心和谐；内心和谐，他才可以是健康的人，才可以是善人，也才可以是幸福的人。社会也是如此。一部人类历史自头至尾是一部战争史，原因是在人类生来有一副自私的恶根性。人与人相等，利害有冲突，意见有分歧，于是欺诈凌虐纷争攘夺种种乱象就因之而起。人与人斗争，阶级与阶级斗争，国与国斗争，闹得一团怨气，彼此不泰平。有些思想家因为社会中有冲突，根本反对社会的存在，也有些思想家为现实辩护，说社会需要冲突才能生展。但是社会已存在，为不可灭的事实，而社会所需要的冲突也必终以和谐为目的。一个有幸福的社会必然是一个无争无怨相安和谐群策群力的社会，因为如此社会才有他的生存理由，才能有最合理的发展。

"和"是个人修养与社会生展的一种胜境，而达到这个胜境的路径是"序"。和的意义原于音乐，就拿音乐来说，"声成文，谓之音"，一曲乐调本是许多不同的甚至相反的声音配合起来的，音乐和谐与不和谐，就看这配合有无条理秩序。音乐是一种最高的艺术，像其他艺术一样，他的成就在形式，而形式之所以为形式，可因其具有条理秩序，即中国语所谓"文"。就一个人的内心说，思想要成一个融贯的系统，他必定有条理秩序，人格要成一个完美的有机体，知情意各种活动必须各安其位，各守其分。就一个社会说，分子与分子要和而无争，他也必有制度法律，使每个人都遵照。世间决没有一个无"序"而能"和"的现象。

"和"是乐的精神，"序"是礼的精神。"序"是"和"的条件，所以乐之中有礼。《乐记》说得好："乐者通伦理者也"，"知乐则几于礼矣"。先秦儒家中，荀子最精于诗礼，也见到这个道理，他说："凡礼始乎梲（从卢校，梲训敛），成乎文，终乎悦挍"（从卢校，挍训快乐）。"文"者条理秩序，是礼的精神；"悦挍"即快乐，是乐的精神，礼之至必达于乐。周子在《通书》里也说道："礼，理也；乐，和也，阴阳和而后理。君君，臣臣，父父，子子，兄兄，弟弟，夫夫，妇妇，万物各得其理而后和，故礼先而乐后。"

乐之中有礼，礼之中也必有乐。"乐自内出，礼自外作。"乐主和，礼主敬，内能和而后外能敬。乐是情之不可变。礼是理之不可易，合乎情然后当于理。乐是内涵，礼是外现，和顺积中，而英华发外，"乐不可以为伪"，礼也不可以为伪。内不和而外敬，其敬为乡愿；内不合乎情而外求当于理，其礼为残酷寡恩；内无乐而外守礼，其礼必为拘板的仪式，枯渴而无生命。礼不可以无乐，犹如人体躯壳不可无灵魂，艺术形式不可无实质。《礼器》里有一段说："先王之立礼也，有本有文。忠信，礼之本也；义理，礼之文也。无本不立，无文不行。"忠信仍是"和"的表现，仍是乐的精神。《论语》记有子的话："礼之用，和为贵"。"和"是儒家素来认为乐的精神，而有子拿来说礼，也是见到礼中不可无乐。《论语》又记孔子与子夏谈诗，孔子说到"绘事后素"，子夏就说，"礼后乎"！孔子称赞他说："启予者商也"。乐是素，礼是绘。乐是质，礼是文。绘必后于素，文必后于质。

就偏向说，虽是"仁近于乐，义近于礼"，而就本原说，乐与礼同出于仁——儒家所公认的最高美德。孔子说得很明白："人而不仁如礼何？人而不仁如乐何？"仁则内和而外敬，内静而外文。就其诚于中者说，仁是乐，就其形于外者说，仁是礼。所以礼乐是内外相应的，不可偏废。儒家常并举礼乐，如单说一项，也常隐含另一项。"《关雎》乐而不淫，哀而不伤"，是说乐兼及礼；"丧礼，与其哀不足而礼有余也，不若礼不足而哀有余也"，"拜下，礼也，今拜乎上，泰也，虽违众，吾从下"，是说礼兼及乐。

礼乐本是内外相应，但就另一观点说，也可以说是相反相成，其义有三。第一，乐是情感的流露，意志的表现，用处在发扬宣泄，使人尽量地任生气洋溢；礼是行为仪表的纪律，制度为人文的条理，用处在调整节制，使人于发扬生气之中不至泛滥横流。乐使人活跃，礼使人敛肃；乐使人任其自然，礼使人控制自然；乐是浪漫的精神，礼是古典的精神；乐是《易》所谓"阳"，"元亨"，"乾天下之至健"，"其动也辟"，礼是《易》所谓"阴"，"利贞"，"坤天下之至顺"，"其静也翕"。《乐记》以"春作夏长"喻乐，以"秋敛冬藏"喻礼，又说"礼主其减，乐主其盈"，都是这个道理。其次乐是在冲突中求和谐，礼是混乱中求秩序；论功用，乐易起同情共鸣，礼易显出等差分际；乐使异者趋于同，礼使同者现其异；乐者综合，礼者分析；乐之用在"化"，礼之用在"别"。在宗教大典中，作乐时，无论尊卑长幼，听到乐声，心里都起同样反应，一哀都哀，一乐都乐，大家都化除一切分别想，同感觉到彼此属于一个和气周流的人群；行礼时，则尊卑长幼，各就其位，升降揖让，各守其序，奠祭荐彻，各依其成规，丝毫错乱不得，错乱因为失礼，这时候每人都觉得置身于一个条理井然纪律森然的团体里，而自己站在一个特殊的岗位，做自己所应做的特殊的事。但这是一个浅例，小而家庭，大而国家社会，礼乐在功用上都有这个分别，《乐记》论这个分别最详，最精深的话是："乐者为同，礼者为异；同则相亲，异则相敬；乐胜则流，礼胜则离"，"乐者天地之和也，礼者天地之序也；和故百物皆化，序故群物皆别"。第三，乐的精神是和，乐，仁，爱，是自然，或是修养成自然；礼的精神是序，节，文，制，是人为，是修养所下的功夫。乐本乎情，而礼则求情当于理。原始社会即有乐，礼（包含制度典章）则为文化既具的征兆。就个人说，有礼才能有修养；就社会说，有礼才能有文化。《乐记》中"乐著大始，而礼居成物"一句话的意义，就是如此（应与《易·系辞》"乾知大始，坤作成物"二语参看）。荀子也说吉凶忧愉之情人所固有，而"文礼隆盛"则为"伪"（荀子所谓"伪"即人为）。

总观以上所述，礼乐相遇相应，亦相友相成。就这两种看法说，礼乐都不能相离。"乐胜则流，礼胜则离"，"达于乐而不达于礼，谓之素，达于礼而不达于乐，谓之偏"。礼经一再警戒人只顾一端的危险。一个理想的人，或是一个理想的社会，必须具备乐的精神和礼的精神，才算完美。

二

乐与礼的性质，分别和关系如上所述。儒家的全部哲学思想大半从乐与礼两个观念出发，现在分头来说明。我们在开始即说过，儒家特别看重个人的修养，修身是一切成就的出发点，所以伦理学为儒家哲学的基础。儒家的伦理学又根据他们的心理学。依他们看，生而有性，性是潜能，一切德行都必由此生发，"率性之谓道"，道只是潜能的实现。依现代心理学者看，性既为潜能，本身自无善恶可言,它可以为善,也可以为恶。但儒家以为性的全体是倾向于善的,尽性即可以达道,例如恻隐之心为性所固有,发挥恻隐之心即为仁。至于恶的起源儒家则归之于习。性是静的,感于物而动,于是有情有欲,情欲得其正,可以帮助性向善的方向发展,情欲不得其正,于是真性梏没,习染于恶。所以修养的功夫就在调节性欲,使归于正,使复于性的本来善的倾向。乐与礼就是调节情欲使归于正的两大工具。《乐记》有一段说这道理最透辟:

> 先王之制礼乐也,……将以教民平好恶而反人道之正也。人生而静,天之性也;感于物而动,性之欲也。物至知知,然后好恶形焉;原恶无节于内,知诱于外,不能反躬,天理灭矣。夫物之感人无穷,而人之于恶无节,则是物至而人化物也。人化物也者灭天理而穷人欲者也。于是有悖逆诈伪之心,有淫佚作乱之事……是故先王之制礼乐,人为之节。……礼节民心,乐和民声。

礼乐的功用都在"平好恶而反人道之正",不至"灭天理,穷人欲",宋儒的"以天理之公胜人欲之私"一套理论,都从此出发。在礼与乐之中,儒家本来特别看重乐,因为乐与仁是一体,仁为儒家所认为最高的美德。乐在古代与诗相连。《尧典》中载夔典乐,而教胄子以"诗言志"。周官太师本掌乐,而所教者是"六诗"。儒家说诗的话都可以应用于乐。孔子说诗可以兴观群怨,诗教为温柔敦厚,温柔敦厚者乐之体,兴观群怨者乐之用。孔子论德行最重仁,论教化最重诗乐。道理是一贯的,因为诗的用在感,而感便是仁的发动。(马一浮先生论《论语》中凡答问仁者皆诗教义,甚详且精。惟别诗于乐,合乐于礼,谓礼乐教主孝,书教主政,与本篇立论精神稍异。从本篇的立场说,孝为仁之施于亲,仍是一种和,仍是乐的精神;书以道政事,仍是秩序条理之事,仍是礼的精神。)

诗教有二义,就主者说,"诗言志","乐以道志","道"即"达","言"即"表现";就受者言,诗可以兴,乐感人深,"兴"与"感"都有"移动"的意思。这两个意义都很重要。就"道"的意义说,人的情欲需要发散,生机需要宣泄,一切文艺都起于这种需要。需要发散而不能发散,需要宣泄而不能宣泄,则抑郁烦闷;情欲不得其正,酿成心理的变态与行为的邪僻。亚理斯多德论音乐与悲剧对于情感有宣泄与净化(katharsis)的功用,为近代弗洛伊德派心理学所本。儒家论诗乐特标"道"的功用,实与亚理斯多德的见解不谋而合,道则畅,畅则和,所谓"平好恶而反人道之正"。儒家并不主张"戕贼"情欲,于此也可见。其次,就感的意义说,心感于物而后动,动而后"心术形",动为善或动为恶,"是故先王慎所以感之者"。乐感人最深,所以乐对于人的品德影响最大。《乐记》"志微噍杀之音作而民思忧……顺成和动之音作而民慈爱,流辟邪散狄成涤滥之音作而民淫乱"一段说得最详尽。《孝经》谓"移风易俗莫善于乐"。孔子在齐闻韶,三月不知肉味,所以他深感觉到乐的影响之大,颜渊问为邦,他开口就答"乐则韶舞,放郑声",至于"远佞人"还在其次。音乐感人最深,音乐中和,人心也就受他感动而达于中和。乐之中有礼仍有"节"的功用。《关雎》乐而不淫,哀而不伤;"《国风》好色而不淫,《小雅》怨悱而不乱",也正因其有"节",节故能"平好恶而反人道之正"。

儒家本来特别看重乐,后来立论,则于礼言之特详,原因大概在乐与其特殊精神"和"为修养的胜境,而礼为达到这胜境的修养功夫,为一般人说法,对于修养工夫的指导较为切实,也犹如孟子继承孔子而特别重"义"的观念,是同一道理。

礼有三义。第一义是"节",节所以有"序",如上所述。道家任自然,倡无为;儒家则求胜自然,主有为;"为"的功夫就在对于自然的利导与控制。颜渊问为仁，孔子答以"克己复礼"。这句话的意思就是：就自然在己的情欲加以节制使其得其中，得中便是复礼。《檀弓》记子思语："先王之制礼也，过之者俯而就之，不至焉者跂而及之"，《礼器》记孔子语"先王之制礼也，不可多也，不可寡也，唯其称也"。"中"与"称"就是有序有理，恰到好处。从这点我们可以看见礼与儒家所称道的"中庸"关系甚密切。中者不偏，庸者不易，"礼以制中"，为"理之不可易者"，所以中庸仍是礼的精神。亚理斯多德在《伦理学》中也特别着重"中"的观念，是一切德行都看成过与不及之"中"，与儒家学说可谓不谋而合。

其次礼有"养"义。这个意义《礼记》和《论语》都未曾提出，孟子曾屡提"养性"，苟得其养，无物不长，"养其大礼为大人"，却未曾明白说养的工夫就是礼。首先著"礼者养也"的是荀子。他说"制礼义……以养人之欲"，"礼义文理之所以养情"。这个养的意思极好，他明白说情欲是应该"养"而不应该戕贼的。礼的功用不但使情欲适乎中，而且使他得其养。"适乎中"便是使他"得其养"的唯一方法。中国人把在道德学问方面做工夫叫做"修养"，是从荀孟来的，其意义大可玩味。从"养"的方面想，品格的善与心理的健康是一致的。

第三，礼有"文"义。"文"是"节"与"养"的结果，含"序""理""义"诸义在内。"义者事之宜"，正因其有"理"有"序"，自旁人观之，则为"焕乎有文"。文为诚于中形于外，内和而外敬，和为质，敬仍是文。从"序"与"理"说，礼的精神是科学的；从"义"与"敬"说，礼的精神是道德的；从含四者而为"文"说，礼的精神也是艺术的。孟子有一句很精深的话："始条理者智之事也，终条理者圣之事也"，朱子解为"知得彻然后行得彻"，甚为妥当，其意思与苏格拉底所说"知识即德行"一句名言暗相吻合。其实还不仅此，文艺也始终是条理之事。所以礼融贯真善美为一体。儒家因为透懂礼的性质与功用,所以把伦理学、哲学、美学打成一气,真善美不像在西方思想中成为三种若不相谋的事。

　　总观以上乐礼诸义,我们可以看出儒家的伦理思想是很健康的,平易近人的。他们只求调节情欲而达于中和,并不主张禁止或摧残。在西方思想中,灵与肉,理智与情欲,往往被看成对敌的天使与魔鬼,一个人于是分成两橛。西方人感觉这两方面的冲突似乎特别锐敏,他们的解决方法,如同在两敌国中谋和平,必由甲国消灭乙国。大哲学家如柏拉图,宗教家如中世纪的耶教徒,都把情欲本身看成恶的,以为只有理智是善的,人如果想为善人,必须用理智把情欲压制下去甚至铲除净尽,于是有所谓苦行主义与禁欲主义。佛家似也有这样主张,末流儒家也有误解克己复礼之"克"与"以天礼胜人欲"之"胜"为消除的。这实在是一个不健全的人生理想,因为他要戕贼一部分人性去发展另一部分人性。从文艺复兴以后,西方人也逐渐觉悟到这是错误,于是提倡所谓"全人"理想。近代心理学家更明白指出压抑情欲的流弊。英儒理查兹(Richards)在他的《文学批评原理》里有一章说得很中肯。他以为人类生来有许多生机(impulses)如食欲性欲哀怜恐惧欢欣愁苦之类。通常某一种生机可自由活动时,相反的生机便须受压抑或消灭。但是压抑消灭是一种可惜的损耗。道德的问题就在如何使相反的生机调和融洽,并行不悖。这需要适宜的组织(organization)。活动愈多方愈自由,愈调和,则生命亦愈丰富。儒家所提倡的礼乐就是求"对于人类生机损耗最少的组织"。孟子看这道理尤其明白。他主张"尽性",意思就指人应该发展人类所有的可能性。他反对告子的"性犹杞柳,意犹桮棬"的比喻:"如将戕贼杞柳而以为桮棬,则亦将戕贼人以为仁义与?"禁欲主义在儒家看来是"戕贼",儒家的办法是"节"而不是"禁"。这是人生理想中一个极健康的观念,值得特别表出。

三

礼乐的功用这样伟大，所以儒家论教育，大半从礼乐入手。孔子常向弟子们叮咛嘱咐道："小子何莫学夫《诗》？"考问他的儿子伯鱼说："汝为《周南》《召南》矣乎？"陈亢疑惑，孔子教育自己的儿子有一套秘诀，问伯鱼说："子亦有异闻乎？"伯鱼答道："未也。尝独立，鲤趋而过庭，曰：'学《诗》乎？'对曰：'未也。''不学《诗》，无以言。'鲤退而学《诗》。他日又独立，鲤趋而过庭，曰：'学《礼》乎？'对曰：'未也。''不学《礼》，无以立。'鲤退而学《礼》。闻斯二者。"礼乐在孔门教育中是基本学科，于此可见。孔子自己是最深于诗礼的人，我们读《论语》听他的声音笑貌，看他的举止动静，就可以想象到他内心和谐而生活有纪律，恬然自得，蔼然可亲。他在老年的境界尤其是能混化乐与礼的精神，所谓"从心所欲，不逾矩"，"从心所欲"是乐，"不逾矩"是礼。宋儒谈修养理想有两句话说得很好："廓然大公，物来顺应。"非深于乐者不能廓然大公，非深于礼者不能物来顺应。

《孝经》里说："移风易俗，莫善于乐；安上治民，莫善于礼。"礼乐的最大功用，不在个人修养而在教化。教化是兼政与教而言。普通师徒授受的教育，对象为个人，教化的对象则为全国民众；前者目的在养成有德有学的人，后者目的则在化行俗美，政治修明。"群"的观念，不如一般人所想象的，在中国实在发达得很早，而中国先儒所讲的治群与化群的方法也极彻底。他们早就把社会看成个人的扩充；所以论个人修养，他们主张用礼乐；论社会教化，他们仍是主张用礼乐。内仁而外义，内心和谐而生活有秩序纪律，这是个人的伦理的理想，也是社会的政治的理想。实现这个理想，致和以乐，致序以礼，这是个人的修养方法，也是社会的教化方法，所以儒家的教育就是政治，他们的教育学与政治学又都从伦理学出发。《周礼》司徒掌邦教，职务在"敷五典，扰兆民"，"佐王安扰邦国"，不但要"明七教"，还要"齐八政"。教化兼政与教，但着重点在教而不在政，因为教隆自然政举。儒家论修身治国，都从最根本处着眼。

就政与教言，基本在教，就礼与乐言，基本在乐。乐是最原始的艺术，感人不但最深，也最普遍。上文已说到乐有"表现""感动"二义。就表现言，国民的性格与文化状况如何，所表现的音乐也就如何。"是故治世之音安以乐，其政和；乱世之音怨以怒，其政乖；亡国之音哀以思，其民困。"就感动言，音乐的性质如何，所感化成的国民性格与文化状况也就如何。"是故志微噍杀之音作而民思忧，啴谐慢易繁文简节之音作而民康乐，粗厉猛起奋末广贲之音作而民刚毅，廉直劲正庄诚之音作而民肃敬，宽裕肉好顺成和动之音作而民慈爱，流僻邪散狄成涤滥之音作而民淫乱。"音乐关系政教如此其大，所以周官乐有专司，孔子要教化鲁，第一件大事是"正乐"，颜渊问为仁，孔子不说别的，光说"乐则韶舞，放郑声"。古代中国人要明白一国的政教风化，必从研究他的歌乐入手，在自己的国里常采风，在别人的国里必观乐。他们要从音乐窥透一国民的内心生活秘奥，来推断这一国的政教风化好坏，犹如医生看病，不问症，先按脉。现代人到一国观光，只问政教制度，比起来真是肤浅多了。

乐较礼为基本，因为"乐者为同，礼者为异；同则相亲，异则相敬"，相亲而后能相敬；"乐至则无怨，礼至则不争"，无怨而后能不争。因此儒家论治国，重德化而轻政刑。孔子说："道之以政，齐之以刑，民免而无耻；道之以德，齐之以礼，有耻且格。""道之以德"是乐教中事，政刑仍属于礼，不过是礼之中比较下乘的节目。

礼的大用在使异者有别，纷者有序。有别有序就是"治"，否则为"乱"。治国在致治去乱，所以不能无礼。《礼记》对于这个道理曾反复陈说："礼者所以定亲疏，决嫌疑，别同异，明是非"；"道德仁义，非礼不成；教训正俗，非礼不备；分争辨讼，非礼不决；君臣上下父子兄弟，非礼不定"。此外类似的话还很多。

礼的范围极广。个人的言行仪表，人与人的伦常关系，人与人交接的仪式和道理，政府的组织与职权，国家的制度与典章，社会的风俗习惯等等都包含在内。所以近代社会科学所讲的几无一不在礼的范围以内，我们读"三礼"，特别是《周礼》，更会明白儒家所谓"礼"是一切文化现象的总称。儒家虽特重德化，却亦不废政刑，因为政刑的功用在维持社会的秩序纪律，与礼本是一致。荀子说得很明白："《礼》者法之大分，类之纲纪也。"《乐记》也说："礼以道其志，乐以和其声，政以一其行，刑以防其奸。礼乐刑政，其极一也，所以同民心而出治道也。"儒家所忌讳的不是政刑而是专任政刑。政刑必先之以礼乐。礼乐的功夫到，政刑可以不用；如果没有礼乐而只有政刑，政刑必流于偏枯烦琐残酷，反足以生事滋乱。近代所谓"法的精神"似过于偏重政刑，未免失之狭隘。礼虽是"法之大分"而却不仅是法，有"法的精神"不必有"礼的精神"，有"礼的精神"却必有"法的精神"，因为礼全而法偏。现在我们中国人以缺乏"法的精神"为世所诟病，其原因仍在缺乏"礼的精神"。所以礼也是救时弊的一剂良药。知道礼，我们才会要求而且努力在紊乱中建设秩序。

四

儒家看宇宙，也犹如看个人和社会一样，事物尽管繁复，中间却有一个"序"；变化尽管无穷，中间却有一个"和"，这就是说，宇宙也有他的礼乐。《乐记》中有一段语最为朱子所叹赏："天高地下，万物散殊，而礼制行矣；流而不息，合同而化，而乐兴焉。"这几句话很简单,意义却很深广。宇宙中一切现象,静心想起来,真令人起奇异之感,也令人起雄伟之感。每一事每一物都有它的特殊性与特殊的生命史,有一定的状态,一定的活动,一定的方位,不与任何其他事物全同或相混;所以万事万物杂处在一起,却井井有条,让科学家能把它们区分类别,纳于原理,这便是所谓"天高地下,万物散殊,而礼制行"。事物彼此虽相殊,却并非彼此不相谋;宇宙间充满着的并非无数零星孤立的事物常落在静止状态;任何事物都与其他一切事物有或多或少的关系,每事物虽有一定的状态与方位,而却都在变化无穷,生生不息,事与事相因相续,物与物相生相养,形成柏格荪所说的"创化",这便是所谓"流而不息,合同而化,而乐兴"。所以这两句话说尽宇宙的妙谛。看到繁复中的"序"只有科学的精神就行;看到变动中的"和"却不止是科学的事,必须有一番体验,或则说,有一股宗教的精神。在宇宙中同时看到序与和,是思想与情感的一个极大的成就。《易经》所以重要,道理就在此。《易经》全书要义可以说都包含在上引《乐记》中几句话里面,他所穷究的也就是宇宙中乐与礼。太极生两仪,一阳一阴,一刚一柔,一动一静,于是有乾坤。"刚柔相推而生变化",于是有"天下之赜",与"天下之动"。"一阖一辟,往来不穷";"变动不居,周流六虚",于是宇宙的生命就这样绵延下去。《易经》以卦与象象征阴阳相推所生的各种变化,带有宗教神秘色彩,似无可疑;但是它的企图是哲学的与科学的;要了解"天下之赜"与"天下之动",结果它在"天下之赜"中见出"序"(宇宙的礼),在"天下之动"中见出"和"(宇宙之乐)。《易经》未明言礼乐之分,但是《乐记》的"天高地下"一段实本于《易·系辞》(注:《乐记》后于《系辞》是假定,尚待考证)。我们不妨引来比较:

　　　　天尊地卑,乾坤定矣;卑高以陈,贵贱位矣;动静有常,刚柔断矣;方以类聚,物以群分,吉凶生矣;在天成象,在地成形,变化见矣。是故刚柔相摩,八卦相荡,鼓之以雷霆,润之以风雨,日月运行,一寒一暑,乾道成男,坤道成女。

——《易·系辞》

　　天尊地卑,君臣定矣,卑高已陈,贵贱位矣;动静有常,大小殊矣;方以类聚,物以群分,则性命不同矣;在天成象,在地成形,如此则礼者天地之别也。地气上齐,天气下降,阴阳相摩,天地相荡,鼓之以雷霆,奋之以风雨,动之以四时,暖之以日月,而百化兴焉,如此则乐者天地之和也。

——《礼记·乐记》

先秦儒家以礼乐释《易》,这是一个最早的例。孔子对于宇宙运行所表现的礼乐意味,尝在观赏赞叹。《论语》中"子在川上曰,逝者如是夫,不舍昼夜!"以及"天何言哉,四时行焉,百物生焉,天何言哉!"两段话都是"学易"有得的话,都是证明宇宙的序与和在他的脑里留下的印象很深。

　　儒家有一个重要的观念,叫做"法天",或是"与天地合德"。人是天生的,一切应该以天为法。人要居仁由义,因为天地有生长敛藏;人要有礼有乐,因为天地有和有序。《乐记》一再说:"大乐与天地同和,大礼与天地同节";"乐由天作,礼以地制";"明于天地然后能兴礼乐";乐者致和,率神而从天;礼者别宜,居鬼而从地。故圣人作乐以应天,制礼以配地。人天一致,原来仍有"和"的意味在内,但这种"和"比一般"和"更为基本的,人对于天的"和"是一种"孝敬",是要酬谢生的大惠。孝天敬天,因为天予我以生命;仁民爱物,因为民物同是天所予的生命。在此看来,人的德行都由孝天出发。张子《西铭》发挥这个意思最精当。他说:"乾称父,坤称母,予兹藐焉;乃混然中处。故天地之塞吾其体,天地之帅吾其性,民吾同胞,物吾与也。大君者吾父母宗子,其大臣,宗子之家相也。"儒家尊天的宗教就根据这个孝天的哲学,与耶稣教在精神上根本实一致。

天地是人类的父母,父母是个人的天地,无天地,人类生命无自来;无父母,个人生命无自来。我们应孝敬父母,与应孝敬天地,理由只是一个,《礼》所谓"报本反始"。《孝经》一再说:"人之行莫大于孝,孝莫大于严父,严父莫大于配天";"昔者明王事父孝,故事天明,事母孝,故事地察"。在儒家看,这对于所生的孝敬是一切德行之本,敬长慈幼,忠君尊贤,仁民爱物,以至于谨言慎行,都从这一点孝敬出发。拿礼乐来说,乐之和从孝亲起,礼之序从敬亲起。《孝经》说:"爱亲者不敢恶于人,敬亲者不敢慢于人";"不爱其亲而爱他人者,谓之悖德,不敬其亲而敬他人者,谓之悖礼"。

孝敬天地与祖先所以成为一种宗教者,因为它不仅是一种伦理思想而有一套宗教仪式。曾子说:"慎终追远,民德归厚矣",这是伦理思想;"生则敬养,死则敬享",一部《礼记》大半都谈丧祭典礼,这是宗教仪式。祭礼以祭天地之郊社禘尝为最隆重。孔子说:"明乎郊社之礼,禘尝之义,治国其如示诸掌乎!"这话初看来像很奇怪,实在含有至理。知道孝敬所生,仁爱才能周流,民德才能归厚。《乐记》甚至以为礼乐的本原就在此:"乐也者施也,礼也者报也;乐,乐其所自生,而礼反其所自始。乐章德,礼报情,反始也。"

"报德反始"意在尊生,一切比较进化的宗教都由这个道理出发,不独儒家的敬天孝亲为然。希腊的酒神教,波斯的拜火教,用意都在尊敬生的来源。佛家戒杀生,以慈悲教世,也还是孝敬所生。耶教徒到中国传教,劝人放弃崇拜祖先,他们似误解耶稣的"弃父母兄弟妻子去求天国"一句话。其实耶教徒之崇拜耶稣,是因为耶稣本是天父爱子,能体贴天父的意思,降世受刑,替天父所造的人类赎"原始罪恶",免他们陷于永劫;这就是因为他对于天父的孝敬和对于天父的儿女们的仁慈。耶稣是孝慈的象征,耶稣教仍是含有"报本反始"的意味,这一点西方人似不甚注意到。

现在把以上所述的作一个总束。乐的精神在和,礼的精神在序。从伦理学的观点说具有和与序为仁义;从教育学的观点说,礼乐的修养最易使人具有和与序;从政治学的观点说,国的治乱视有无和与序,礼乐是治国的最好工具。人所以应有和与序,因为宇宙有和有序。在天为本然,在人为当然。和与序都必有一个出发点,和始于孝天孝亲,序始于敬天敬亲。能孝才能仁,才能敬,才能孝天孝亲,序始于敬天敬亲。能孝才能仁,才能敬,才能有礼乐,教孝所以"根本反始","慎终追远"。这是宗教哲学的基础。儒家最主要的经典是"五经"。五经所言者非乐即礼。《诗》属于乐,《书》道政事,《春秋》道名分,都属于礼。《易》融贯礼乐为一体,就其论"天下之赜"言,是礼;就其论"天下之动"言,是乐。礼乐兼备是理想,实际上无论个人与国家,礼胜乐胜以至于礼失乐失的现象都尝发现。我们可以用这个标准评论一个人的修养,一派学术的成就,一种艺术的风格,以至一个文化的类型,但是这里不能详说,读者可以举一反三。

(载《思想与时代月刊》第 7 期,1942 年 2 月)

几个常见的哲学译词的正误

一 theory 与 practice

西文 theory 一字通常译为"理论","学理","学说";它的形容词 theoretical 则为"理论的",都不很精确。这字根是从希腊文 thea 来的,与"戏院"(theatre)一字同源,原义只是"观"或"见",引申到"所观""所见"。戏院所演的戏是一种"所观""所见"。在中西文中"见"都有"知"或"了解"的意义。见而有所知,那就是 theory,心理上偏于见知的活动就是 theoretical activity。所以 theory 一字如果拿中文习用词"见解"来译,甚为恰当。不过"见解"在中文里大半指"意见",近于西文的 opinion,有时也指对于事理的"了解",

近于西文的 understanding 或 insight，为避免混淆起见，最好还是不用"见解"译 theory。我提议用"知解"，或是干脆地用"知"。

从哲学或心理学的观点来说，"知"的活动分"直觉"（intuition）与"概念"（conception）两种。前者是审美的活动，只见事物对象本身而知其形相，如明镜摄取物影，不加判断推理；后者是逻辑的或名理的活动，见到事物的关系条理，运用判断推理而得到一种知解（通常所谓"结论"或"判断"）。这个分别相当于印度因明学的"现量"和"比量"的分别。以"理论"译 theory 不妥，因为 theory 包含"直觉"与"概念"，"现量"与"比量"，而"理论"只能指"概念"或"比量"，把"直觉"或"现量"那一方面知的活动完全丢在"知解"之外了。这就是说，"理论"只是 theory 的一部分，以"理论"译 theory 就如以"人"译 animal，犯了以偏概全的毛病。在哲学上它发生一个很坏的影响，就是把直觉和概念混为一事，把"艺术"仍看成一种理论的活动。艺术确实是一种"知解的"活动，却不是一种"理论的"活动。

与 theory 相对立的为 practice，这字源于希腊文 praktikos，意即"行"或"做"。有所"知"了，本所知去"行"，就是 practice。一个律师或医生学得了一套学问（知），拿它"来行"或"应用"，我们说他 practice，凡是运用所知于实际，行为，比如说做柔软操，写字，做人，骗人，经商等等要实际去做的事都是 practice，所以这字通常又含有"练习"的意思。总之，它就是"行"，就是"做"。依字义说，把它译为"实行"或"行用"，还比"实用"较妥。"实用的"不免与"有用的"（useful）相混淆，在事实上，所做所行的事不一定全是"有用的"，尤其不全是从功利观点所认为"有利的"。

中国哲学中本有"知"与"行"的分别，这恰恰相当于 theory 与 practice 的分别。我们放弃这有历史根源的人人都易了解的"知""行"二字不用，而用"理论"与"实用"二字，不必要地引起一些误解,这不能不归咎于翻译者的疏懈。

二 sensation 与 perception

这两个字通常译为"感觉"与"知觉"。sensation 义本止于"感官(sense)起作用"。它究竟已否成"觉"呢？如果它已成"觉",那就已经是"知觉"(perception),已含有逻辑的概念,已微有推理作用,已以已知印证未知,如此则于"知觉"之外另设"感觉"是多余的。如果它还没有成"觉",那就只是外物刺激感官神经,而感官神经起生理的变化,心灵活动还没有施行它的功用,心中尚无所觉,它还不是知识的起点,所以不能译为"感觉"。我提议把它译成"感受"。"受"字在佛典里尝有这个用法(如"苦受""乐受"之"受"义为"领纳所触境")。"感受"还是被动的,未经心灵领会的。心灵主动,把"感受"察觉,于是才成"知觉"。从生理学观点看,"感受"是实在的;从心理学观点看,"感受"并不实在,只是佛家所说的一种"方便假立"。为解释"知觉"的起源,不能不假设"感受"这么一个阶段,其实在心理活动中就没有 sensation 这么一回事。心理活动的起点是"直觉"与"知觉",前者是形相的觉,后者是意义的觉,二者之前别无所谓"感觉"。

三 feeling 与 emotion

feeling 一字不但我们中国人用得很含糊,西方人也往往用得很含糊;它时而是"感觉",时而是"感情",时而是"测想"。这字的本义只是"触摸",引申到触摸所得的知觉。在心理学上这字的较确定的意义是指"快"(pleasure)与"痛"(pain)的感觉,这必先有触而后有觉。由触摸一义又引申到生理变化的感觉(例如"我感觉冷","我感觉轻松");再又引申到情绪发动时生理变化的感觉(例如"他感觉恐惧","他感觉害羞")。这些感觉有时有"情的成分"(affective element),如羞惧等;有时却不一定有情的成分,如温度感。所以 feeling 译为"感情"或"情感"都很不妥,只应译为"感触"或"感觉"。我们有"痛的感觉","冷的感觉","身体不适的感觉",却不能说有"冷的感情"等等。

这里也还有问题:feeling 既是一种"觉",一种认识,它就应该是"知觉"(perception)所包含的,何以自成一类心理活动呢?严格地,它仍是一种知觉,不应别立一类,其所以别立一类者也有一个原因。它大半指器官变化所生的感觉,这种感觉向来没有像对外界事物的知觉那么清楚。就这个意义说,feeling 与 perception 的分立只是一种方便,在学理上并没有精确的根据。不过我们已经说过,feeling 较确定的用法是专指快感与痛觉。快感与痛感虽是明显地感觉到,却与单纯的知觉有别。我知觉"这是树"和我知觉"我痛",在意识上显然不同,一个没有切身利害的关系,一个却有,这就是说,一个没有实用的意义,一个却有。这个切身利害相关的,有实用意义的就是心理学家所谓"情的成分"(affective element),这一点心理变化(feeling of pleasure or pian)常伴随一般"知"与"意"的活动,所以与"知""意"共成心理活动的三鼎足。只有在这个意义上(冷热之类,生理变化的感觉不在此数),feeling 才可译为"感情",它除"觉"之外还有几分"感动"。

emotion 常与 feeling 混淆。其实 feeling 只应指伴随一般心理活动的痛感与快感,emotion 则为喜、怒、惧、羞之类"情绪",本义为"感动",情绪发生时,心理状态都由平静起骚动。它不应译为"感情",致与 feeling 相混。

四 idea、ideal、idealized 与 idealism

idea 源于希腊文，本义为"见"，引申为"所见"，泛指心眼所见的形相（form）。一件事物印入脑里，心知其有如何形相，对于那事物就有一个 idea，所以这个字与"意象"（image）意义极相近。它作普通用时，译为"观念"本不算错。不过在哲学上，已往哲学家用这字，意义往往各不相同。柏拉图只承认 idea 是真实的，眼见一切事物都是 idea 的影子，都是幻相。这匹马与那匹马是现象，是幻相，而一切马之所以为马则为马的 idea。这是常存普在的，不因为有没有人"观念"它而影响其真实存在，它不仅是人心中一个观念，尤其是宇宙中一个有客观存在的真实体。近代哲学家康德与黑格尔用 idea 字，大体也取这个意义。所以它不应译为"观念"，应译为"理式"，意思就是说某事物所以为某事物的道理与形式。

形容词是 ideal，这字也可当作名词用，普通译为"理想"，它含有"标准"的意思，例如"理想的国家""理想的丈夫"之类。"理想的某某"是指"某某在理想上应该如此"，所以仍是"理式"那个意义生出来的。动词则为 idealize，普通译为"理想化"。这都没有什么大错。"理想"通常与"事实"对待，理想总要比事实好，"理想化"是改良事实，使它合乎"理想"或"标准"。不过有时这些译词很容易发生误解。比如说 Art idealizes nature，或 The world of art is ideal，用"理想的"或"理想化的"来译就有语病，容易使人把伦理的价值（好坏）移为审美的价值（美丑）。一个政治家或教育家所理想化的世界（从伦理观点看来）必须是一个比现实世界较完美的世界；而一个艺术家所 idealize 的世界可能是一个比现实世界较恶劣的世界，是一个极悲惨的世界。希腊悲剧所创造的世界尽管如何悲惨，却不失其为 ideal。我主张用"意象的"，"意象化的"字样来译，如

"艺术对于自然加以意象化"，"艺术的世界是意象的"。"意象的"与"实在的"相对待。意象须具完整形式，它的构成须遵照它所特有的法则，不能拿伦理的标准来衡量它或支配它。

idealism 用在哲学上通常译为"唯心主义"，利用佛家"万法唯心"的成语。就事实说，佛家法相唯识一派主张，确与西方 idealism 相近。不过把 idealism 译唯心主义对于巴克莱和康德两家的哲学尚大致不差，对于柏拉图、谢林、黑格尔诸家的哲学却甚不妥当。因为在这几家哲学中，真实世界不必靠人心去想它才存在。我想不出一个较恰当的译词，只能指出一律用"唯心主义"不妥。希望哲学家们想出一个较妥的名词，可运用于各种 Idealism。

（载《新思潮月刊》第 1 卷第 4 期，1946 年 11 月）

苏格拉底在中国（对话）

——谈中国民族性和中国文化的弱点

　　1947 年的夏天，第二次大战结束快二周了，苏格拉底看见世界问题集中在东方，忽然动了念头要看看中国，于是以一个普通游历者的身份，乘飞机到了北京。他并没有引起这座文化城的注意，没有人到机场去欢迎，也没有人开会请他演讲，他也没有在北京饭店下榻，只悄悄地投宿在沙滩附近一家小公寓。有一天傍晚，他逛到隆福寺看庙会，正和一位卖鸡毛扫帚的谈这年头的物价和生计，惹得一群游手好闲的围着看热闹。恰巧林老先生和褚教授逛旧书店，路过那里，不免动了好奇心，驻足看了一看。褚教授看愣住了，他陡然想起柏拉图在一篇对话里所写的那位鼻孔朝天、张着大嘴而自夸为希腊美男子的，便上前问道："先生莫非是苏格拉底？"那外国人若无其事地回答说："苏格拉底就是我。"林老先生听说是苏格拉底,吃了一大惊,连忙向他打躬作揖。三言两语之后,二人和苏格拉底一见如故。褚教授说:"敝寓离此不远,苏老先生可否同林老先生进去坐坐?"这邀请马上被接受了。苏格拉底爱走路不爱坐三轮,三人便沿着弓弦胡同和景山大街走去。夕阳照着故宫的红墙壁琉璃瓦,凉风掠着人行道上的槐树,一阵阵吹去,各样车辆和各种人物在街上往来奔走,这世界的色彩显然不很单调。苏格拉底常陡然在街心站住出神,害得林、褚二人连催带拖地才把他带到褚教授的小书房。褚教授记起苏格拉底会吃酒,便摆出几碟菜,一壶白干,他发现《会饮》所记载的不是虚传。微醉之后,林老先生便提出时常压在心头的那个大问题来请教。

林　您到中国,时机真不凑巧,刚逢着时局很不宁静的时候。我们都觉得中国前途暗淡,苦闷得很。我希望您发表高见,让我们知道怎样才可以度过当前的大难关。

苏　这正是我要向诸位请教的。我初到贵国,情形不熟,在报纸上也常看到关于中国的话,而报纸上的话大半带有宣传意味,不足为凭。我这次来,就想亲眼察看事实。一个乱国好比一个病人,诊治一个病人,我们首先必须认清病的征候,其次须断定病的原因,然后才能对症下药。照您说,中国的病像很深沉,它的征候究竟如何呢?

林　征候是很明显的。就政治说,政府腐败,官吏贪污。机关名目多,计划法令多,结果只是劳民伤财,没有一件事切实做好。加之国内有两个大政党,都不体念人民的痛苦,一味用私心,逞意气,打过来,打过去,未建设的无从建设,已建设的尽行破坏。就经济说,战后民生本已凋敝,又加上内战连绵,生产停顿,消耗增加,重要的供应品都仰给于外国,入超愈大,外债愈多,通货愈膨胀,豪门和富贾又用尽垄断的伎俩,使一般老百姓的血都被榨干了。您说这情形一直拖下去,中国如何得了?

苏　在紊乱时代，任何国家都不免有这种情形。就是在中国历史上，这情形似乎也常见。在我们西方，这情形不会持久，因为政府建筑在人民的意志之上，而人民不会甘心长久容忍政府蹂躏而不起来革命。据我所听到的，中国有四万万以上的人口，这是一个极大的力量，他们就会甘心让现在腐败情形延长下去吗？

褚　唉！别再谈中国人民！他们一向是些可怜虫，驯良得可怜，也愚蠢得可怜。像虫一样，他们辛辛苦苦地谋他们的简单的生活，遇着顽童来戏弄，他们先也设法逃避，到逃避不了，便在践踏之下抽一抽筋结果了生命，反正这都是天意。都是命定。听天由命是他们的最后的人生哲学。政府是天高皇帝远，无论是好是坏，他们都只有俯首帖耳，接受已成的事实。政府反正只给他们麻烦，为免去麻烦，他们愈少和政府打交涉愈好。谁能希望他们团结起来成为一个影响政府的力量呢？

苏　一般人民都是让人牵着鼻子走，尤其在中国这种庞大的国家，大多数人民没有受政治教育，这倒不足为奇。在任何社会，开导风气的，这就是说，影响实际政治的，都是少数知识分子。你们的孔夫子老早就说过："君子之德风，小人之德草，草上之风必偃。"我很相信这句话。你们的中国社会素来尊敬士大夫，一般人民都是惟贤士大夫马首是瞻。我看中国报纸，也常提到"社会贤达"，这些社会贤达在干什么呢？

褚　苏老先生，您这一问更叫我们惭愧了。在今日中国，贤者不达，达者不贤。打贤达招牌的心眼里也还是官阶和势利。有官有势了，他们也就同流合污。原来多数贪官污吏也就是由贤达起来的。

苏　我看褚教授这话太愤激也太谦虚。到处都有坏人，到处也都有好人。比如说您二位自己，你们都是中国的知识分子，不可妄自菲薄，说自己不是社会贤达，你们尽了什么力量来挽救中国呢？

林 您这话固然是当头棒，令我们羞愧万分。但是您得知道，好人都洁身自好。现在中国官场已经只是藏垢纳污的地方，谁插脚进去，谁就要变成坏人。否则，根本插不进脚，或是纵然插进去就被挤出来。所以在目前中国，是好人就不肯问政治，肯问政治的纵然想做好人也势有所不能。洁身自好的谁肯睁着眼睛跳下泥潭呢？

苏 我老是惊讶中国怎样就会弄成这个局面，原来诸公都在洁身自好。传说中国有两条河，一条水全是浊的，一条水全是清的，两条河并流而不相混，清的固然永远是清的，浊的也就永远是浊的。这仿佛有一点像中国社会。但是，我所担忧的是清水虽然不扰浊水，浊水恐怕要混入清水。中国不是又有"泾以渭浊"一个传说么？诸公在讲"自好"，恐怕到头来"洁身"也都大有问题。个人的洁浊事小，整个社会的洁浊事大，诸公都在袖手旁观，中国社会不就永无澄清的希望么？

褚 这话也难说。历史常是循环的，物极必反，一个社会坏到不能再坏的地步，总得要变，既不能变得更坏，那只有朝好的方向去变。有些哲学家以为任何社会都潜伏着自身改变的种子，恶因可以产生善果，这往往不是人力所能左右的。中国民族的生命力本来很强，历史上我们已经过无数的类似的难关了，可是终于度过。这正是《易经》所谓"否极泰来"，诗人所谓"山穷水尽疑无路，柳暗花明又一村"。很可能地我们目前的"山穷水尽"已潜伏着未来的"柳暗花明"。

苏 诸公的这种自信，很可佩服。我是西方人，头脑很简单，对于你们东方的这套天命哲学还要另找一个机会详细请教。我不能想象到一块静止的石头怎样能自己动起来，或是一颗枯死的树怎样能自己活转来，也就不能想象到一个腐浊的社会怎样能自己变澄清。您提到历史,依历史的教训,许多坏到极顶的社会,像古代的希腊、罗马的希伯来,中世纪的罗马教皇统治下的封建社会,以及近代的帝制的法国、俄国和你们亲眼见到的满清,都倒塌了,灭亡了。已经倒塌的就不会再起来,继之而起的是另一种社会,另一个民族,另一种力量。归根究底,一切都还靠人的努力。比如说你们中国历史上有许多朝代的兴废,您看那一朝真正是应天运而不由于人力呢?

林 人力固然要紧,可是大势所趋有时不是人力所能挽回的。中国目前的病根不仅在自身腐败,尤其在外来的压力太大。从满清末年以来,我们常在受帝国主义的侵略,到现在已失去自主的能力,一切都在受外国人的支配。比如说眼前的僵局,和是和不了,战也战不了,原因就在美苏两国在背后玩把戏。美苏不和,我们和不了;美苏不战,我们也战不了。结果我们只有拖,让老百姓们一直不断地受苦受难。

苏 依我看来,这种世界大势观骨子里还是一种命定论。请问,美苏两国怎么就能支配中国呢? 中国怎么就受美苏支配呢? 难道这都是天意注定的?

褚 这当然有长久的历史,非一朝一夕之故。

苏 那么,历史就是天意注定的?

林 归根究底,还是我们中国人的质料太坏。

苏 中国人在历史上所表现的也并不弱似哪一个民族呀!

林 中国这个民族实在是太老了,暮气已深,拿不出坚强的力量来应付目前的复杂艰难的局面。

苏 说到民族的老幼问题,我们谁知道那一个老,那一个幼? 大家还不是出自一个共同的祖先? 比如说,你们中国边疆的民族,未必就比你们汉人年轻。严格地说,老幼并不能指一个民族来说,只能指一个民族的文化来说。一个文化有老幼,但不一定就依老幼定高低，一个老文化也未必就衰弱。诸位也许知道，今日西方的文化在大体上还是古希腊和古希伯来所遗传下来的，尽管它经过很大的演变。总之，民族无所谓老幼，文化不一定因为老而就有暮气，一个文化使一个民族显得有暮气。那不是因为它老，而是因为它本身有毛病。

林　对呀！我就常这样想，一个国家的文化就是它借以生存的潜在的力量。到了它难于生存，而它的文化不能挽救它的厄运，这就足见那文化自身有弱点。所以中国现在的腐败情形，就是中国文化弱点的暴露。

褚　"文化"这个名词未免空洞。

苏　是的，我们应该把这个名词弄清楚。其实这并不难，我们可以拿一个中国人和一个非洲人来比较，他们生在不同的社会里，便有不同的生活方式和生活理想。那些生活方式和生活理想并非某一个社会分子所特创的或独有的，它们是一个社会根据长久的经验与长久的探讨所逐渐形成的，一个人投生在那个社会里便不知不觉地受它的生活方式和生活理想所熏染，逐渐养成一个那个社会模型的人，与另一社会模型所养成的人不同，他对于做人处世另有一套看法，也另有一种做法。这种对于个别分子有熏染性的传统的集团的生活方式和生活理想便是文化。"文"是体，"化"是用，"文"是生活方式和生活理想；"化"是对于个别分子熏染的效果。

林　换句话说，文化就是我们中国先圣先贤所着重的"教化"或"风气"。

苏　是的，也就是我们西方人所常说的"传统"或"社会的遗产"。

褚　我还不明白这老玩意儿与我们当前的艰难局面有什么关系。

苏　就是这老玩意儿形成了现在的中国人,也就是这老玩意儿酿成了现在的中国社会腐败。林老先生方才所说的话实在不错,中国人的质料太坏,现在的中国腐败情形就是中国文化弱点的暴露。

褚　中国人的质料究竟坏在那里呢?中国文化究竟弱在那里呢?

苏　这就是根本问题。其实这两个问题归根还是一个问题。中国文化的弱点形成了中国人民的弱点。不过,我们姑且放下中国文化的弱点,先来检讨中国人民的弱点。在诸位看,中国人民最大的弱点是什么?

褚　那当然是贪污,个个人都想占一点非分之财,满足他的低等欲望。

苏　一个人何以要贪污?

林　这往往也怪不得贪污的人们,现在生活太艰难,工作的报酬太低,逼得许多人非贪污不能过活。

褚　这也不尽然。如今最贪污的人都是最有钱的人。他们的生活本已不成问题,就是穷奢极侈也还办得到。可是愈有钱的人就愈爱钱,愈爱钱的人就愈不择手段去抓钱。

苏　他们要过多的钱去做什么用?

褚　有钱才能有势,许多大官贪污,是蓄积政治资本,可以用来贿赂其上的,收买在下的。

苏　用贿赂收买去攫取权势并不是一条正当的路,他们为什么不凭学识与才能呢?

褚　苏老先生,您这个问题就显得有些迂腐了。没有学识才能的人也还得要权势,用钱去买,虽不是一个正当的路,却是一个简便的路。

苏　怪不得,人人都说中国人聪明,他们会走简便的路。但是，我还得请教，为什么不走正当的路而走简便的路？

褚 走简便的路要省事些，用不着出那么大的力。

苏 那么，贪污是因为要省事，不肯出力。

林 还有些人贪污是因为现在中国社会动荡得太厉害，今天保不着明天，每个人都没有安全感，所以要抓一点钱防未来的饥寒。

苏 那倒是深谋远虑，正如犹太人的《圣经》所赞扬的蚂蚁，积谷防冬。

林 还要留给子孙。

苏 那也是一片好心肠。用贪污的方法积下钱来，留给自己将来，或是留给子孙用，是否就绝对有安全感呢？

褚 至少是钱还留在腰包的时候。

苏 它留得住，留不住呢？我想到昨天在一座古老的房屋里所看到的一根木柱，柱里面全是蚂蚁，每个蚂蚁都在尽力蛀那根柱子，把它蛀得空空的。到后来那柱子只有倒塌，那些蚂蚁也无可再蛀。我想这根柱子正如中国，而中国人民全是蛀柱子的蚂蚁。可惜的是那里只有那么一根柱子，蛀完了就完事大吉。

林 您这个比喻一点也不错。中国人民应该学的是酿蜜的蜂，而他们实际所做的是蛀柱子的蚂蚁，不努力生产，只在消耗。

苏 他们为什么要这样？

褚 还不是像您方才所说的，走简便的路，要省事，不肯出力！换句话说，懒惰！因循苟且！

林 是的，我们中国人的病根就在这里。所以贪污不除，中国永无翻身之日。

苏 病根并不在贪污，而在中国人性中的因循苟且。这一层除不了，贪污也就除不了。贪污只是因循苟且的一种征候，贪污只传染了一部分中国人，而因循苟且却根深蒂固地潜藏在每一个中国人的血液里。

褚　您这句话似未免过火一点。您似乎放弃了您一向冷静客观的态度。和中国人说话，也学得中国人的笼统和武断。怎么全中国人都是些坏蛋呢？

苏　不，我早就说过，到处都有坏人，到处也都有好人。你们的好人也还是要省事，不肯出力，懒惰，因循苟且。

褚　请把您的话说明白一点。

苏　你们的洁身自好就是你们的因循苟且。你们是中国的知识分子，是社会所属望的救星，而你们袖手旁观政府的腐败，社会的黑暗，人民的愚蠢，整个国家的危亡，心里毫无所动，只拥着清高的地位，自美其名曰"洁身自好"，问其所以然，还不是要省事，不肯出力！还不是懒惰和因循苟且！

褚　话也不能这么说。于今社会复杂，一切要分工合作，一个人不能骑两头马，我们是在办教育。教育也还是国家的根本大计，您老先生须得承认。

苏　我并不否认教育是国家的根本大计。假如你们把教育办好，中国就不会弄成现在的局面。可是，你们只是借教育这个职业来维持你们的可怜的生计，自己没有在学问思想上努力，更没有在做人方面努力，种瓜得瓜，所以你们的青年也不像有朝气，都在彷徨无所归，甚至受社会的恶影响腐化。

褚　您的话说得很直爽，但是，我们也有苦说不出。生活的压迫是这样重，时局是这样动荡不宁，我们未尝不想尽一份力量，可是力不从心，环境的搅扰太多了。谈到青年，他们和我们这一代人已脱了节，我们有话也说不入耳。

苏　这究竟是谁应该负责任呢？

褚　都是一些干党干政治的人，他们利用学生们作他们的工具，叫他们宣传呀、组织呀、发动学潮呀，以至把学校弄成不是读书的地方,而是政治斗争的场所。

苏 你们设法制止没有?我以为这是力量的比较,外面的力量压倒了你们,足见你们的力量太小了。

褚 在今日中国,少数人的力量确是微弱。

苏 我已经说过,在中国社会领导风气的一向是少数知识分子。现在,少数知识分子说他们不能领导风气,那就足见他们没有尽他们的力量,负起他们的责任。他们还是误于因循苟且。对不起,我的话说得太直率了,但是,我一向不肯说谎话,而诸位所要听的也不是谎话。

林 我们很感谢您以真心待我们,您的话都是对的,我们中国人大半太懒惰,太因循苟且。不过,依我看来,我们的毛病还不仅此,最大的毛病还在自私。唯其自私,所以坏人贪污腐败,好人只求"自扫门前雪"。旁人的痛痒不能成为自己的痛痒,所以同情心和公益事业在中国都说不上。民主难得实现,病根也就在此。大家都抱个人主义,固执己见,爱争吵,难团结,四万万人只是一盘散沙。您如果仔细观察,便可以看出中国一切事之糟就糟在自私。

苏 自私诚然是一个普遍现象。但是我们须得研究:自私是不是最聪明的打算呢?

林 自私的人大半很短见,只看见自己看不见旁人,只看见小处看不见大处,只看见现在看不见未来。比如说,现在中国贪污的情形,大家都贪污,势必把整个国家弄垮台,整个国家垮了台,贪污的人也就同归于尽,这是很显然的,而自私的人却不肯或是不能看这么远。

苏 对呀!自私的人都像传说中的鸵鸟,猎户快追到身边来了,把头埋到沙里,以为那就是有安全的保障。人生来有维护个体生命的本能,就生来是自私的。可是,有聪明的自私,有愚蠢的自私。聪明的自私是博爱,是急公好义,大家都享福了,我自己自然也就享福。愚蠢的自私是损人利己，坏团体以求个体的安乐，团体坏了，个体自然也就安乐不了。您说中国人的自私属于那一种？

林　当然属于愚蠢的一种。

苏　中国人在各民族中是以愚蠢显著么？

褚　据一般人的统计，中国人的智力相当高。

苏　我看中国人是极聪明的。极聪明的人偏做极愚蠢的事，这是什么道理？是由于他们不能思想，还是由于他们不肯思想？

褚　我看是由于不肯思想。

苏　您看得对，中国人只是不肯思想，不肯彻底地思想。安于短见，爱打小算盘，爱占小便宜。他们为什么不肯思想呢？

林　还是由于您所说的懒惰，因循苟且。

苏　一点也不错。自私的根源还在不肯朝深处想，还在懒惰，因循苟且。现在我们可以把以上的讨论作一个结束了，中国人的一切毛病都要归原于懒惰，因循苟且。这一点诸位该同意？

林　同意。

苏　但是问题还没有解决。中国人何以这样懒惰，这样因循苟且呢？

褚　这是几千年来的社会环境造成的。大家相习成风，便不觉得这是一个毛病。所以人人都染上这毛病而不自知。

苏　这"社会环境"四个字似太笼统，如果它指社会的繁荣或紊乱，如果说过于逸乐的环境容易使人懒惰，那么中国整部历史是一部不断的天灾人祸史，我们就不能取这个意义来说中国人的懒惰由于中国的社会环境。如果说社会环境就是社会上懒惰的风气，那风气如何起来就还要待解释。

林　这问题就不容易解答了，也许中国人的生性原来就是懒惰。

苏　谈到生性，人类原来都差不多。而且中国民族在过去历史上所表现的有许多艰苦卓绝的成就，无论是在学问或是在事功方面。就是说现在，大多数乡下农民还是能耐劳耐苦，只可惜他们没有受教育，没有能力或机会去影响国家的政治和社会风气。在中国，影响国家政治和社会风气的还是士大夫阶级，而这个阶级害病最重，流毒也最深。他们是开创风气的，我疑心因循苟且的风气也是由他们播下种子。所以问题就在中国士大夫阶级何以养成懒惰或是苟且因循的风气。

林　士大夫是直接受文化影响最深的，也是文化的传播者，恐怕病根就在文化本身吧？

苏　我也疑心到这一点。不过，中国文化在哪一方面有毛病呢？

褚　我倒有一个想法。所谓懒惰或苟且因循是朝抵抗力量最低的路径走，是不肯正面直视困难而拿出力量来把它克服，是迂回逃避，得过且过。所以它是力量贫乏的表现。一个人到了紧要关头，硬着头皮说："不怕，我来冲将过去！"这要一股劲儿，要一点意志力。许多中国人的毛病正在要下决心的紧要关头，鼓不起那股劲儿，拿不出那点意志力。原因还在他们的体力太弱，生命力不够。说来说去，精神上的懒惰还是由于身体上的羸弱。中国士大夫阶级大半是文人，而"文"与"弱"在中国向来是联在一起的。因此，他们开了懒惰的风气，并不足为奇。

苏　褚教授这番话倒很有意思，也许那竟是一部分的原因。不过这一说唯物主义的气息很重，我还有一点怀疑。十字架上的耶稣并不是一个强壮的大汉，而许多中国贪官污吏倒是肥头胖脑，长得挺结实。

林　您提起耶稣，我倒想起一个答案。中国文化的弱点恐怕就在不看重宗教。中国文化向来只看重伦理，它是现世的，实用的，只打眼前盘算的，纯由理智出发的，不带一点奇思幻想，也不带一点激烈的情操。它彻头彻尾是一种温和的尘世主义。所以中国人遇事都冷冰冰的,没有一点宗教的热忱。褚教授所说的力量的贫乏正是宗教热忱的贫乏。临到决定是非的紧要关头,中国人没有一点宗教热忱去鼓动他说:"我要走这条路,不走那条路。"只马马虎虎地混将过去。这正是您所谓因循苟且。

苏　我们的谈话愈来愈有意思了。我们现在所谈的不是中国文化问题,而是整个哲学上的一个大问题了。这就是:人类行为的原动力究竟是什么? 它是情感呢,理智呢,还是情感兼理智呢? 在林老先生看,它是情感,是不是?

林　问题不这样简单,姑且说"是"罢。

苏　我不愿把柏拉图所记下来的我的许多谈话再复述一遍,且请问一个简单的问题:您如果痛恨一个人,巴不得马上就把他杀死,是不是?

林　有时是这样。

苏　假如您本着一肚子忿怒,毫不迟疑地真把他杀死,您的行为的原动力是您的情感,您的恨和怒,是不是?

林　是。

苏　可是通常您痛恨一个人,是否马上就把他杀死呢?

林　这却不然。我得四面八方地思量一番,想一想杀了他,我在法律上站不站得住脚,在道德上是不是一件亏心事,或是他真该死,我是否不亲自动手,要到法庭上去求一个公平的处理。

苏　您这样想来想去,您就把杀他的念头暂时放下了,是不是?

林　自然如此。

苏　那么,您的理智节制了您的情感,您停止杀他那一个行为的原动力是您的理智还是您的情感呢?

林　那当然是理智。

苏　在这个假想的情形之下,您的情感对,还是您的理智对?

林　在文明社会里,应该说理智对。

苏　一切人类行为都可以由此类推。我们应该说,在文明社会里,行为的原动力往往是,而且也应该是理智,而不是盲目的情感。人类和其他动物,文明人和野蛮人的分别都在此,等级愈低,愈少理智的节制,愈容易受情感的冲动。您方才提起宗教,假如宗教也还是要拿理智节制情感,它就和哲学原无二致;假如它提倡信任盲目的情感,那是回到禽兽和野蛮状态。事实上确有一些宗教要人趁着热血来潮,本着盲目的情感,去杀人,去做其他无意义的事。这是狂热主义(fanaticism)。人类在已往走过许多错路,做过许多坏事,就由于这狂热主义在作祟。最近的例子是德国、意大利和日本。他们要违背人性,发挥兽性,所以都受了他们所应受的惩罚。我看你们中国现在许多作政治斗争的人们也还在蹈以往的覆辙。他们正是中宗教热忱的毒,他们不寻求光明而在玩火。

褚　光和热原来都是不可少的。

苏　不错,但是光更重要,没有火的光不会误事,没有光的火十有九要误事。我老早就有另一个简单的比喻,情感是马,理智是缰,马没有缰,就会乱跑闯祸。

褚　您这番话与我们所谈的中国问题有什么关系呢?

苏　谢谢您提醒。我真老糊涂了,绕了这么一个大弯子。我的意思是,你们中国人因循苟且,不肯出力,并非由于缺乏宗教热忱,而是由于没有尽量发挥理智的力量。你们贪污,你们腐败,你们对着危亡的局面袖手旁观,你们到处自私,都只有一个病源,你们没有把事情看明白,没有把算盘打清楚。所以任低等欲望的驱遣而不顾前途的祸害。总之,你们的病症在力量的贫乏,行为的苟且;你们的病源在思想的不缜密,知识的不周全,你们所患的是半愚昧症。

林　我仍疑心你这个绝对的理智主义太偏。在我们中国的先圣先贤看,情与理要互相融和,一个人才能成为完人。无情的理智容易使一个人冷酷干枯。

苏　融情于理,不但是你们的儒家的理想,也是我们希腊人的理想。不过融情的那个理要是周全的理,理不周全,情就不能合理地融在理里面,结果往往是高等情操不能尽量发展,而低等情操却横行无忌。犹如没有使缰子把马御好,马便不发挥它的驯良的走正路的倾向,而发挥它的横冲直撞,放纵不羁的倾向。理的偏狭自然影响到情的横邪。目前你们中国正在吃这个亏。你们在半愚昧状态中,让低等情欲在横冲乱闯。

褚　您的形容倒像很对,您以为中国民族的这个弱点是中国文化所酿成的吗?

苏　至少是中国文化表现于中国民族的没有一种很活跃的穷理求知的空气。你们社会一般人太不 philosophial,没有阿诺德推尊我们希腊人的那种"思想的自由生发"。

林　原来我们儒家所讲究的正在格物致知穷理。

苏　你们有研究思想的逻辑没有?

林　《墨经》里有类似逻辑的部分,后来印度的因明学也传到中国来,可是都不很发达。

苏　你们有形而上学没有?

林　没有。

苏　你们有知识论没有?

林　没有。

苏　你们对于宇宙人生种种问题有没有一部有系统有条理的著作?

林　没有。

苏　那么,你们就没有我们西方人所说的哲学。你们虽是说要致知穷理,恐怕并没有做到。

褚 我们也有我们的哲学。

苏 你们的哲学讨论些什么?

褚 大半讨论人与人的关系,我们的儒家对于人应该怎样做人这一点特别着重。

苏 有什么重要著作没有?

林 《论语》、《孟子》、《礼记》、《荀子》以及后来朱程诸儒的集子。

苏 那些书我倒读过几种。它们大半是些记录,随感录,或是短文。此外你们的道家书像《老子》,《庄子》,我也涉猎过。

林 您对它们的意见如何?

苏 都是一些顶好的书,其中许多话只有学问修养极深的人才说得出。我特别注意到它们同西方著作不同的几点。头一层,论兴趣范围,它们诚如林先生所说的,是现世的和实用的。像我们无所为而为的致知穷理的精神在它们里面似不很显著。其次,论思想方式,它们是直觉的、综合的,有结论而无达到结论的线索和步骤,有系统条理地分析思想似非作者所长。第三,论说话口吻,它们大半偏重教训,作者以权威的身份,把自己的经验和思想交给读者,重要的目的不在要他们了解而在要他们信仰、奉行。

林 这些是否都是毛病呢?

苏 不一定是毛病,但是可能成为毛病,至少是从"思想的自由生发"那个标准来说。比如学问偏重现世实用,它不免就像画地为牢,把自己囚在里面,所见的便难得广大周密;思想偏重直觉综合,它不免囫囵吞枣,甚至堕入神秘主义的乌烟瘴气;传授偏重教条式,权威就代替了亲身印证,信仰就代替了思想,这往往养成思想的守旧、懒怠,和奴性化。请两位平心静气地想一想,中国人在思想上是否有这些毛病?

林 把中国文化在以往的表现仔细一看,您所说的这些毛病确是很显著。

苏 从西方文化输入中国以后,你们的思想方法与方式是否已经改变了呢?

褚 改变只是表面的,骨子里中国人还是中国人。科举废了,八股的精神依旧存在;经典被人唾弃了,教条主义依旧占势力,学校里教科学了,连所谓科学家的思想也往往极不科学。

苏 这就是你们的致命伤了。你们虽不是一个虔信宗教的民族,可是你们的文化始终没有脱离宗教的阶段,始终没有进入哲学的或科学的阶段。你们的思想方式铸就了你们的生活理想。你们崇奉中庸主义,不肯走极端,这固然有它的美点;可是,遇事做到彻底的那股蛮劲儿你们没有,你们只求折衷,结果往往是苟且敷衍。你们听天由命,到了人力无可如何的时候,便放下手来,不肯作无用的挣扎,这也是你们的智慧;可是这往往做了你们不肯出最后五分钟力的借口,天命主义其实还是失败主义。你们中间聪明人暗地里都是老庄的信徒,讲究清虚无为,相信静可制动,柔弱可以胜刚强,我不敢否认这是老于世故者的聪明的处世法,可是连带地你们轻视知识,轻视努力,轻视文化,轻视群众与团体生活,渐渐地养成了极端的自然主义和极端的个人主义。这一切成为你们中国文化的核心,成为熔铸你们每个人的心理模型的洪炉烈焰。你们的懒惰和苟且有你们的文化背景,有你们的哲学根据。

林 那么,我们是否应该彻底放弃中国文化呢?

苏 这倒大可不必,而且也不可能。俗话说得好,"没有人能改变他的出身"。是什么样祖父,就有什么样的儿孙。社会的遗传和生理的遗传是同样不能一笔勾销的。你们不能放弃中国文化,可是你们必须扩大中国文化。

褚 怎么扩大?

苏 当然是吸收西方文化。无论你们愿不愿意,关是闭不了的,西方文化迟早总要打进中国来。可是你们千万记着:西方文化的精髓是我们希腊的传统,是"思想的自由生发",是"爱知"。你们如果没有接收到这点精髓而只接收到近代西方的工商文化,那就犹如你们讲道教不透懂老庄而只炼汞养生,求神问卜。

时间已是深夜了。苏格拉底的一席话把林先生和褚教授弄得眼瞪口呆,面红耳热。二人心里还不很服。苏格拉底说话的口吻有时竟近于武断,动不动就表示自己的意见,不像他在许多对话里那样从容不迫,拨茧抽丝,一层一层地鞭辟入里,这一点尤其使他们失望。苏格拉底自己也明白这一点,他心里却有一个打算。以为他说话的对象是中国人,他们脑筋敏捷,用不着像教小孩似的教他们。而且中国人本来就爱一点权威气派。他也知道林、褚二人心里还有点疑惑,可是时间不允许他再谈下去了,于是站起来说,"今天我们谈得很有趣,可惜还没有尽兴,下次有机会再谈"。便向林、褚告辞,回到公寓去了。

（载《文学杂志》第 2 卷第 6 期,1947 年 11 月）

基督教与西方文化

——一种重新估价的尝试

宗教是一种反映经济基础的意识形态,在落后的社会里,它是意识形态中的最重要的一种,带有极顽强的保守性,其他意识形态往往以宗教为中心。基督教就是如此。就时间而论,基督教从罗马帝国时代奴隶社会起,经过封建社会到资本主义社会,一直统治了西方将近二千年,其中约莫有一千年——从四世纪到十四世纪——它是欧洲的最高的统治力量。就空间而论,基督教起源于巴勒斯坦,由中东传到近东,蔓延到罗马帝国的全部领土,征服了所谓"野蛮"部族,很早就传到非洲北部。它的东教会一个支派——景教——在唐初就传到中国。在近代,随着帝国主义的殖民侵略的发展,它流传到美洲、澳洲、印度,以至渗透了全世界的每一个角落。从来还没有另一种宗教拥有过像基督教的那样大的势力。就范围而论,基督教在欧洲长期占住统治的地位,与政治紧密联系,文化教育,文学艺术,哲学思想等等没有哪一个生活领域没有受到基督教的深刻影响。我们可以说,不了解基督教,就不能彻底了解西方文化的整体或是其中任何一个部门。

承认基督教影响的悠久、广大与深刻,并不是说这个影响一定就是好的。过去资产阶级历史学者大半是基督教徒,在估价基督教对于西方文化的作用方面,往往把西方文化上的许多成就都归功于基督教,仿佛以为没有基督教,就没有西方近代文化,而西方人之所以是"文明"人,就因为他们是基督教徒。这种歪曲历史的见解之所以逐渐形成,是与帝国主义殖民政策分不开的。我们在这里想替基督教的功过算一笔总账,对西方文化求得一种较正确的理解。由于作者能力的薄弱与篇幅的限制,所谈到的方面只能是很粗略的,有些地方也难免是错误的。

一　基督教的起源与发展

基督教是怎样起来的呢?总的来说,它是犹太旧教的继承和革命,是奴隶和其他被压迫的人民对罗马帝国残酷统治的反抗,而在它的形成中,它吸收了中东埃及各部族的宗教信仰,以及希腊哲学思想(特别是斯多葛派和新柏拉图派)的影响。

要了解基督教,先要了解它所继承和改革的犹太教。这不仅是因为基督教把犹太教所信奉的《旧约》作为它的《圣经》的一部分,尤其是因为不了解犹太教的基础,就无从了解基督教对于犹太教在哪方面是继承,在哪方面是改革。犹太民族在古代叫做希伯来民族,有很悠久的历史。在希腊民族占住了希腊半岛之前,希伯来民族就早已占据了巴勒斯坦一带地方。巴勒斯坦西临地中海,东邻阿拉伯沙漠,是个狭长形地带,从古到今,因地方都很贫瘠,生产一向落后。但是它北邻腓尼基(古代一个极活跃的通商国家)，南邻埃及(北非一个古老的强大的帝国)，是近中东一带与埃及陆路交通的咽喉要道，是周围一些国家必争之地。希伯来民族在古代长期处在大国的夹缝里，西边是希腊罗马，南边是埃及，东北一带经过一系列的帝国起伏，亚述，叙利亚，巴比伦，波斯，阿拉伯等。因此，希伯来民族不断地遭受外族的侵略和压迫。在公元前八世纪，他们被亚述帝国征服了，国内大部分人口被迫迁移到巴比伦，在那里住了五十六年，等到波斯帝国灭了亚述，波斯大帝大流士才让他们回到巴勒斯坦。接着他们陆续受到波斯，希腊，埃及，叙利亚和罗马帝国的统治和奴役。外部是如此，就是在巴勒斯坦内部，希伯来民族也不断地和原来土著部族(迦南族)和其他外来占据的部族(腓力斯族)进行着剧烈的斗争。在这长期内外夹攻的局势之中，希伯来民族不断地挫败，也不断地恢复势力，因而养成了一种强烈的狭隘的民族主义。这就体现在犹太教义上。犹太教有这几个基本要点：一、耶和华是世界唯一的上帝(犹太教是一个最早的——神教)；二、希伯来民族是上帝特别宠爱的骄子(chosen people)，巴勒斯坦是上帝赐给他们的土地(promised land)；三、通过犹太民族的祖先如亚伯拉罕，摩西等人，上帝和希伯来民族定过约(testament)。希伯来民族要永远效忠上帝，上帝也就永远保佑他们，将来还会派遣一位救世主(Messiah，即希腊文的 Christ)，使他们统治全世界的一切民族。《旧约》大部分是希伯来民族的历史，其中贯串着一个主要的思想：每逢希伯来民族效忠上帝时，他们就强盛；每逢他们背叛上帝时，他们就遭殃；但是他们对于他们的未来却充满着信心。犹太教的首都在耶路撒冷，在那里有一个大寺院。教权当然掌握在僧侣手里，由一些高级僧侣组成一种行使教权的机关(sanhedrin)。像后来的基督教僧侣一样，犹太教僧侣逐渐世俗化，把他们宗教的基本精神丢开，在一些私人利益和教条仪式的繁文琐节上勾心斗角，因此他们不能满足群众的要求，失去群众的基础。大略说来，这就是犹太旧教在耶稣降生前一个时期的基本情况。当时犹太教需要改革。

在耶稣降生时代，希伯来民族是在罗马帝国统治之下的。当时罗马奥古斯都·凯撒执政，正当由共和国转入帝国的时期。它的疆域已包括地中海沿岸的地方，西抵大西洋，北抵莱因河和多瑙河南岸，南抵埃及，东抵腓尼基和巴勒斯坦。它把征服的疆土划分为省，每省派一个行政长官或总督统治。当时巴勒斯坦就是罗马的一省，罗马委派了一个犹太民族的"汉奸"黑罗德（Herod）为总督。罗马帝国因为疆域广大，须维持大量的军队和漫长的交通线，加以不断的内战和外战，须耗费大量军费。此外，罗马公民（限制很大）拥有种种特权，例如有一个时期他们购粮，只须出市价的一半。他们一般都过着骄奢淫逸的生活。这些费用都是由各省被征服的人民中压榨来的。各省税收大半由征收官吏承包，他们缴纳一定的款额给罗马，就买得在地方收税的权利，可以在所管区域肆无忌惮地勒索。当时罗马公民所进行的农业生产和手工业生产大半靠贩卖来的或是捉来的奴隶。他们对奴隶的待遇一般是残酷的。有些奴隶被迫做角斗的把戏，这种角斗是要到有一方流血送命为止。罗马公民就喜欢从这种残酷的玩艺里寻开心。不难想象，当时在罗马帝国统治下的人民所过的生活是极端痛苦的。巴勒斯坦是个穷地方，所受的压迫当然更加深重。

要说明罗马帝国的残酷与人民的痛苦，可以举一件与耶稣有关的事为例。巴勒斯坦总督黑罗德有一天举行宴会，他的妻子的前夫的女儿莎乐美（Salome）在宴会中跳舞，大得黑罗德的欢心，他允许莎乐美要什么就可以得到什么。当时希伯来民族中有一位约翰到处宣传天国快要到来，号召人忏悔罪过，在约旦河里受洗一次，作为洗心换面的表示。这位约翰被罗马政权逮捕下狱了。现在莎乐美说就要这位约翰的头。黑罗德马上叫人把约翰杀死，把他的鲜血淋漓的头盛在一个盘子里送到宴会上来，献给莎乐美。原来莎乐美的母亲都是淫荡的妇人，她们是仇恨约翰劝人悔罪那一套说法的。从这件事就可想见当时社会黑暗的一斑。

耶稣就是受过约翰洗礼的。他受洗之后不久，就听到约翰惨遭非刑杀害的消息，从此就下定决心，要献身于宗教事业，宣传天国的教义。耶稣是从穷苦阶级出身的，他家住巴勒斯坦北部加利利湖边的叫做拿撒勒的一个村落。父亲是个木匠，他从小也就跟父亲学木匠的行业。他跑到约旦河边去受约翰的洗礼时还是一个年轻人（大约二十七岁）①。他开始传教的地方就是他的家乡加利利湖边。他的传教的对象都是些穷苦的人民，例如最大的门徒彼得就是一个渔夫。凡是在社会上被压迫被鄙视的人特别受到他的照顾，他的听众中有许多犯罪的人，害病的人，税吏乃至于妓女。后来他要清洗犹太旧教，带些门徒到了耶路撒冷，把犹太大教寺里一些做买卖的人、兑换银钱的人一齐赶走，在那里传起教来。这当然受到犹太教僧侣的仇视，他们买通了他的门徒之一叫做犹大的带人把他逮捕起来，交给当地罗马总督彼拉多审问，钉上十字架处死了，死时大约才三十岁左右。所以他总共只传了三年教。

说耶稣有我们近代人所理解的革命观念，未必符合事实，但是他看到犹太教的堕落和罗马政权的荒淫残暴，社会道德风纪败坏，民不聊生，心里感到极大的痛苦与怜悯，想设法把这个局面变过来，这却是事实。他的基本教义是很简单的。他接受了犹太教的——神教的观念，而特别着重约翰授洗者所宣传即将

---

① 关于耶稣的年龄，甚至他有无其人，史学家中有很多的争论。

到来的"天国"。犹太教的上帝是偏爱希伯来民族的,耶稣的上帝却是一视同仁,人不分种族和社会地位,在"天国"里,在上帝的面前,都是一律平等的。这个教义是新的,极端重要的,因为它把一个狭隘的民族主义的犹太教变成一个世界性的不分种族的宗教,尤其重要的是这种平等思想针对着奴隶制度和罗马帝国的统治,耶稣可以说是在罗马帝国里打了一针败血剂。他似乎清楚地见到当时人民要脱离苦海,不只是希伯来一个民族的问题,而是当时世界范围的问题,所以过去的犹太教已不能应付当时的局面,而平等这个理想不仅代表希伯来民族的希望,也代表着罗马帝国一切被压迫被奴役的人民的希望。基督教所以能在罗马帝国里得到迅速而广泛的发展,就因为他的平等教义在当时广大人民心理中有深广的基础。

如何实现这种天国呢?在这里耶稣把问题看得太简单了。他说"天国就在你自己的心里",只要人忏悔罪过,把心改过来了,天国也就到来了。像许多过去的哲学家和宗教领袖一样,耶稣想把社会的基础建筑在善良愿望上,不从社会制度根本上着眼。这当然是极端唯心的,反映着耶稣思想的落后的一方面。但是从另外一个角度看,耶稣用的是攻心战术,要从思想上瓦解当时的犹太教和罗马政权,在当时条件下也不能说是一个完全无效的办法。因为罗马政权还正当鼎盛时代,耶稣以一个穷苦的木匠,手无寸铁,而当时民众的力量也还很难组织起来进行有效的武装斗争。在耶稣降生前七十年左右,斯马达克(Spartacus)就曾经领导过一次奴隶起义,其中大半是受罗马帝国奴役的外族人,包括犹太人在内,尽管声势很浩大,却终于被罗马政权镇压下去了。这说明了当时反抗情绪的普遍,也说明了反抗条件的困难。耶稣不一定知道这次奴隶起义的经过,但是造成他宣传平等教义的原因却是和奴隶起义的原因是一致的，所不同的他所采取的反抗方式是宗教宣传①。

在哪些方面耶稣的宗教宣传带有革命的性质呢？我们不妨检查一下他对于当时罗马帝国一些制度的看法。我们上文已经指出，他的人类平等的教义就否定了奴隶制度。罗马时代的奴隶制度还是以家庭为中心，家庭还是社会的基层单位，耶稣对家庭制度是反对的。《马可福音》记载他有一次向门徒传教的情形：

> 当下耶稣的母亲和弟兄来站在外面，打发人去叫他。有许多人在耶稣周围坐着。他们就告诉他说："看哪，你母亲和你弟兄在外边找你。"耶稣回答说："谁是我的母亲？谁是我的弟兄？"四面观看那周围坐着的人说："看哪，我的母亲，我的弟兄！凡是遵行上帝意旨的人就是我的弟兄姐妹和母亲了。"

在另一个场合，他还告诉他的门徒凡是跟随他到天国的人不但要撇下房屋，还要撇下"弟兄，姐妹，父母，儿女，田地"。他的理想是人人都是上帝的儿女，在天国里人人都是弟兄姐妹，天国就是一个大家庭，这大家庭中不应再分什么小家庭，小家庭可以成为进天国大家庭的累赘。

在有阶级的社会里，财产私有制是一个基础，一切经济生活都以此为中心。耶稣是反对财产私有制的，我们从《马可福音》第十

---

① 恩格斯在《关于原始基督教史》一文里也说"个别小部落或小城市对强大罗马世界政权的反抗毫无希望"，当时受压迫的人共同的出路"只能是一条宗教上的出路"。

章举一个例子,看看耶稣对于私有财产的看法:

> 耶稣出来行路的时候,有一个人跑来跪在他面前问他说:"良善的夫子,我当作什么事,才可以承受永生?"耶稣对他说:"……诚命你是晓得的,不可杀人,不可奸淫,不可偷盗,不可作假见证,不可亏负人,当孝敬父母。"他对耶稣说:"夫子,这一切我从小都遵守了。"耶稣看着他,就爱他,对他说:"你还缺少一件。去变卖你所有的,分给穷人"……他听见这话,脸上就变了色,忧忧愁愁地走了,因为他的产业很多。

耶稣对于当时政府机构以及统治者和被统治者的关系也觉得有彻底改变的必要,在《马可福音》第十章里他对门徒说:

> 外邦人有尊为君王的,治理他们,有大臣操权管束他们。只是在你们中间不是这样,你们中间谁愿为大,就必作你们的佣人,在你们中间,谁愿为首,就必作众人的仆人。因为人子来,并不是要受人的服事,乃是要服事人,并且要舍命,作多人的赎价。

我们必须承认:这种首领为人民服务的思想在奴隶社会里并不是平常的,耶稣所谓"外邦人"当然包括罗马在内,他要把罗马政权下统治者与被统治者的关系由压迫者与被压迫者的关系变成仆人与主人或服事者和被服事者的关系。他这种反对政权的说法宣扬开了,当然就会引起统治阶级的注意,他们就派人"到耶稣那里,要就着他的话陷害他",问他说"纳税给凯撒可以不可以?我们该不该纳?"耶稣处在一个为难的境地,没有正面回答他们,却首先揭穿他们的来意,然后用似乎承认凯撒而实在是否认凯撒的话回答他:

> 耶稣知道他们的假意，就对他们说："你们为什么试探我？拿一个银钱来给我看。"他们就拿了来。耶稣说："这像和号是谁的？"他们说："是凯撒的。"耶稣说："凯撒的物当归给凯撒，上帝的物当归给上帝。"
>
> ——《马可福音》十二章

　　这倒底是什么意思呢？应该归给凯撒的就只是印在钱币上的凯撒的名字和像，此外都不能归他。

　　耶稣既然又反对犹太教，又反对罗马政权，当然免不了迫害。于是在他三十岁左右传教刚三年之后，就被犹太教僧侣捉去送给罗马总督彼拉多，把他在十字架上钉死了。

　　像一切宗教一样，耶稣所宣传的教义之中当然有很多的落后的东西，不过这些落后的东西不能淹没他的平等博爱的基本教义在当时进步的革命的性质。基督教是由耶稣的门徒根据他们所理解的耶稣教义建立起来的。必须说明，耶稣教义在基督教发展过程中不断地受到歪曲，首先是受到他的见识比较浅狭的门徒们的歪曲，其次是受到罗马政权与罗马教会的歪曲。我们如果把基督教会中所流行的一些教条和仪式和三个"对观"福音（马太、马可、路加）所记载的耶稣言行比较一下，就会见出这中间有很大的差别。耶稣的平等博爱的教义与反对私有财产的教义在基督教会中始终没有受到足够的重视，而受到重视的是些什么呢？首先是耶稣被神化了。据说他就是《旧约》所屡次预言的"救世主"，他就是上帝的儿子（耶稣固然这样自称过，但是他也说过他是"人的儿子"，而且尽人都是上帝的儿子），而站在"上帝的儿子"的地位，他是与上帝和圣灵（上帝显现给人看的灵魂）三身一体的，这个三身一体（trinity）说成了基督教的中心教义。据说人类从亚当夏娃偷食禁果时就已犯了"原始罪孽"，注定了要遭殃，上帝仁慈，才派了他的独子耶稣降生到人类中来，受流血的牺牲，来替全人类赎罪。耶稣本来竭力反对犹太教的仪式和僧侣制度，但是基督教却又回到繁琐的仪式和僧侣制度。有七种所谓"圣礼"（sacrament），其中主要的是受洗和圣餐。受洗就是表示接受基督教，在出生不久就要举行。圣餐是教徒分食祭坛上的面包，分饮祭坛上的酒。据说这面包就是耶稣的肉，酒就是耶稣的血，吃过这面包，喝过这酒，就算分享了耶稣的血和肉，而变成具有耶稣生命的人。这些仪式由僧侣举行才有效，所以就形成了一套僧侣制度。此外，据说耶稣还有一天要回到人世来作最后审判，那时候就会见得善有善报，恶有恶报，善报就是上天堂，恶报就是下地狱。天堂与地狱之外据说还有一种洗清罪孽的净界。耶稣既然是与上帝一体的，他自己既然反对家庭制度的，他的母亲当然就不重要，可是马利亚也被尊为圣母，和上帝一样受崇拜。这些就是基督教会所尊奉的一些天经地义。后来在教会史上为着对于某一教条或仪式稍有不同的了解，就引起你死我活的斗争，造成一些派别的分裂（例如东西教会的分裂就从"圣灵从父亲出来"和"圣灵也从儿子出来"的争执起来的）；使许多人蒙上"异教徒"的罪名而被烧死。

必须指出，基督教会中所流行这些信条和仪式大半是在福音所记载的耶稣言行中找不到根据的，这就是说，它们大半都是后人附加上去的。它们的来源是复杂的，有些起源于中东埃及一带的宗教信仰，例如圣餐分享血肉的仪式近一点可以溯源到波斯的太阳神教，远一点可以溯源到图腾社会的分食图腾动物的仪式；有些起源于希腊的俄耳甫斯教，例如重灵轻肉的观念。关于这一点，我们可以略而不谈，只消指出，基督教的真正奠基人是圣保罗①，基督

---

① 这只是就基督教会发展来看，至于基督教义的真正来源，依鲍威尔的研究结果，是斐罗和塞内加。参看恩格斯《论鲍威尔与原始基督教》。

教会中许多教条和仪式就是由他吸收外来影响而附加上去的。后来基督教成为罗马帝国的国教以后,在几次教会会议中,在罗马皇帝主持之下,才把一些有利于罗马政权的教义明白规定下来。

由于保罗及其他门徒的传播,基督教的发展一开始就很快。在第一世纪末,它就传遍了巴勒斯坦、叙利亚、小亚细亚、巴尔干半岛和意大利,在第二世纪它就传到埃及一带以及西欧的高卢区域(罗马帝国的一省,略相当于法德两国),到了第三世纪,它就传播到罗马帝国的全部疆域,连罗马贵族中也渐渐开始有基督教的信徒了(例如君士坦丁大帝的母亲)。基督教所以传播得这样快,像恩格斯所说的,基督教是奴隶和穷苦人的宗教,当时这班人受罗马帝国残酷的压迫,生活非常痛苦,听说不久就有"救世主"来,未来世界会有美妙的生活,他们当然是欢迎的。这正如过去中国受压迫的老百姓希望有所谓"真命天子"来一样。

二 从罗马教会的成立到宗教改革

早期基督教徒过着很穷困俭朴的生活,与当时骄奢荒淫的腐败社会形成一种强烈的反称。他们提倡平等博爱,反对当时的统治压迫,特别是他们拒绝把罗马皇帝当作神来崇拜(当时人民都要供罗马皇帝的像,向他礼拜),这就使他们遭到了罗马政权的仇视与迫害,公元六十年左右,罗马遭过一次大火,罗马皇帝尼禄(Nero)疑心是基督教徒放的,就杀了许多基督教徒,这可以说是迫害的开始。基督教的活动因此往往在地下进行。现在游罗马的人还可以看到当时基督教徒避难和秘密进行宗教活动的地下墓窖(catacomb),那些墓窖就像现在的大矿坑,纵横有几十里路长。里面还有受难者的墓和原始的教堂。迫害最残酷的是在公元四世纪初戴克里先皇帝(Diocletianus)时代。凡是拒绝把皇帝当作神崇拜的人都一律处死。后来又下诏书通令全帝国毁坏一切教堂,焚烧一切基督教的经典,禁止一切基督教的集会。但是不到二十年之后,君士坦丁大帝即位,就突然改变了政策,在公元 325 年他亲自领导了基督教在尼细亚(Nicea)召开的大会,明白规定了基督教的信条,承认了基督教在罗马帝国的合法地位。此后不久,另一个罗马皇帝又下令禁止基督教以外的一切宗教信仰。从此以后,基督教就成为罗马帝国的国教了。

人们也许要问:罗马政权对于基督教的政策何以有这样激烈的转变呢?原因很简单,当时基督教既已传遍了罗马帝国,拥有很大一部分群众,罗马政权就不能忽视这种力量。原先它企图镇压,但是经过二百多年的残酷镇压,基督教不但没有消灭,而且还越来越强大。罗马帝国本身自奥古斯都时代达到了强盛的高峰以后,北方各部族已开始南侵,它就日渐转走下坡路,到了第四世纪,问题就逐渐多起来,罗马政权渐有穷于应付之势,对基督教一味镇压下去,只能引起更大的骚乱。所以君士坦丁大帝放弃了镇压,采取了利用的政策。基督教是很可以利用的。当时罗马政权所感到的困难问题之一就是它所统治的各族是复杂的,思想信仰也是复杂的,要巩固政权,就须建立思想信仰的统一。现在基督教既已有那么广大的势力,就可以利用来使被统治的各族有一种思想信仰上的统一①。其次,一般宗教都是精神上的麻醉剂,麻痹人民的战斗意志,劝他们安分守己,是有利于统治阶级的。基督教也不是例外,特别是它叫人看轻现世,把希望寄托在未来的天国,对于现世生活,它把谦卑退让奉为崇高的美德,并且宣扬现世的痛苦是人类原始罪孽的惩罚,而不是统治阶级的罪过,这样它就把人们驯养成

---

① 恩格斯在《费尔巴哈论》里也谈到当时"须有一个世界宗教来应付世界帝国的需要"。

为统治阶级的忠顺的奴仆。基督教的教义是不断地迁就统治阶级利益而改变的。姑举基督教对于奴隶制的态度来说，耶稣本人提倡人人平等，"四海之内皆兄弟"，是反对奴隶制的，而且他的教义之所以起来，如上文所说的，就是对奴隶制的反抗。可是到了罗马公民圣保罗手里，他便发出"奴隶们，服从你们的主子"的号召①。我们以后还可以看到，到了封建时代，基督教会变成封建制的支柱，它本身就是一个极大的封建主；到了资产阶级起来以后，它又成资产阶级的工具，宣扬私人所有制的神圣不可侵犯，宣扬帝国主义的殖民政策是文明人开化野蛮人和落后民族的德政。所以罗马政权由镇压基督教变到定基督教为唯一的合法的宗教，是丝毫不足为奇的。

从公元四世纪君士坦丁大帝把基督教定为罗马帝国的合法的宗教以后，基督教便和欧洲政治结成血肉的联系，此后欧洲史是和基督教发展史分不开的。这里不能详谈，只略谈一些较重大的事件，提醒大家的记忆。从公元三世纪中叶以后，北欧一些新兴部族（所谓"野蛮部族"）就已大举向欧洲进犯，他们的声势越来越大，陆续侵入德国，法国，西班牙，意大利和东欧一些区域。罗马帝国势已摇摇欲坠，为了统治和防御的方便，罗马帝国原已分成东西两部，到了395年，东西就完全分裂为二。西罗马帝国首都时而在罗马，时而迁其他城市，东罗马帝国的首都在君士坦丁。基督教会也就逐渐分成东西两个教会。东教会叫做"正教"，西教会叫做"天主教"（catholic 原义是"普遍"）。东教会的信徒大半是说希腊文的，西教会的信徒大半是说拉丁文的。特别同欧洲中世纪政局发生关系的是西教会。东西分裂以后，北欧各族南侵的势力更日加浩大，

---

① 实际上基督教在罗马帝国里助长了奴隶制，参看恩格斯的《家庭，私有制和国家的起源》。

罗马曾经一再被攻占,到了公元476年,西罗马帝国便亡在条顿族的一个领袖奥多莎(Odoacer)的手里。此后西欧便转入几百年的"黑暗时代",罗马教皇就由天主教的首领变成世俗政权的首领。此后几百年的天主教会的工作可以分为两大项,一项是巩固教皇的世俗政权,一项是劝化入侵的许多北方部族为基督教徒。欧洲的封建制度就是在罗马教皇统治时代逐渐形成的。这本是生产方式和生产关系的变动①,但是在当时基督教会中却另有一种理论基础,那就是神权说(divine right)。按照这个说法,世俗政权都是上帝所授的权,教皇是上帝在人世间的代表人,所以一切政权都要由他授与。一个国王统治的土地是由教皇代理上帝授与他的,他底下的各等级的封建主也是由上一层递授与下一层的,一直到最下层的农奴。上文所说的北方入侵的各民族在罗马帝国的废墟上奠居了,每族霸占一方,便形成了一种政权;同时他们又都逐渐信仰基督教了,所以在理论上都是罗马教皇的臣属,要受过教皇的"封",才有合法的地位。这种"封"还有一套隆重的仪式,受封的人要跪在祭坛下,由教皇把摆在祭坛上的王冠取下来给他带上,从此他就成为上帝(最高的封建主)的封臣(vassal)。著名的查理大帝就是在公元800年这样受教皇封过的。马克思在《教会的煽动》一文里曾把基督教会称作"封建贵族的孪生姊妹",教会的等级就是按照封建等级制定的,"像公侯贵族之上有皇帝,高级和低级的教士之上也有教皇"。"神职人员中的封建的高级职司组成贵族阶级,主教和总主教,修道院正副院长以及其他高级职司。这些教会显贵不是公侯,便是公侯管辖下的封建领主;他们占有大量土地及众多农奴与奴仆。他们不仅像贵族和公侯同样毫无忌惮剥削他们

---

① 恩格斯在《家庭,私有制和国家的起源》里有简要的分析。

的属下,而且他们的作法更加无耻。"①封建主收税,教会也收所谓什一税(tithe):"像国税必须缴纳给皇帝,教会税也必须献给教皇。"封建主有军队,教会也有由修士和骑士组成的军队。总之,基督教会是中世纪欧洲封建制度中一个重要的组成部分。

查理大帝的受封是中世纪史的一件大事。第一,它象征着封建制度的正式奠定以及政治与宗教在中世纪的统一;其次,它是"神圣罗马帝国"的开始,也就是近代国家的遥远的起源,近代法德等国就是从查理大帝的疆域中逐渐形成的;第三,"神圣罗马帝国"的成立也标志着世俗政权的重新抬头,此后六七百年的历史便成为教廷与世俗政权勾结和冲突的历史,最后,到了宗教改革时代,近代国家先后成立起来了,有些并且陆续强大起来了,世俗政权便战胜了教廷,促成基督教的逐渐没落。

宗教改革对于欧洲史与基督教史都是一件大事。它标志着封建贵族阶级与新兴资产阶级的激烈的阶级斗争,和欧洲由封建社会过渡到资产阶级社会的转折点。一般历史家往往把宗教改革摆在文艺复兴之后,仿佛以为这个运动是马丁路德和加尔文等一两个人的成就。其实它是脱离中世纪黑暗时代进入近代的文艺复兴那个人类精神解放大运动中的一部分,早在十二三世纪就可以看出它的萌芽。这个大解放运动的原因最显而易见的是天主教会本身的腐败,最深刻的是经济基础与阶级力量对比的逐渐变迁。

先说天主教会本身的腐败。自从公元五世纪末西罗马帝国灭亡以后,西方教会就天天忙于攫取政权和巩固政权,教皇的一切所作所为和一般专制皇帝完全一样,早已把耶稣的教义丢到脑后。耶稣本来提倡和平友爱,反对流血战争。但是中世纪几乎年年都有战争,处处都有战争,而这些战争有很大一部分都是教会发动

---

① 见恩格斯的《德国农民战争》。

的,例如七次的十字军东征,镇压异教徒的战争以及教廷与世俗政权的战争。由于这些连年不断的战争,许多生产因之停顿或破坏,到处闹饥荒,许多人铤而走险,盗贼蜂起,整个社会成了弱肉强食的局面。在这种情况之下当然谈不到公众卫生,所以瘟疫到处流行。在世界史上欧洲中世纪的瘟疫纪录算是最高的,单是十四世纪中叶一次黑死病就死去了二千五百万人,占当时欧洲人口三分之一左右。我们读到关于当时瘟疫的记载,就可以想见人民大众生活痛苦到了如何严重的程度。但是教会标榜慈善,对此却漠不关心,这当然引起人民的痛恨。

其次,教廷生活是极端腐朽的。教廷在中世纪是极大的封建地主,在极盛时教会拥有欧洲全部土地的四分之一到三分之一。但是它对此还不满足,还想尽一切方法横征暴敛。恩格斯在《德国农民战争》里曾这样描述过:

> 为着榨取属下的最后一文钱,为着增加教会的财产,残酷的暴力以外,宗教的一切诡诈也被运用了,拷打的恐怖以外,革除教门和拒绝赦罪的一切恐怖,忏悔室的一切奸计也被运用了。文件伪造是这些显贵人物惯用的得意的敲诈手段。虽然一般封建赋税和利息之外还另征什一税,可是这一切收入还是不够用的,于是借助于制造灵异的圣像和圣物,借助于组织降福的祈祷站和赦罪符,以榨取人民更多的贡献①。

就是借这样压榨,教会,特别是教廷,就变成中世纪的最大的财主。既然有了钱,他们就过着骄奢淫逸的生活。有一位教皇说得很坦率,"上帝既然把教廷赐给我们,就让我们来享受教廷吧"。教皇的

---

① 引文见人民出版社的《马克思恩格斯论宗教》76 页。

宫殿是极其富丽堂皇的,他和大主教们的出巡仪式是金碧辉煌,前呼后拥的;教堂里一切宗教仪式也是摆阔绰,叫乡下人看得目瞪口呆的。天主教僧侣照例须持独身诫,但是教皇和大主教们养妖头是常事,不只一个教皇是私生子。姑举教皇中一个有名的坏蛋鲍尔基亚(Borgia)为例,他本是一个流氓,结了婚,生了子女,用金钱贿买了七大主教选他当了教皇,他和他的儿子用毒药毒死了许多政敌来巩固他的政权,为了政治的缘故,他强迫他的女儿改嫁过三次,尽管天主教不赞成离婚改嫁。教皇如此,他所统治的教会也就可想而知了。

教皇们不但荒淫无耻,而且是极端残酷的。从他们身上找不到丝毫耶稣所提倡的博爱仁慈的精神。凡是违背教会利益的教徒一律加以"异教"的罪名,加以残酷的镇压。这种镇压是不断进行的。姑举瓦尔多派(Waldenses)所受的惨祸为例。瓦尔多是十二世纪法国里昂地方一个教徒。他认为耶稣是反对私有财产的,就把自己的财产分散给穷人,开始按照他所了解的耶稣教义去传教,公开反对教廷的荒淫奢侈的生活,吸引了法国瑞士意大利等地的许多群众。这就惹起了教皇(Innocent III)的大怒,他就发动了一次浩浩荡荡的"十字军",把这些瓦尔多派所占住的地方杀得鸡犬不留。这是历史上一件最残酷的宗教屠杀案。此外,教廷还组织了所谓宗教法庭(inquisition),抓住他们认为有异教嫌疑的人进行残酷的拷打审问,如果不认罪,就把他用柴火活活地烧死(耶稣诫流血,他们就想出烧死的好办法)。这样被烧死的人不计其数。著名的捷克宗教改革运动家胡斯(Jan Hus)和意大利哲学家布鲁诺(Bruno)都是这样烧死的。英国宗教改革运动家沃克里夫(Wycliffe)生前幸免于难,可死后三十一年,他的尸骨还被掘起来焚烧,连骨灰也抛到河里去了。在教会看,烧死还是宽大仁慈的处分,布鲁诺被烧死时的宣判书里有这句话:"本着一切仁慈的精神,让他受不流血的惩罚。"著名的天文学家伽利略也几乎受到这种"不流血的惩罚"。他宣传哥白尼的地动说，教会就把他提到宗教法庭审问，逼他宣布放弃地动说，他玩了一个花招，当他跪着刚说完地不动之后，爬起来就轻声地找补了一句："但是地究竟还在动。"这样他才逃脱了。这件事也可以见出教会极端仇视科学的态度。

教廷和教会的腐败，这是当时情况的一方面。但是当时还有更深刻的一方面，就是封建经济基础的崩溃，以及新兴资产阶级的上升。经过上文所说的残酷的压榨与频繁的战争，欧洲封建基础的生产力大部分遭到了破坏，农奴受封建领主破产以及战时播迁流离的影响逐渐在摆脱胶着在某一块固定土地的状态。自从北方入侵各蛮族在各部分奠居以后，城市日渐兴起，城市的生产在中世纪主要的是手工业。随着手工业的发展，商业也逐渐繁荣起来。十二三世纪十字军东征一方面打开了欧洲人的眼界，一方面也促进了贸易与交通的发达。行会或基尔特的兴起，特别是商会联盟的成立（例如日耳曼地区各城市在十三世纪所成立的 Hanseatic League）都标志着一个新兴的阶级——城市资产阶级——在成长壮大起来了。这是一股新的力量，而这股新的力量的发展首先感到封建生产关系的束缚，教皇的统一的压榨的专制统治以及财富集中于教会对新兴资产阶级都是极大的障碍。其次，与城市资产阶级的上升密切相联的是近代国家的兴起，例如西班牙，英国，法国，荷兰，普鲁士等等。围绕着这些国家的君主身旁的有一种新型的资产阶级的贵族。这批国王和贵族要巩固他们的政权，提高他们国家的地位，一方面嫌恶教皇的统治与干涉，一方面也觊觎着教会的雄厚财富。这也是一股反对教廷的力量。此外，还有一股反对教廷的力量，就是城市贫民和广大的农民，他们受封建剥削的祸害最深重，仇恨教会与封建主也就最深。特别在日尔曼地区，他们的反抗活动最为积极，在闵采尔领导之下，掀起了 1525 年的农民大起义。这三股力量都是反对封建制度因而也都是反天主教会的。但是资产阶级的利益与城市贫民和农民的利益不相侔，结果是城市资产阶级与国王和贵族成立了统一战线，对贫民农民则有时利用，有时扔到一边。在宗教方面马丁路德是代表国王贵族与城市资产阶级这一联合战线利益的。由于他的活动，宗教改革达到一种妥协的局面，基督教的基本内容未动，只是基督教会分裂为新旧两派，旧派就是原来以罗马教皇为首的天主教，新派是脱离教皇统治摆在各国政权之下的耶稣教。从此基督教分为两大阵营，属于旧教的大半是拉丁族国家，主要的是意大利，法国和西班牙；属于新教的大半是日尔曼族的国家，主要的是德国，英国和荷兰。旧教国家都是些较老的封建势力比较占上风的国家；新教国家则都是些新兴资产阶级比较占上风的国家①。

旧教与新教有哪些重要的分别呢？第一，旧教是反映封建社会基础的意识形态，它所坚持的理想是全世界要有一个统一的普遍的教会（Catholic，原文为"普遍"），以教皇为至上权威，教皇不但是各国天主教的首领，而且根据神权说，同时也是各国政权的首领；新教是反映资产阶级社会基础的，它代表新兴国家独立自主的要求，新教会是国家的教会，要受国家法律的约束，高级僧侣要受国王的任命，这样就与罗马教廷断绝了关系。其次，与此密切相关的是教会所用的语言问题。旧教用的《圣经》是拉丁文的，教会里一切仪式和公文也都只能用拉丁文，到了中世纪后期，随着新兴国家的发展，各国语言也逐渐形成了，这种拉丁文已不是一般人民的语言，所以一般人自己不能读《圣经》，必须通过僧侣讲授，而僧侣讲授是要按照他们自己的了解和利益，对《圣经》往往加以歪曲。

---

① 关于宗教改革中的阶级关系，参看恩格斯的《社会主义由空想发展为科学》一书英文本导言。

现在新教却主张各国教会的《圣经》都要用自己民族的语言,教会里一切活动也是如此。因此,宗教改革运动一开始,各国都在进行翻译《圣经》的工作。既然译成本国文,《圣经》就不是必经僧侣讲授的书,而是人人可读的书。这种翻译《圣经》的工作对近代各国语言的发展起了极大的作用,近代德语是从马丁路德的《圣经》基础上发展出来的,近代英文也是从哲姆士时代译的《圣经》(Authorized Verison)的基础上发展出来的。第三是对于僧侣的看法。依旧教,以教皇为首的僧侣是上帝的代言人,基督教义只能按照僧侣的解释去了解,个别的教徒不能自己下独立的判断,有自己的了解,如果有不同于僧侣的了解,那就要背上异教徒的罪名,有被烧死的危险。因此,旧教僧侣拥有无上的威权,他们是神圣不可侵犯的,这显然还是反映封建社会的意识形态。依新教,《圣经》是最后的权威,人人既然都可以读《圣经》,就可以不通过僧侣的中介,而自己直接了解上帝的意旨。这也反映出资产阶级提倡个性自由,独立思考的主张。不过新教终究是一种妥协,各国教会还是各有一套僧侣机构,只是他们的权威不如天主教僧侣那么大罢了。第四是对于宗教仪式的看法。旧教特别讲究仪式,而旧教的仪式是按照封建朝廷大典的气派来举行的,不但繁文琐节多,而且讲究堂皇典丽;新教的号召是要回到原始基督的朴素和纯洁,要把重点从仪式上回转到基督教的精神实质上去,从外表的铺张转到内心的虔敬上去,所以废除旧教的许多仪式。所以马克思在《经济学—哲学手稿》里说路德"把宗教性弄成了人的内在的本质,他就扬弃了外在的宗教性"。此外新教的僧侣不须持独身诫,可以自由结婚。我们只须到天主教堂参观一次弥撒典礼,再到耶稣教堂参观一次礼拜,就可以看出两处的仪式和气氛是迥然不同的。新教会所以有"廉价的教会"的称号。这一点与新兴资产阶级提倡节约,以便积累资本有关。新教之中也有左右两派,右派是国教派,对于天主教只是一种妥协,虽然割断了对教皇的关系,还维持着一些天主教的教条和仪式,例如三身一体说,受洗礼,圣餐礼之类,因此也就还维持着一套僧侣制度,如大主教、主教之类,英国国教就是一个典型的例子。新教的左派受加尔文的影响较大,不赞成国教的妥协,要改革得更彻底些,甚至废除一切仪式和僧侣制度,教友会(Quakers)便是一个典型的例子。凡是左派都和国教割断了关系,不在国教教堂里做礼拜。他们中间又有许多派别,这里不能详谈。

三 基督教对西方文化的影响——一种重新估价

必须承认,新教在初起时,和新兴的资产阶级一样,有它的进步性,它对于摧毁西方的封建制度起了一定的作用。它在耶稣的教义中特别着重符合他们的阶级利益的那一部分,例如平等、博爱、自由、人权之类观念,但是随着资产阶级转入帝国主义时期,基督教就成为帝国主义殖民的工具,文化侵略的急先锋。他们根据罗马教会劝化北欧入侵各蛮族的经验,把传教士送到世界各角落,说是把文明带给野蛮人,实际上是为经济侵略和军事侵略铺平道路。新教也已达到了它的反动阶段,这就是说,也已达到它的没落阶段了。宗教究竟是迷信,是落后社会的产物,随着科学的进展,人类理性的伸张,它是必然要灭亡的。

现在我们回头看一看,基督教对于西方文化究竟起了什么影响呢。所谓影响当然包括好坏两方面,问题在好多于坏,还是坏多于好?基督教鼎盛的时代是在中世纪,姑且从它成为罗马帝国的国教时即公元四世纪算起,算到十四五世纪文艺复兴时代为止,它统治欧洲至少有一千年左右。我们不妨拿这一千多年的西方文化成就一方面和以前一千年左右的希腊罗马的文化成就比一比,另一方面也和文艺复兴以后五六百年西方文化成就比一比,我们可以肯定地说,它前后都比不上,它既没有希腊的文学艺术和哲学的成就,也没有近代科学技术和政治经济管理方面的成就。在历史进展过程中,中世纪这一千多年不能不说是一种长期的停滞和落后。这种停滞和落后的原因固然很多,天主教却要负主要的责任,因为它始终是顽强地支持封建制度,压迫人民大众,仇视文学艺术,仇视科学,仇视一切进步的思想,把人民的全部心思都集中在对上帝的信仰特别是对教会的盲目服从方面。中世纪当然也有些成就,过去资产阶级学者把它们都记在基督教的账上,但是如果细加分析,就可以见出基督教的功劳是过分夸大了的。

我们现在姑就资产阶级学者赞扬基督教对于西方政治,文化教育和文学艺术几方面的贡献来检查一下。

第一是政治。资产阶级学者们说,西罗马帝国灭亡之后,罗马教廷在将近一千年的时期里成为欧洲政局中一种统一的稳定的力量,基督教劝化了许多外来的蛮族,使他们由野蛮人变为文明的基督教徒,由分立对抗的部族变为一个欧洲的统一的大家庭,因而成功地抵抗住回教徒西从西班牙的侵入,东从君士坦丁的侵入,挽救了欧洲文化。如果单从欧洲本位观点看,这番话确像有一部分道理,但是这部分道理是过于夸大了的。我们须提出以下两点反驳。第一,到了西罗马帝国灭亡时,欧洲大部分疆域都已被外来的蛮族侵入和占领,现在日耳曼系和斯拉夫系的国家用不着说,都是外来的民族,就是拉丁系国家如法国、西班牙乃至于意大利本身也都由外来民族侵占过,成立过政权,落了户,无论是罗马帝国还是罗马教会都始终没有能把这些外来部族驱逐出境。在中世纪一千多年以内,欧洲始终处于分裂混乱状态,战争始终没有停止过,所以所谓罗马教廷的统一的力量完全是个神话。只有在公元 800 年左右,查理大帝获得了短期的统一,而查理大帝却是一个外来蛮族(佛兰克族)的酋长,这笔功劳也不能记到罗马教会的账上去。其次,欧洲在黑暗时代的文化情况远比当时的阿拉伯回教帝国落后得多,其原因即在天主教会对文化的仇视以及教会统治下教育的落后。到了十二世纪以后,由于十字军东征,西方接触到阿拉伯文化而且从阿拉伯文化那里间接地接触到希腊古典文化。当时欧洲本身的文化可捍卫保存的就只是基督教,捍卫了基督教并不等于捍卫了西方文化。中世纪欧洲之所以能抵御回教国家的侵入,功劳并不在罗马教会而在外来的新兴的各部族。即假定回教国家征服了欧洲,那对于西方文化和世界政局的影响究竟是好是坏,也还大成问题。所以基督教抵御住回教国家的侵入,挽救了西方文化的说法仍是一种神话。

其次是文化教育。资产阶级学者们说,在中世纪,基督教的僧侣是唯一的受教育有文化的阶级,所以欧洲不绝如缕的文化传统就靠他们维持住,而且当时没有世俗的学校,唯一的学校是教寺学校(cathedral schools)和修道院以及教会所支持的大学,如巴黎、牛津、波伦亚等等;修道院的僧侣们一部分功课是抄书,许多古代著作都借他们的手抄本而流传下来;教会中还出了一些大学者如阿比拉(Abelard),阿昆纳斯(Thomas Acquinus),斯考塔斯(Duns Scotus),埃拉斯穆斯(Erasmus)等,接受了希腊哲学的影响,奠定了中世纪哲学基础;因此,基督教对于西方文化教育和学术的贡献是很大的。关于这一层,我们必须提出以下几点。第一,在中世纪,僧侣是唯一的受教育有文化的阶级,许多国王和贵族骑士都是文盲,至于平民更不消说,这是事实;但是这个事实只能说明僧侣垄断了文化知识,使大多数人民被剥夺了受教育的机会,处于愚昧状态,这只能说是基督教会的一宗罪过,决说不上是功劳。其次,罗马教会在政策上是要愚民的,是反对世俗文化教育的。他们以为一切真理在《圣经》,就连《圣经》也还不敢让一般人民自己去读,须由僧侣按照他们自己的利益和自己的理解去解释给教徒听,怕的是如果一般人民自己去读《圣经》,就会发现僧侣的话和《圣经》的话并不一致,影响到僧侣的威信。《圣经》尚且如此,其他文化知识可以想见。为着保卫宗教,他们就不得不反对科学,他们烧死了许多"异教徒"学者,要逼迫伽利略否认地动说,就是典型的例证。我们上文已提到中世纪许多著名学者如阿比拉,沃克里夫,布鲁诺等等都受过教会的残酷的迫害。在那种迫害的气氛之下,文化学术难得发展,是理所当然的。第三,从十二三世纪以后,文艺复兴运动渐开始,僧侣中逐渐有人研究希腊罗马的哲学,特别是亚理斯多德,而且由于阿拉伯文化的影响,大学中也有人逐渐注意到科学,这是事实,但是这个事实,也只能说明人类理智和古典文化战胜了基督教,不能说是基督教的功劳。而且中世纪僧侣要拿希腊哲学去勉强附会基督教义,使希腊哲学遭到极端的割裂和歪曲。中世纪哲学是以极端形而上学的繁琐分析方法著名的。这种繁琐哲学与神的信仰对西方近代唯心哲学发生了极深刻的影响。姑举唯心派哲学两个大师——康德和黑格尔——为例,他们都以神的信仰为他们的哲学的最后支柱,他们的著作都带着极浓厚的中世纪经院哲学的繁琐气味。所以基督教对于哲学思想的影响虽是深刻的,却不是很健康的①。

第三是文学艺术。资产阶级学者们说:基督教会是近代西方文学艺术的摇篮和温床。一切都围绕着"上帝的庙宇"——教堂。首先是建筑,罗马、佛罗伦萨、威尼斯、巴黎、冉斯、夏特尔、科伦、斯特拉斯堡一系列的大教寺奠定了罗马式和哥特式两大建筑风格,在建筑方面的成就,中世纪远远超过了希腊罗马。其次是图画,教会为着装饰教堂,为着向不识字的平民宣传《圣经》故事,雇用了一

---

① 马克思、恩格斯都指出过近代唯心哲学与基督教的关系。弄清了这一点,对于唯心哲学的认识会大大地提高。希望哲学史家在这方面作些专题研究。

些画师替教堂画壁画和油画，这就使意大利画艺达到了文艺复兴时代的高峰，开近代西方各国画艺的先河。第三是雕刻，它是宗教宣传与教堂装饰的另一形式，与图画并驾齐驱，在中世纪有"石头《圣经》"之称，杰出的雕刻大师如端拿特罗（Donatello），安竺列（Andrea Della Robbia），米开朗琪罗（Michaelangelo）等都赶上了希腊雕刻的最高成就。第四是音乐，近代音乐中的声乐是由教会合唱队歌唱颂圣诗篇发展出来的，弦乐是由教堂用的乐器发展出来的（例如主要乐器钢琴就是教堂风琴的后身）。在文学方面也有同样的情形。近代欧洲文学承继希腊罗马古典的传统，是文艺复兴以后的事，在中世纪古典传统在欧洲几乎是断绝了，近代欧文学是由教堂中发展出来的。例如近代诗歌起源于颂圣诗和宗教诗，戏剧起源于教会所扮演的"奇迹剧"和"秘迹剧"。根据这些事例，资产阶级学者们就断定基督教对于文艺的发展有很大的功劳。关于这一层，我们必须指出以下几点。第一，罗马教会对于文艺本来采取仇视的态度和压制的政策。在基督教看，现世生活中最重要的事情是忏悔罪孽，为来世解脱作准备，而要做到这个准备，就要使灵魂战胜肉体，克服一切肉体方面的欲望，因为罪孽都是由肉体欲望来的，这就叫做苦行主义或禁欲主义。文艺是现世的感官的享受，所以这种享受就是一种罪孽。因此，早期教会严禁一切世俗性的文艺。后来文艺复兴那个人类精神大解放运动起来了，人民大众对于文艺的爱好压制不住了，教会迫于风气的改变，才不得不改变它的政策，变压制为利用，但是仍尽量把文艺禁锢在宗教范围以内。它提倡文艺的功劳并不能抵偿它压制文艺的罪过。如果没有教会的压制和利用，中世纪欧洲文艺在人民大众中间一定更迅速地朝比较健康的路上发展。其次，近代文学艺术的兴起是和文艺复兴运动分不开的，而文艺复兴是现世主义战胜了来世主义，人文主义战胜了神权主义，全面发展主义战胜了禁欲主义，古典文化战胜了基督教的功劳。第三,资产阶级学者们把欧洲近代文艺的成就归功于基督教,也正犹如过去中国封建统治阶级把长城归功于秦始皇,颐和园归功于西太后。其实统治阶级下的文艺创造者是当时的人民大众,首先是人民大众的血汗供应了文艺创造所必需的物力和财力,其次是人民大众的智慧和辛勤努力成就了那些文艺作品。中世纪罗马教会之所以能提倡文艺,因为它从人民中搜刮了大量的财富,而创造文艺作品的艺术家大半是从人民中来的。大教寺的建筑者连姓名都没有留下,极出色的画家和雕刻家如达·芬奇、米开朗琪罗、拉斐尔等都隶属于当时的手工业行会或基尔特,这就是说,他们是新兴的工商阶级的分子。在文学方面,现在所留传下来的中世纪宗教诗和宗教剧都是很平凡的,除掉专门学者没有人去读它们,中世纪最大的文学成就是歌唱民族英雄的故事诗,如德国的《尼伯龙根之歌》,英国的《贝奥武甫》,法国的《罗兰之歌》,西班牙的《熙德的歌》以及北欧的萨迦(Sagas)等。此外就是各国的民歌。这些作品中有许多不但没有基督教的影响,而且是反教会和封建制度的,《列那狐》,《奥卡森和尼古涅特》,罗宾汉系统的民歌都是著例。这些作品都是根据民间传说或是由人民直接创造的,它们才是西方近代文学的真正的泉源。

　　资产阶级学者还把十八九世纪西方文艺界乃至思想界的一个普泛运动——浪漫运动——归功于基督教。他们说,浪漫精神基本上是基督教的精神①。其实浪漫运动的来源是复杂的。就它的进步方面来说,它是文艺复兴的开花结果,代表新兴资产阶级蓬勃发展的锐气,打破了浅狭理智与陈腐形式的束缚,把丰富的想象和深挚的情感带到了文艺领域,这方面与没落阶段的基督教并没有多大的关系。就浪漫主义的反动方面来说,它确实从基督教吸收

---

　　① 黑格尔就是这一说的代表。

了很深的影响，我们只须举英国的华兹华斯，法国的夏多布里昂，德国的霍夫曼几人为例，就可以说明这种影响成为有才能的作者的绊脚石。基督教替浪漫运动带来了神秘主义和感伤主义，把"自我"提高到主宰一切的地位，对"无限"加以神秘化与光荣化，由厌恶现实而逃脱现实，这样就使得一些反动的浪漫派作家留恋中世纪天主教统治下的生活方式，妄想把历史车轮转回到封建时代去，甚至于转回到原始社会去。这当然是死路一条，所以由反动的浪漫主义转到近代西方文艺方面的颓废主义乃是理所当然的事。说来说去，基督教本身是一种来世主义，是对于现世的遁逃，它之所以是"精神上的鸦片"，也正因为它使人习惯于在幻想中求安顿。正是基督教的这种精神在反动的浪漫主义和颓废主义的文艺上得到了表现。

基督教究竟有没有积极的一方面呢？我们应该说，有统治阶级所崇奉的基督教，也有被统治阶级所崇奉的基督教，这两种是不能混同的。统治阶级只是利用基督教来施行他们的愚民政策，巩固他们的阶级利益。被统治的一般人民大众从基督教中固然吸取了一些落后的东西，同时却也吸取了一些有益的东西。特别是从宗教改革以后，《圣经》译到各国语言里，人民可以自己去读，可以从《圣经》里看到未经教会僧侣歪曲的原始的耶稣教义。从这里面他们学得了一些行为的标准，把善良正直作为一种人生理想。我们可以说，一般西方人民的伦理观念都是从基督教得来的。特别值得提起的原来耶稣所宣扬而为罗马教会所抹煞的平等博爱的教义。这些教义在一般人民心里却扎下深固的根，在某些时期形成了推动社会前进的力量，英国十七世纪清教徒的革命是显著的例子。法国资产阶级革命虽然提倡无神论，反对宗教，而它所标榜的"自由，平等，博爱"还是要溯源到基督教。耶稣是反对战争流血的，在西方一向有一部分人民把和平当为一种宗教信仰。就在目前,基督教的进步分子对于世界和平运动也还是有些贡献。

　　总之,基督教是作为犹太旧教的改革和作为奴隶阶级及被压迫人民反对罗马政权的运动而起来的。就耶稣本人所宣传的教义来说,其中很有些积极的进步的因素。作为一种意识形态,基督教是随社会基础变迁的,它经过了社会发展史中三个重要阶段——奴隶社会,封建社会和资本主义社会。在奴隶社会中,基督教背叛了它的反抗罗马政权的本旨,转过来为罗马政权服务,成为罗马政权同化外来蛮族的工具;在封建社会中,基督教会成为最大的地主,教皇成为封建等级的最高威权,提倡所谓神权说,竭力维护封建的统治;在资本主义社会,基督教始而帮助新兴资产阶级推翻了封建统治,继而成为帝国主义殖民主义的工具。它对于西方政治,文化教育,文学艺术各方面的影响是深刻的,但是总的说来,这种影响是坏处多于好处。自从文艺复兴以来,西方思想史的发展是反基督教的,特别是十八世纪的启蒙运动以及十九世纪以来马克思主义的发展。宗教是久已过时的东西,它的影响随着科学的发展而逐渐缩小,最后终于是要消灭的。

　　(载《北京大学学报》〔人文科学版〕第 1 期,1958 年 3 月)

对某篇关于人道主义论文的修改意见

1. 概论侧重社会历史发展方面是正确的,但应说明社会历史发展对文艺发展的影响,有些杰出的文学代表人物如但丁、拉伯莱、莎士比亚等在概论里似宜略作交代。

2. 文中"人文主义"、"人本主义"、"人道主义"在西文原是一词(Humainsm),时代不同,内容也不同,但毕竟基本上有一个总的概念,即着重"人"这个概念,它在不同时代的不同意义宜分作说明,一般用"人道主义"较妥。

3. 说蛮族入侵(民族大迁徙)毁灭了西方古代文化,只有拜占庭帝国还保存了古代文化,似是受到资产阶级历史学家的"黑暗时代"的说法。实际上中世纪并没有毁灭古代文化,而是逐渐使古典文化与东方(如埃及和阿拉伯)文化和基督教文化的合流。在引论性的讲稿里似无强调西罗马帝国与拜赞廷文化的区别的必要,拜赞廷处在东边,希腊影响较大,保存了一些古籍稿本和一些希腊学者,这是事实,但不能把文化局限于一些古籍稿本和希腊学者,就连在这方面,在中世纪西罗马帝国的古典文化也不能说被蛮族入侵毁灭了,托玛斯·亚毗耶根据亚理斯多德为基督教教义找理论根据就是一个明证,不能忘记日耳曼民族(北欧,德,英,荷以及比,法诸民族大部分都是蛮族的后裔,中世纪两个大哲学家埃拉斯穆斯和唐·斯高塔斯都是蛮族的后裔)。

4. 在中世纪古典文化作为异教文化遭到了基督教会的压抑,在相当长的时期很少人过问,这是事实。当时只有教会才办学校,而教会学校主要讲神学不讲人文科学,当时文化教育很落后,近代语言还未出现,拉丁仍是官方语言,不识字的人很多。这些都导致古典文化研究的衰落,不能归咎于蛮族的毁灭,尽管蛮族确实破坏了不少的古代文物。

5. "文艺复兴"(第二段的标题)是全文的主题,宜特别标明它的资产阶级性,应该提到的有以下几点:

①资本主义初期生产、交通运输、商业各方面的概况,由封建制到资本主义制的过渡。

②自然科学的兴起,唯物主义的抬头,古典文化与基督教文化的对立到妥协。

③政治制度的转变与近代民族国家的兴起,近代各民族语言和民族文学的兴起,略举几个杰出代表文学作家,宜特别提到民间文学的兴起。

④东西文化的交流,可提一提《马可波罗游记》,指南针,火药,造纸术,印刷术等对西方资产阶级发展的重大影响,阿拉伯的科学(特别是历算、化学)以及翻译希腊古籍的影响等等。

⑤资产阶级的不彻底性和文艺复兴的成就的估计。

⑥关于文艺复兴,宜重温一下《共产党宣言》,例如第7页说资产阶级和无产阶级同时产生就不是马克思的提法。

第5页仿佛说"人性论"从资产阶级登上政治舞台后才有,这不符合历史事实。

第1页"氏族社会和奴隶社会"这不是两种社会,一般称"氏族奴隶社会",干脆叫"奴隶社会"即可。

上层建筑和意识形态之间的关系质疑

　　历史前进的动力究竟有几种呢？马克思、恩格斯和列宁在关于历史唯物主义的教导里①一致肯定了有三种：1.经济结构即现实基础；2.法律的和政治的上层建筑；3.与基础相适应的社会意识形态或思想体系。

　　我所特别感到迷惑的是上层建筑和意识形态之间的关系。过去有三种不同的提法。

　　第一种提法就是马克思、恩格斯和列宁在上引三段话里②的提

法,即上层建筑竖立在经济基础上而意识形态与经济基础相适应,与意识形态平行,但上层建筑显然比意识形态重要,因为它除政法机构之外也包括恩格斯所强调的阶级斗争、革命和建设。

第二种提法是上层建筑包括意识形态在内。提得最明确的是斯大林在《马克思主义与语言学问题》里的一段话:

> 基础是社会发展的一定阶段上的社会经济制度,上层建筑是社会的政治、法律、宗教、艺术观点,以及和这些观点相适应的政治、法律机构。

这里我迷惑的有两点:头一点是马克思所说的"与之相适应"的"之"这个代词是指基础,就是说各种观点或意识形态适应基础(查《马克思恩格斯全集》俄文本,俄译对原文是忠实的)。在这第二种提法里却变成政治法律机构和"这些观点"相适应了。其次一点是意识形态显得比政治、法律机构还重要,因为政治、法律机构反而要适应意识形态。这些变动是否无关宏旨呢?

此外还有第三个提法,即在上层建筑和意识形态之间划起等号来,《马克思主义与语言学问题》里也有这种提法,原话是这样的:

> ……上层建筑与生产及人的生产行为没有直接联系。上层建筑只是经过经济的中介,基础的中介,与生产发生间接的联系。……上层建筑活动的范围是狭窄和有限的。

这里上层建筑就和意识形态之间划起等号,把意识形态当作上层建筑了;否则,就不能说政权、政权机构及其措施(上层建筑)对于生产和经济不能有直接的联系或发生直接影响了。这样说,不但违反马克思主义，而且也不符合常识。再者，如果说上层建筑也包括政权、政权机构及其措施，能说"上层建筑活动的范围是窄狭和有限的"吗？

笔者在解放前一向没有接触过马克思主义。解放后不久，由于专业是语言，头一部分要学习的经典著作就是当时（1950年）刚出版的《马克思主义与语言学问题》。由于过去一直教外国文学课，就经常接触到伊瓦肖娃的《十九世纪外国文学史》之类苏联著作，其中文艺都列在上层建筑。重理美学旧业时还接触到匈牙利的马克思主义理论权威卢卡契的《美学史论文集》，看到他1951年在匈牙利学院所作的"作为上层建筑的文学和艺术"长篇报告，也是以上层建筑代替了意识形态。此外，苏联出版的尤金院士编的《简明哲学词典》中，"基础与上层建筑"条的提法也是如此。于是自己也就鹦鹉学舌，把原属意识形态的文艺说成上层建筑，在《西方美学史》初版里就有不少的例证。现在趁这部教材重版的机会，想检查一下自己对于原来的发愿要依据的历史唯物主义究竟认识到什么程度，就重新学习马克思主义创始人关于历史唯物主义的明确教导，才发见这里还大有问题，自己并没有弄清楚，所以汗流浃背。曾在内部讨论中提出过自己的一些不成熟的表示怀疑的想法，有几位关心的同志劝我要慎重考虑，仿佛这是"禁区"。经过三个月的慎重考虑，我还是决定要把这些想法公开出来，因为以华主席为首的党中央再三教导我们要按照毛主席的"二百方针"办事。毛主席还教导过我们说，马克思主义不怕批评，要批判修正主义。而且马克思在阐明历史唯物主义的《政治经济学批判·序言》的话尾曾引但丁的"地狱"门楣上的两句诗来告诫探科学之门的人说："这里必须根绝一切犹豫，这里任何怯懦都无济于事。"[1]这就壮了

---

① 《马克思恩格斯选集》，第二卷，85页。

我的胆。

我要说的只有两点：

第一，我并不反对上层建筑除政权、政权机构及其措施之外，也可包括意识形态或思想体系，因为这两项都以"经济结构"为"现实基础"，而且都是对基础起反作用的。上层建筑原来是对"经济结构"即"现实基础"而言的，都是些譬喻词，实质不在名词而在本质不同的三种推动历史的动力。马克思主义创始人在较早的著作里也偶尔让上层建筑包括意识形态在内，人所熟知的例证是恩格斯在《反杜林论·引论》里下列一段话①：

> ……每一时代的社会经济结构形成现实基础，每一个历史时期由法律设施和政治设施以及宗教的、哲学的其他的观点所构成的全部的上层建筑，归根到底都是应由这个基础来说明的。

不过这里用"以及"连起来的前后两项是平行的，并没有以意识形态代替上层建筑。

其次，我坚决反对在上层建筑和意识形态之间划等号，或以意识形态代替上层建筑。理由有四点：

一、这种划等号的办法在马克思主义经典著作里找不到任何先例或根据。恩格斯和列宁阐明历史唯物主义时都以马克思的《政治经济学批判·序言》为据。在讨论上层建筑和意识形态之间的关系时，首先就要深刻体会这篇序言，特别是这几句著名的结论：

---

① 《马克思恩格斯选集》，第二卷，66页。

……物质生活的生产方式制约着整个社会生活,政治生活和精神生活的过程。不是人们的意识决定人们的存在,是人们的社会存在决定人们的意识。

　　这里上层建筑和经济基础同属于"社会存在",而"精神生活"就是包括意识形态,只是社会存在的运动和变革在人们头脑中的反映。马克思主义创始人经常指出意识反映的虚幻性,和客观社会存在是本质不同的两种动力。所以马克思紧接着上文就告诫人们必须时刻把"可用自然科学的精确性指明的"物质变革和"不能根据来判断这种变革时代的"意识形态区别开来。把上层建筑和意识形态等同起来,就如同把客观存在和主观意识等同起来是一样错误。混同客观存在与主观意识,这就是以意识形态代替上层建筑说的致命伤。

　　二、在《德意志意识形态》和其他经典著作里①,马克思主义创始人曾多次提到由于社会分工,有专门从事意识形态工作的人,各种领域的意识形态都有自己的历史持续性和相对独立的历史发展。这就是说,它要有由过去历史留传下来的"思想材料",而在一定的社会类型和时代的经济基础和政治上层建筑既已变革之后,前一阶段的意识形态还将作为思想材料而对下一阶段的意识形态发生作用和影响。意识形态的变革一般落后于政治经济的变革,这个事实也是斯大林自己所强调过的。这个事实是历史文化批判继承的前提。就是根据这个道理,列宁严厉地批制了"无产阶级文化"派的割断历史的虚无主义态度,而毛主席也多次强调不能割断历史,对历史文化要批判继承。也正是由于这个道理,上层建筑决

---

　　① 见《马克思恩格斯全集》第三卷,52—53页;恩格斯给梅林的信,见《马克思恩格斯选集》第四卷,501页。

不能和意识形态等同起来。

三、上层建筑比起意识形态来距离经济基础远较邻近，对基础所起的反作用也远较直接，远较强有力。政治和经济是不可分割的，所以列宁说"政治是经济的集中表现"，恩格斯在给施米特的信里把意识形态称之为"那些更高地浮在空中的思想领域"①。在马克思主义经典著作里，"法律"和"法观点"，"政治"和"政治观点"往往同时并提而截然分开。这些都是上层建筑和意识形态不能混合的证明。

四、如果确认上层建筑包括政权、政权机构及其措施和意识形态两项，在这两项之间划等号就是以偏概全，不但违反最起码的形式逻辑，而且也过分抬高了意识形态的作用，从而降低了甚至抹煞了政权、政权机构及其措施的巨大作用。这就有堕入唯心史观和修正主义的危险。意识形态既有专名，何必僭用上层建筑这个公名，以致发生思想混乱呢？

毛泽东在《新民主主义论》里教导我们说："一定的文化（当作观念形态的文化），是一定社会的政治和经济在观念形态上的反映，又给予伟大影响于一定社会的政治和经济，而经济是基础，政治则是经济的集中的表现。"

这几句话是对历史唯物主义的最简赅最深刻的阐明和发挥，既肯定了经济基础，又指出了政治和经济的密切联系，至于意识形态则是这两者的反映。在这里毛主席并没有把意识形态列入上层建筑，更没有在它们中间划等号。而政治和经济都是"社会存在"，不能把存在和意识等同起来。

笔者在对这个问题感到惶惑以后，为着想澄清这个问题，查阅了五十年代初期的与此有关的一些苏联论著，特别是《苏联文学艺

---

① 见《马克思恩格斯选集》第四卷，431 页。

术论文集》(学习杂志出版社,1954年)、《斯大林语言学著作中的哲学问题》(三联书店,1953年)和康士坦丁诺夫主编的《历史唯物主义》(人民出版社,1955年),才觉察到本文所提的问题并非自我作古,而是一个老问题了。五十年代初期在苏联早已掀起过激烈争论。值得特别注意的是《苏联文学艺术论文集》所转载的苏联《哲学问题》杂志中一篇未署名的《论艺术在生活中的地位和作用》,这显然是对当时的争论所作的总结,结论是从文艺观点来替意识形态作为上层建筑辩护。该文指责特罗菲莫夫"不承认进步艺术的上层建筑性质","硬说""马克思把艺术当作一种社会意识形态,而没有把它列入上层建筑,他只把政治和法律列入上层建筑"。我的看法显然和这个受斥责的"硬说"不谋而合,所以就专心致志地等待作者说出理由。可是下文洋洋万言都在回避为什么意识形态非取代上层建筑不可这个关键问题,所以他说来说去,就只归结为一句话,否认文艺的上层建筑性,就是否认经济基础对于文艺的决定作用。马克思主义者从来没有否认经济基础对于文艺的作用和影响,现在把意识形态改称为上层建筑,就可以保证经济基础对文艺必起决定作用吗?更奇怪的是该文作者从他的论点所得出的关于艺术的看法。他说"艺术本身乃是科学分析的结果"。他反对"艺术观点和艺术这两个概念在原则上有什么分别",因为据他说"艺术创作就是社会艺术观点的具体表现和体现"。这正是如他否认政法机构和政法观点有什么不同一样。这样一来,文艺作品不是用具体形象直接反映现实,而只是反映作者主观方面的文艺观点了。这样一种"主题先行论"和马克思主义创始人关于文艺的明确教导是完全背道而驰的。有人怀疑我们搞西方美学史,为什么要辩论历史唯物主义问题,从这一具体事例就可以得到回答:不弄清历史唯物主义,就不可能有正确的美学观。从这番辩论和学习中,我深刻地体会到历史唯物主义不是像一般人所想象的那样能轻而易举地掌握的武器,同时也认识到许多号称马列主义权威的人,特别在苏修那里,对待马列主义的态度实在太不严肃,前车之覆应引起我们的警觉。我们要弄清问题,并不是要全盘否定斯大林。毛主席对斯大林早有"三七开"的正确评价。斯大林在辩证唯物论方面没有正确理解否定的否定,在历史唯物主义方面混淆意识形态与上层建筑,在社会主义过渡问题上过早地宣布苏联已不存在阶级,这些也可以说属于他的"三分"过错,但这并不能埋没他在卫国战争和第二次大战中以及在社会主义建设中的伟大功绩。

(载《华中师院学报》第 1 期,1979 年)

建议成立全国性机构，解决学术
名词译名统一问题^①

××同志：

在你和我一起商讨校改黑格尔《美学》译文过程中，经常碰到译词不统一的问题。你又给我看过出版界关于这方面的一些资料，我深感这是一个急待解决但不易解决的问题。

我做过多年的翻译工作，经常发现不但自己和旁人对同一词译得不一致，就连自己前后也不一致，自己前后不一致，是由于健忘和没有养成登记卡片的习惯，和旁人不一致，是由于我身边没有一部可靠的译名词典，可请教的人也很少。假如国家出版事业管

———————————

① 这是作者给商务印书馆外国哲学编辑室一位同志的信。《出版工作》发表这封信时，加了这个标题。——编者注。

理局早日编出一系列统一的各科词典出来,这会减轻翻译工作者多少精力和麻烦!对读者当然也有好处,因为译名统一了,译文会比较正确些,读起来也会顺畅些,不会有"公说公有理,婆说婆有理",莫知所从的感觉,对于编辑者来说,译词统一了,也会节省许多精力,免去许多不必要的争论。

我说译名统一问题也不易解决,因为这涉及一定时期的科学水平和文化水平,其中包括学风和文风问题。一个翻译工作者首先要有认真负责的态度,要对原作者负责,也要对读者负责。要做到这一点,他就要三个精通,一、精通所译原文那一国语言,二、精通原文所涉及的专科学问,三、精通本国语言。这些条件具备于一身,在任何时代都是不易得的,好在我们在社会主义国家里,而且是人口众多的国家里,在集思广益方面有特别便利的条件,关键就在于领导和组织。在一些先进国家里词典和百科全书之类编辑工作都有常设机构,据我国目前情况来看,建立全国性的常设机构有许多好处,第一,机构统一,领导和规章制度统一,编译出来的译词自然较易达到适当的统一。现在是各出版机构各自为政,译者也人自为政,甲地和乙地不一致,这一学科和那一学科又不一致,怎么能希望译词达到一致呢?其次,目前编辑人材和翻译人才无论在数量上还是在质量上,都还远远不符合理想,不能适应当前形势的需要。最好有一个全国性的机构,集中现尚分散的编辑和翻译两方面的骨干人材,把培养新生力量当作头等大事来抓,抓的办法是翻译和科研结合。例如决定了译一部书,姑说是《政治经济学批判》或《费尔巴哈和德国古典哲学的终结》罢,就组织一个五六个人的小组,经过反复学习和讨论,把书的内容先懂透,然后才下笔译出,译稿也须由小组集体仔细讨论修改,在讨论过程中就随时把商定的译词登记在分门别类的卡片上,准备到一定时机,可以汇总。严格地照这样办,就会日渐提高小组人员的外文水平,中文水平,和专业知识的水平，三五年后就会改变目前混乱的局面，十年后就可大见成效，这件事须大力地抓，赶快地抓。

单靠一个全国性的编辑机构也还不够，还要动员全国各地区，各研究机构，大专院校乃至各行各业的广大群众都来关心编译事业，都有提意见的机会，才可以真正做到集思广益。解放初期编译界曾出过几十期的翻译评论的刊物①，极受译者和读者欢迎，不知为什么缘故，这个刊物办了一两年就停了，最近看到你借给我看的一些关于《出版工作》的内部刊物，我得到不少的教益。我建议根据解放初期《翻译评论》和现在的《出版工作》所积累的经验，重新办一个翻译评论或编译评论的刊物。这对于推进编译事业（包括译词统一在内）一定会起很大的作用。译词统一本来不是一件易事，有些问题须经过一定时期的发挥群众的集体智慧，才可望得到圆满解决。据我个人的经验来说，有一系列的译词在我心里已捉摸过十年乃至二十年以上的，至今在我心里还是悬案，姑举两个突出的例子，一是列宁的《国家与革命》，"国家"是译俄文 государство 的，英译作 state，我疑心这个词译为"政权"或"国家政权"较妥。因为"国家"一般除"政权"之外，还包括"疆土"和"人口"两个意思，而列宁所指的主要是"政权"。这涉及马克思恩格斯所阐明的"国家消亡论"。到了共产主义，消亡的是"政权"而不是一定地理区域及其人民（比如说"中国"）。另一个例子是上文已提到的《费尔巴哈和德国古典哲学的终结》中的"终结"这个词。德文原文是 ausgang，这个词有两个意义，一是"出路"或"结果"，二是"终结"或"终点"，英译本取第二义作 end，中译本也是如此。东德科学院由克拉彭巴哈（Ruth Klappenbach）主编的新《德语大词典》中 Ausgang 条下引了恩格斯的这部书名，把这个词解释为时间上的一个"段落"

①　即出版总署所编《翻译通讯》。

（Abschnit）。此外我还看到斯屈柔克（Dirk J. struik）替纽约国际出版局 1964 年新出版的马克思的《经济学—哲学手稿》英译文所写的长篇序言，提到恩格斯的上述著作时，却把 Ausgang 解释为"出路"或"结果"的意思，足见这个词在西方各国马克思主义者中间也不一致，我疑心 Ausgang 译为"终结"似不妥，因为马克思的唯物辩证法和唯物史观正是在批判继承黑格尔和费尔巴哈的基础上建立起来的，而恩格斯的全文最后一句话是很明确的："德国的工人运动是德国古典哲学的继承者"，怎么能说德国古典哲学到马克思时代便已"终结"了呢？

我想一般翻译工作者心中都难免有一些与此类似的疑难。如果有一个公开的编译评论刊物，让编译工作者乃至一般读者提出来公开讨论，那不但会逐步解决一些疑难，而且也会使翻译界学术研究的空气活跃起来。你是否可以把我的这些意见转陈国家出版事业管理局，请予以考虑？

这次就提这些，我在上文提到"适当的统一"，意思就是说统一不是绝对的，要有一个适当的限度，关于这一点，以后如有机会再谈吧。

此致
敬礼

朱光潜

（载《出版工作》第 1 期，1979 年）

谈一词多义的误译

　　《翻译通讯》编辑部邀我在该刊正式发行之际作笔谈,我感到在我国进入社会主义现代化建设时期,办这样一个刊物很有必要,愿借此机会祝愿它在广大读者和翻译工作者的关心和爱护下茁壮成长,为促进我国翻译事业的进一步发展作出积极贡献。鉴于一词多义的误译是翻译中经常出现的一个问题,我想在这里谈谈这个问题。

　　一词多义是各国语言中普遍现象。翻开任何一部较详细的字典,都可以发现在一个词条下往往举出几个乃至几十个意义。在翻译一篇文章时碰到一个有疑义的词怎么办呢?一个词不能单就它本身而确定它的意义,要看上下文来决定,要看字典里所举的许多意义之中究竟哪一个意义符合上下文再作出选择。如果单凭自己所记得一个词的最常用的意义,那就不免要犯错误。我近来学习马克思的一些经典著作,经常把原文对着译文看,就看到不少的严重错误。现在略举几个例子来说明这个问题。

（一）theorie,这个常用词的最流行的一个意义是"理论"。例如"进化论"也可以说"进化的理论",原不算错。但是我读马克思的《经济学—哲学手稿》时就遇到感官（例如人眼）是"理论家"这样的译文（两三种译本的译文都是如此）。我就看不懂,眼睛怎么就成了"理论家"呢？原文用的是 theoreticker,照字面看好像不错。但是马克思在上下文讨论的是感官和感性认识而不是推理或理性认识,说眼睛是个"理论家"就大有问题了。原来 theorie 这个词在希腊文的原义是所看到的东西或所看到的情景。这个词与 theater 同源,theater 是"戏剧",原来也指"所看到的情景"。所以 theorie 的本义只是一种"看法"或"认识"。"看法"或"认识"可以是理性的,也可以是感性的。眼睛只管感性认识,推理却是头脑的事。马克思的原意也不过是说眼睛这种感官是一种认识器官,并没有说它是个理论家。马克思经常拿 theory（认识）和 practice（实践）对举。一般地说,遇到这两个词对举时都只宜译为"认识与实践",不宜译成"理论与实践"。

（二）physic,这个词作为名词后加复数词尾 s 时,是指"物理学",但也有"身体"或"肉体"的意义,例如身体锻炼叫做 physical training。马克思有时拿肉体和精神对举,"肉体"的原文正是 physic,而中译文却把它译成"物质",于是"肉体生活"便成了"物质生活"。"肉体生活"固然也是一种"物质生活",但不是一切物质生活都只是肉体生活。

（三）德文中最常见的 wesen 这个词,它既可以作"存在"（具体的东西）讲,也可以作"本质"（抽象的实质）讲。马克思拿"思维"和"存在"对举时,"存在"用 wesen 就是取 wesen 的具体的意义，费尔巴哈的《基督教的本质》这一书名中的"本质"原文是wesen，则是取 wesen 的抽象的意义。马克思拿存在与本质对举时用 existenz und wesen。"存在"用了更流行的 existenz，而 wesen 就显然只能指"本质"。同时，马克思是肯定"存在与本质统一"的。中译文对这几个词在马克思的术语里的同异有时不很理解，因而常常出现误译。这个例子说明要理解一个词的准确意义，单靠本文的上下文还不够，有时还要理解作者的思想体系和用词的习惯。

（四）常引起争论的 humanismus（英文 humanism）这个词流行的译法是"人道主义"、"人文主义"和"人本主义"。这个词在文艺复兴时代才流行。起初是指学校里与神学对立的、人文学科。在四世纪到十四世纪的一千多年中，西方只有训练僧侣的学校，神学就包括一切学问，到十四世纪后期才有"世俗学校"，除神学以外还添设一些"人文学科"，叫做 humanities。当时人文学科就只有希腊、罗马流传下来的古典文学艺术乃至历史、哲学和科学。"文艺复兴"这个词本指"古典学问的复兴"。所以"人文主义"用来指古典文艺复兴这个运动是恰当的，它带有反基督教会封建统治的性质，是历史上一个进步的甚至革命的因素。如果把"人文主义"用在文艺复兴以前或以后，就不那么恰当了。不过人文主义的实质还是与神道对立的"人道主义"，人道主义强调的是"人的尊严"这个新兴资产阶级的理想。希腊人并没有讲过"人道主义"，只讲过"人是衡量一切的事物的标准"，"人本主义"也许就是从这句希腊格言来的。人本主义实质上仍是人道主义，不过不带有反基督教封建统治的意义。西方启蒙运动是第二个文艺复兴运动，是法国资产阶级革命的思想准备。《人权宣言》所宣扬的平等、自由和后来加上的博爱（这个词原文是 fraternité，本义是"兄弟般的友爱"，这主要指本阶级的人而言，译"博爱"也不妥）就是人道主义的政治内容,后来也影响到美国的独立宣言。不过"平等"和"博爱"是基督教原有的教义,到了帝国主义时代,殖民主义者就把这个政治口号剽窃过去作为向外扩张的工具,人道主义便蜕化为慈善主义(humanitarianism),仿佛殖民者是慈善为怀,把文明输送到野蛮民族。到了工人阶级运动时代,马克思在《经济学—哲学手稿》里也明确地提出人道主义与自然主义的统一,指的是人所特有的本质力量或才能和自然所蕴藏的财富都互相因依地得到最充分的高度发展,于是人道主义这个旧名词就得到了崭新的深广内容、意义。可是现在还有不少的人对此加以曲解。一种人怕提"人道主义",认为这是马克思后来抛弃的早期不成熟的思想,一种人认为马克思所主张的还是过去历史上的人道主义,想借此来缓和甚至扼杀阶级斗争。由此可见,人道主义这个词在不同的时代有不同的含义,要认清它的历史演变,才不至于误解和误译,而这种误解和误译在我们的译文里是屡见不鲜的。例如在不涉及文艺复兴的地方也用"人文主义",把人文主义和人道主义等同起来;有些人甚至把费尔巴哈和车尔尼雪夫斯基的"人类原则"(anthropological princi-ple)也叫做"人本主义"。如此等类的情况还有待彻底澄清。总的来说,一般只用"人道主义"为妥,不要随便用"人文主义"或"人本主义"。

(五)作为误解和误译的一个最严重的例子,我想举大家所熟知的马克思的《资本论》第一卷论"劳动"。《资本论》的中文版译文,除偶有不妥之处外,基本上是正确的。可是我查看过苏联出版的《马克思论艺术》的中文版第一卷第三六八——三六九页,其中也选了"论劳动过程"一段,把它摆在"艺术与马克思主义"总标题之下,而本段的小标题则把原书的"论劳动"改为"劳动与游戏"。《资本论》原是分析资本主义制度下的资本和商品的。就在所选的这一段中还说到"现在的劳动是由劳动者拿到市场上出卖的一种商品"，论劳动一段能摆在"艺术与马克思主义"的总标题之下吗？这至少还值得商讨。至于小标题"劳动与游戏"就骇人听闻了。我检查了这段译文，就发现译者根本不曾对照过《资本论》全书的中译本，而在"独出心裁"，例如把最后一段译成这样：

> 劳动以自己的内容和方式愈少吸引劳动者，因而愈少作为体力和智力的游戏（重点是引者加的）来享受，那就愈加必须有合乎目的的意志。

这段译文不但中文难懂，而且对原文擅自删削和颠倒。读者不妨自找德文原文或英文译文对照一下。我参照《资本论》的中译文，对照原文略作校改如下：

> 劳动的内容和进行方式吸引力愈少，劳动者就愈不能从劳动中感到使肉体和精神两方面各种力量发挥作用的乐趣，同时也就需要加强集中注意。

能说上引译文做到了忠实于原文吗？旁的错误且不必说，请特别注意加重点符号的"游戏"和"发挥作用"都是译德文原文 spiel（英译 play）。spiel 和 play 都有两个不同的意义，究竟是应该用"游戏"还是应该用"发挥作用"呢？这涉及艺术起源于游戏还是起源于劳动的问题。原来德国诗人席勒和英国经验主义者斯宾塞都主张艺术起源于游戏，所以这个学说就叫做"席勒·斯宾塞的学说"，在西方过去很风行。马克思不赞成这种游戏说而始终坚持艺术起源于劳动，上引译文的译者硬把马克思本人的艺术起源于劳动的学说阉割掉，硬要把"席勒·斯宾塞的游戏说"强加到马克思身上，而且还加上"劳动与游戏"这个不伦不类的小标题,问题的严重性就在此。

　　类似的误解和误译还很多,这里不必多举了。这类问题原需集思广益,我在这里只是抛砖引玉而已。

(载《翻译通讯》第 1 期,1980 年 1 月)

编校后记

本卷收有《克罗齐哲学述评》、《欣慨室逻辑学哲学散论》。

《克罗齐哲学述评》写于 1947 年，1948 年 5 月由正中书局印行。本书对克罗齐哲学的渊源、地位、各组成部分作了详细评述，并从十个方面提出质疑。

《欣慨室逻辑学哲学散论》是朱光潜先生所作的与逻辑学、哲学相关的散篇文章的结集。共收文十五篇，除个别文章外，皆刊载于 1927 年至 1980 年间各种刊物。内容上既有对西方逻辑学、哲学派别的介绍、评述，也有对中国哲学精神的阐发。各文以发表的时间先后为序。

本卷人名及书篇名索引

一、索引只收录本卷中所有以中文书写的人名及书篇名,不收以外文书写的人名及书篇名。

二、一页中同一人名出现多次者,只录一次页码。

三、索引采用笔画检字法编排。